核時代の新たな地平

一政祐行 編著
ICHIMASA Sukeyuki

有江浩一
ARIE Koichi

大西健
OHNISHI Ken

栗田真広
KURITA Masahiro

インターブックス

はしがき

──『NIDSパースペクティブ2』の刊行にあたって──

核兵器が国際政治の表舞台で政治的、軍事的な影響力を持つ存在とみなされるようになって久しい。これは国際政治学や国際関係論、安全保障論といった学術研究の領域において特に顕著であり、核抑止、核拡散、核軍備管理、核軍縮、核セキュリティといった多様な観点から、さまざまな研究が行われて今日に至っている。とりわけ、近年では核兵器をめぐる国際政治上の動向を念頭に、「核時代」という時代区分を論じる研究が少しずつ数を増やしつつある。これには、米ソが他国を圧倒する核兵器を背景に対峙した冷戦期が終わり、核軍備管理・軍縮が成果を見せる中で始まったポスト冷戦期における「核の忘却」の時代から、新たな核の拡散や核テロ脅威の台頭、そして国際政治で再び「核兵器の長い影」が見え隠れし始め、ついには「核の復権」の下で、大国間競争が激しさを増す時代へと移り変わってきたことが背景にある。

昨今では、ロシアによるウクライナ侵攻に際して、力による現状変更の試みとともに公然と核の威嚇が語られる一方で、長きにわたり「核の同盟」であり続ける北大西洋条約機構（NATO）にフィンランドやスウェーデンが加わるなど、核抑止に対する新たな期待や懸念が高まりつつある。北東アジアに目を向ければ、大幅な核弾頭数の増大が予想される中で、2030年代に「3大核大国」の一角を形成すると目される中国や、国連安全保障理事会決議違反である核兵器開発に邁進しつつ、軍事的挑発行動を重ねる北朝鮮のように、透明性に多くの問題を抱えた核兵器国や実質的な核保有国の存在がある。

このように、核兵器をめぐる国際政治や国際安全保障が大きく揺れ動く中で、今後「核時代」がどのような政治的・軍事的変化を遂げ、いかなる国際安全保障環境を生むのかは、今日あらためて問うべき重要な論点であると考えられる。

本書は2023年に創刊第1号が刊行された『NIDSパースペクティブ・シリーズ』の第2号であり、安全保障研究の1つの趨勢である地域研究の視点からではなく、「核時代」をキーワードとする、いわゆるイシュー特化型の研究成果物である。より具体的には、本書は上述した「核時代」をめぐる今日的な問題認識や論点を軸に、防衛研究所に所属し、核兵器にまつわる理論的・政策的課題や、その境界領域を専門とする研究者7名が議論を重ね、それぞれの専門分野を掘り下げて取りまとめた学術書という位置付けとなる。本書の執筆は一政祐行（編著）、栗田真広、本山功、大西健、前田祐司、有江浩一、吉田智聡が担当した。

「核時代」という膨大な先行研究が存在するテーマを扱ったことから、本書が先達による分厚い知的蓄積に多くを負ったものであることは明らかである。それとともに、本書を通じて、読者の方々に『核時代の新たな地平』を見通すための新たな視点（perspective）を提供したい、との強い願いから、本書執筆者一同が数多くの先行研究を踏まえ、上述した論点に何がしかの学術的貢献をなすべく志したことも申し添えたい。どうか本書に収録したこれらの論考に対して、読者の皆様よりのご批判やご教示を賜れれば幸いである。

なお、本書の執筆に際しては、防衛研究所でNIDSパースペクティブ研究会と題して、早稲田大学政治経済学術院准教授の栗崎周平博士、公益財団法人日本国際問題研究所軍縮・科学技術センター所長の戸﨑洋史博士という、当該領域で傑出した有識者の方々をそれぞれお招きして、アウトラインと初稿の段階で専門的助言やピアレビューを頂いた。この場をお借りして、栗崎周平先生と戸﨑洋史先生からのお力添えに御礼を申し上げたい。無論、本書の内容はそれぞれの執筆者による研究者としての個人的見解であり、もし誤りや至らないところがあった場合のすべての責任は執筆者が負うものである。この点で、本書が防衛研究所、防衛省、日本政府の見方を代表するものではないこともお断りしておきたい。本書における論考が「核時代」に関するさらなる学術的・政策的検討とその発展に寄与することができれば、これに勝る喜びはない。

2024年（令和6年）3月

防衛研究所政策研究部サイバー安全保障研究室長

一政 祐行

目　次

序　章

核時代の新たな地平とは

一政 祐行

B61熱核重力爆弾（©Jon G. Fuller／VW Pics via ZUMA Press Wire／共同通信イメージズ）

「第二の核時代（second nuclear age）」と呼ばれた時代区分がある。これは、米国と旧ソ連の核対立（「第一の核時代（first nuclear age）」）を背景とする冷戦が終結したものの、核兵器を保有する優位性への認識が薄れたわけではないとして、将来、第2、第3の新たな核対立の構図が生まれるであろうとの視点から、グレイによって提唱されたのが始まりだとされる[1]。学術的な意味から「第二の核時代」を問う先行研究には分厚い知的蓄積が生まれつつあり、今日に至るまでその数は増え続けている（※論文や文献のタイトルに「第三の核時代（third nuclear age）」の名を冠するものも含む）。これはすなわち、「第二の核時代」という時代区分が時間の経過とともに変容している可能性があり、また国際政治や国際安全保障のダイナミズムによって、その時々に「核時代」として読み解かれるべき事象が付け加わっているためだと考えることができる。こうした「第二の核時代」論をひもとくとき、核軍縮や核兵器廃絶などのキーワードよりも、むしろ核兵器分布の多極化や[2]、核拡散と近代化競争（核軍拡競争）、核抑止の計算の複雑化、さらには核の威嚇や限定核戦争、核兵器をオフセットさせる新興技術の拡散[3]といった文脈での議論を目にすることが多いのも、「核時代」の言説が持つ1つの特徴だといえよう。

冷戦終結からすでに30年が経過する中、核をめぐる国際安全保障環境も大きく変化し続けている。このため、「第二の核時代」を論じた先行研究では、①1995年から1998年頃までに盛んに論じられた「ならず者国家」への核拡散と、それによって核抑止や核ドクトリンの意義に影響が及ぶのではないかとの議論、②連鎖する核拡散の懸念により、国際規範が損なわれる可能性を問うた2000年代中葉の議論、そして③2015年前後の核戦力の近代化競争を背景とした議論という、ライオンの示した3類型が説得力のある説明となってきた[4]。また、ブラッケンは「第二の核時代」の特性を米ソ冷戦の「第一の核時代」のそれと比較するアプローチによって、例えば核抑止では米ソの「2プレイヤーゲーム」であったものが、新たにより複雑なダイナミクスが要求される「nプレイヤーゲーム」となったことや、核の水平拡散の大半が後発優位の下に、比較的低いコストでアジアを中心におこったことなどを指摘してきた[5]。

しかし、近年の核をめぐる国際安全保障環境の変容は、こうした「第二の核時代」論の従来の言説の延長線上にはない、新たな展開を見せ始めていると考えられる。具体的な例としては、中国における核弾頭数の大幅な増強（核の垂直拡散）と、ポスト冷戦期に削減が進んだ米露の核弾頭数とが2030年代にはほぼ横並びの状況になり得ることで、史上初の「3大核大国」の状況が生じると想定されていること、国連安全保障理事会（以下、安保理）常任理事国たるロシアが核の威嚇を背景に、非核兵器国のウクライナに対して武力による現状変更の試みを行っていること、そして核兵器を対象にしたものも含めて、重要な軍備管理条約が相次いで終焉の危機に瀕していることなどが挙げられよう。これらの新たな要素を考慮すると、「第二の核時代」はまさに転換点に差し掛かっていると考えられる[6]。

それでは、今後「核時代」は具体的にどのような政治的・軍事的変化を遂げ、いかなる国際安全保障環境を生むのだろうか。とりわけ、核抑止や戦略的安定、核の威嚇に基づく強要、宇宙、サイバー、電磁波空間に拡大するドメインと核兵器システム、そして軍備管理はどう変化し、あるいは変化しないと考えられるのだろうか。本書はこうした問題意識に基づき、新たな「核時代」の地平を学術的な視座から問い直すものである。

そこで、以下に本書を読み進めるうえで鍵となるいくつかのポイントを挙げておきたい。

1.「核の復権」と高まる核抑止への期待と懸念

2010年代半ば、ロシアが採用したとされる「エスカレーション制御のためのエスカレーション（escalate to de-escalate: E2DE）」概念の下で、同国が核兵器の限定的使用を含む威圧的な脅しによって、通常戦力で戦われる紛争のエスカレーション制御を行おうとしているとの言説が広まった[7]。このE2DE概念については、実際のところ米国などで採用されてきたエスカレーション制御の考え方と大差ないとする指摘もあった[8]。しかし、冷戦終結後に核兵器国が核兵器を使用する蓋然性は大きく低下したとみなされる状況にあって、ロシアが近代化を進めていた核戦力、とりわけ低核出力の新たな核兵器の存在とも相まって、E2DE概念は米国や北大西洋条約機構（North Atlantic Treaty Organization: NATO）の議論をエスカレーション制御の考え方へと再び引き戻すのに十分なインパクトを持っていた[9]。さらに、これに前後して国際政治の表舞台においても「核兵器の長い影」を意識させる事案が相次いだ。2014年のロシアによるクリミア併合後のプーチン大統領の核の威嚇発言を皮切りに[10]、2017年から2018年にかけての朝鮮半島核危機の勃発と、米朝首脳間での核の威嚇を交えた応酬[11]、そして2022年のロシアのウクライナ侵攻以降のプーチン大統領やロシア政府高官らによる度重なる核の威嚇の発言は[12]、いずれも国際安全保障環境に重大な影響を与えてきた。

こうして核兵器の脅威認識が高まる中、冷戦期以来の核抑止力に対する見直しが進む、いわゆる「核の復権」と呼ばれる傾向が強まり始めた[13]。それに伴って、国際社会の端々で核兵器による抑止の安定性への期待感と、それに対する懸念の双方が高まってきたことは否めない[14]。いくつかの実例としては、核の威嚇を強めるロシアのウクライナ侵攻を受けて、長きにわたって中立的な外交政策を採ってきたスウェーデンとフィンランドがNATOへの加盟を申請した[15]。これに対する評価はさまざまではあるものの、「核の同盟」NATOが核の傘を延伸させることになるとの見方もできよう。クリミア併合を境に、ロシアに対する認識を大きく改めたとされるNATOも、2022年の新戦略概念ではロシアを最も重大な直接的脅威とみなし、その強要的な核のシグナリングなどを強く批判した。また、同新戦略概念では中国について初めて言及し、透明性を欠き、軍備管理やリスク低減への関与もない状態での核兵器と戦略運搬手段の開発に突き進んでいる状況に触れたうえで、中露2カ国がルールに基づく秩序を破壊し、NATO諸国の価値や利益に対抗するものだと強調した[16]。北東アジアに目を向けると、北朝鮮の相次ぐ軍事的挑発行動と核の威嚇を受ける韓国では、特に北朝鮮が核兵器の先行使用方針を鮮明化させ、戦術核の導入に言及する核ドクトリンを発表したのと前後して、韓国独自の核抑止力の是非が公に論じられるようになった[17]。こうした中、米韓2国間では拡大抑止戦略協議体（Extended Deterrence Strategy and Consultation Group:

EDSCG）を通じて、北朝鮮の侵略に対する抑止力の強化やその脅威に外交、情報、軍事、経済手段を含むあらゆる手段を用いることなどが確認されるに至っている[18]。

2.「3大核大国」

「3大核大国」とは、中国の核戦力の大幅な増強によって生み出される新たな核抑止の構図を指し、先行研究によっては核の三体問題（three-body problem）とも呼ばれることがある。表1に示すように、今日の世界の核弾頭分布は米露がその9割を保有しており、また新戦略兵器削減条約（New Strategic Arms Reduction Treaty: New START、以下、新START）の合意に基づき、戦略核弾頭の配備数は米露とも1,550発を上限と定めている。こうした中、米国国防省「中華人民共和国の軍事および安全保障の進展に関する年次報告」は、2023年5月までに中国が核弾頭数500発以上の運用可能なストックパイルを保有し、2030年までに1,000発以上の運用可能な核弾頭を高度の待機水準の下で配備すること、そして習近平国家主席の掲げた2049年までに人民解放軍を世界水準の軍にするとの目標の下に、2035年までに基本的な近代化を達成するべく戦力を増強し続けるであろうとの予測を示した[19]。これが現実のものとなった場合、米中露3カ国が現在の水準からしてそれぞれ核弾頭の配備数でほぼ拮抗する状況が生じる可能性を想定せねばならなくなる。このことが意味するところは、政治的にも軍事的にも大きなインパクトを持つといわざるを得ない。「3大核大国」が対峙する大国間競争の状況では、「第一の核時代」に形成された二極安定下での核の論理が挑戦を受け、核軍拡競争のリスクはもとより、危機的状況において国家が核兵器に頼るインセンティブが一層高まるのではないか、との見方もある[20]。米国における先行研究では、例えば冷戦期以来の抑止理論を改め、従来の報復第二撃能力によって戦略的安定を維持するアプローチを見直すとともに、高い精度と即応性を重視する核態勢へと移行すべきとの指摘や[21]、探知も撃墜も困難な極超音速兵器や、指揮統制システムを脅かす宇宙兵器やサイバー兵器の台頭で、核の均衡が崩れかねないとの議論もある[22]。これに加えて、核兵器と先端軍事技術も含めた非核兵器が「もつれあう（entangled）」状況が生起することで、大国間競争に意図せざるエスカレーションが生じる懸念をもたらしている[23]。

さらに、戦略的安定という観点からはもう1つ留意すべき重要な点がある。「第二の核時代」にあって、すべての核兵器国や実質的な核保有国は[24]、いずれも2カ国以上の潜在的な敵対国の脅威に直面しており、その核態勢や核兵器政策の変化がこうした国々に連鎖反応を呼び起こす可能性があると考えられている[25]。これはすなわち、核軍拡競争や戦略運搬手段の近代化競争によって、作用・反作用力学とも呼ぶべき複雑な相互作用が生み出される可能性を示唆しており、転換点に差し掛かっている今日の「核時代」の戦略的安定が、実は極めてデリケートなバランスの下にあることをあらためて想起させるものだといえよう。実際に、米国がロシアと中国を同等に抑止しようとすれば、新STARTに基づく1,550発の配備済み核弾頭数では不十分だとの議論を惹起する可能性がある一方で、米国が核戦力増強にかじを切った場合、米国との均衡を維持したいロシアも同様の行動をとり、さらに中国も核戦力を一層上乗せしようとすることで、新たな核軍拡競争が勃発するリスクも指摘されている[26]。

こうした中、2023年6月、米国バイデン政権のサリバン国家安全保障担当補佐官は、中国の軍備管理への関与を求める取り組みを再開し、意思決定のループ（輪）への人間の介在なしに、人工知能（artificial intelligence: AI）プログラムを核兵器使用の許可には用いない世界的合意の確立を目指すとして、新たな一歩を踏み出す姿勢を示した。それとともに、中国の核軍拡に反応して軍拡競争に突入することよりも、米国が配備する1,550発の核兵器を新技術によって補うことで、包括的な抑止力を維持する旨を述べている[27]。

3. 核の拡散と近代化

「第二の核時代」論が展開された背景に、1998年のインドとパキスタンの核実験と核兵器保有宣言があったことは言をまたない。これに加えて、2005年の北朝鮮による核兵器保有宣言と、2006年から2017年にかけての同国による核実験も、前述したグレイの「第二の核時代」論の指摘を裏付ける証左だと考えられよう。しかし、核拡散がこれらの事例のみにとどまらない可能性も否定できない状況にある。例えば、包括的共同作業計画（Joint Comprehensive Plan of Action: JCPOA）が政治的に動揺する中、ウラン濃縮を進めるイランは、兵器級の高濃縮ウラン生産までに必要なブレイクアウト期間をわずか数日というところまで短縮させているとみられる[28]。また、もしイランが核兵器を保有すれば、自国も核兵器の取得を追求すると言明したサウジアラビアのムハンマド・ビン・サルマーン皇太子や[29]、自国の核兵器保有が禁じられているこ

表1　2023年の世界の核兵器分布

国名	配備済み核弾頭	備蓄核弾頭（使用に準備を要す）	ストックパイル合計（軍用備蓄の合計数）	退役・解体廃棄待ち弾頭を含む核弾頭数合計	戦略運搬手段など（極超音速兵器）の開発状況
米国	1,770	1,938	3,708	5,244	AGM-183 ARRWなど 2022年度初期運用能力（極超音速兵器は通常弾頭型）
ロシア	1,674	2,815	4,489	5,889	アヴァンガルド（2019）、キンジャール（2018）を配備運用（核弾頭搭載可能）
英国	120	105	225	225	米英豪安全保障協力（AUKUS）で開発
フランス	280	10	290	290	不明
中国		410*	410	410	中距離弾道ミサイルDF-17（HGV DF-ZFを搭載）を2020年に配備
インド		164	164	164	巡航ミサイルBrahMos-II開発中（露印共同開発）
パキスタン		170	170	170	対艦弾道ミサイルP282開発中
イスラエル		90	90	90	詳細不明
北朝鮮		30	30	30	開発中（詳細不明）
合計	3,844	5,732	9,576	12,512	

*2023年に500発超の運用可能な核弾頭を保有、2030年に1,000発超の核弾頭保有の見通し。

（出所）"Global Nuclear Arsenals are Expected to Grow as States Continue to Modernize–New SIPRI Yearbook Out Now," Stockholm International Peace Research Institute (2023); Shannon Bugos and Kingston Reif, "Understanding Hypersonic Weapons: Managing the Allure and the Risks," Arms Control Association website, September 2021; [U.S.] Department of Defense, "Military and Security Developments Involving the People's Republic of China 2023 Annual Report to Congress," October 2023を基に執筆者作成（□は前年比削減、■は前年比増大）。

とは受け入れ難いと述べたトルコのエルドアン大統領の例に示されるように[30]、核拡散に対する懸念はいまだ止まないのが実情である。「核の復権」の下に大国間競争が激しさを増す中、新たな核兵器の水平／垂直拡散の動向には今後も注意が必要だといわざるを得ない。

なお、「第一の核時代」であった冷戦期、地球上に最も核弾頭数が多く存在したのは1980年代であったと考えられている（図1を参照願いたい）。その後の冷戦終結を経て、「第二の核時代」の30年近くにわたり、世界の核弾頭数は一貫して減少の一途をたどってきた。しかし、これまで減少傾向にあった核戦力は、主として5核兵器国のものであって、新興の核保有国においては軒並み核軍備拡張の傾向が続いてきた。また、こうして核兵器を保有する国々で長期的な近代化と拡張計画が進む中、2023年には運用可能な核兵器数が微増ながらも増加に転じ始めたと報じられた[31]。こうした一方で、戦略運搬手段の近代化も重要な焦点となっており、例えば迎撃手段の開発が急務とされる

図1　「第一の核時代」から「第二の核時代」における核拡散動向（1980〜2023年）

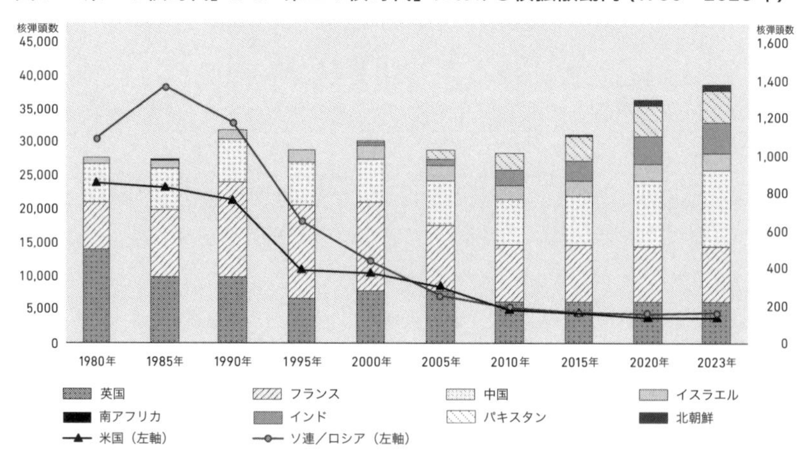

（注）本グラフは5年ごとの推計値の推移を示したものであり、例えば核実験に向けた核爆発装置の開発状況など は明示的に反映していない。

（出所）Hans M. Kristensen, Matt Korda, and Eliana Reynolds, "Estimated Global Warhead Inventories 1945-2023," Federation of American Scientists, 2023を基に執筆者がデータ作成、吉田智聡が作図。

極超音速兵器をめぐって、主要な核兵器国や実質的な核保有国の開発・保有状況に注目が集まっている[32]。これに関連して、極超音速技術のみに限らず、近年の近代化と技術進歩のペースが戦略的安定の向上よりも、むしろ脅威や懸念という形で新たな不安定性を高めかねないとの見方もあり、技術進歩が極めて流動的な中で、各国が核態勢や核ドクトリンに新興技術を絶えず吸収し、従来とは明らかに異なる新たな核秩序を生み出しているとされる[33]。

4. 軍備管理の終焉？

「第一の核時代」以来、軍備管理は戦争勃発の可能性や国防上の政治・経済コストを低下させ、戦争勃発時には戦争の目的や暴力の範囲を狭めるほか、特定の兵器カテゴリの凍結・制限・削減・廃棄、特定の軍事活動の防止、あるいは軍隊の配備の規制、偶発的事態に係るリスクの低減や軍拡競争の減速、そして予測可能性の向上などに広く寄与するものとみなされてきた[34]。

「第一の核時代」から「第二の核時代」にかけて形成された主だった軍備管理合意は、①核兵器国間の軍備管理・軍縮条約、②核兵器国と非核兵器国にまたがる軍備管理条約、③多国間の軍縮・不拡散条約、④非核地帯条約の4つに大別できる。このうち、主に①と②が「第二の核時代」のさなかにあって、相次いで終焉の危機に直面していると考えられる。一例として、1972年発効の米ソ／米露2国間の弾道弾迎撃ミサイル（Anti-Ballistic Missile: ABM）条約では、2001年に米国が増大するミサイル脅威とミサイル防衛の必要性を掲げて脱退を通告し、その後、同条約は2002年に失効した[35]。1988年発効の中距離核戦力（Intermediate-range Nuclear Forces: INF）全廃条約は、かねてより米国からロシアによる条約違反のミサイル発射試験への懸念が示されてきたが、2019年に米国がロシアのSSC-8（9M729）地上発射巡航ミサイル（ground launched cruise missile: GLCM）開発を理由に挙げて履行を停止すると、これに反応してロシアも同様の措置を講じ、同年に同条約が終了した[36]。1992年発効の欧州通常戦力（Conventional Armed Forces in Europe: CFE）条約では、2007年にロシアがCFE条約適合合意へのNATO諸国の未批准を理由に同条約の履行を停止し、2011年には米国もロシアの行動を理由に、特定の条約義務に関する離脱に踏み切った経緯があった[37]。そして2023年5月、ウクライナ侵攻で欧州の安全保障環境が大きく揺らぐ中、ロシアのプーチン大統領は同条約への参加を終了させる法令に署名し、同年11月に正式に脱退した[38]。2002年発効のオープンスカイズ条約（Treaty on Open Skies）においても、2020年に米国がロシアの違反行為を理由に同条約からの脱退を表明し、翌2021年にはロシアもやはり脱退手続きの開始を発表し、同年に脱退した[39]。新STARTも2023年2月にロシアのプーチン大統領から履行停止が発表され、条約期限が2026年に迫る中、その行方をめぐって予断を許さない状況にある[40]。2023年11月にはロシアが包括的核実験禁止条約（Comprehensive Nuclear Test-Ban-Treaty: CTBT）の批准を撤回する決定を行い[41]、米国が最初に核実験を行わない限りロシアも核実験は再開せず、また核実験モラトリアムの遵守と同国領土内での国際監視制度（International Monitoring System: IMS）監視ステーションの運用は継続する旨の声明を発表した[42]。これらの事例が示すポイントは、特定の軍備管理条約が「第二の核時代」のさなかに終了や履行停止に追い込まれているという事実であり、前述した軍備管理に期待される価値や役割の毀損が進行する、「軍備管理『条約』の終焉」の厳しい現実だといえよう[43]。

なお、こうした懸念すべき状況の一方で、③の多国間の軍縮・不拡散条約も、核軍縮の停滞問題に直面してきたことにも触れないわけにはいかない。1970年に発効した核兵器不拡散条約（Nuclear Non-Proliferation Treaty: NPT）は核不拡散、核軍縮、原子力平和利用の3本柱からなり、今日の国際核秩序の中核を占めるが、特に核軍縮誠実交渉義務（同第6条）を規定することで知られる。しかし、米露2国間の核軍備管理体制の毀損、東アジアや南アジア、そして中東における地域安全保障と核拡散の問題、NPTの過去の運用検討会議でなされたコミットメントの不均衡な履行やNPTの普遍性の欠如、さらには核兵器が果たすプラスとマイナスの役割への各国の見解の相違などから、核軍縮をめぐって国際社会が深刻な分断に直面してきたことが指摘される[44]。このため、NPTを中心とした国際核秩序や、核不拡散の国際規範を維持・強化することが目下の重要課題となっている。こうした一方で、一部の非核兵器国が市民社会の働きかけの下に行動を起こし、短期間のうちに条約交渉を進めた結果、2017年に国連総会で核兵器禁止条約（Treaty on the Prohibition of Nuclear Weapons: TPNW）が採択され、2021年に同条約の発効に至っている。核兵器国が参加せず実効性を伴わないとされるTPNWだが[45]、「核兵器のない世界」に向けた「出口」とも位置付けられ[46]、「軍備管理『条約』の終焉」とは別の側面で生じた、核をめぐる多国間での新たな動きとなっている。

5. 本書の構成について

本書は以下大きく4つの章から構成されており、それぞれに個別のテーマの下で学術的な焦点が当てられている。

第1章（執筆：栗田真広）は、核保有国間の対立において、相互脆弱性に基づく戦略的安定の確立は常に望ましいものといえるのか、という理論的な問題を提起する。そのうえで、今日の核保有国間対立一般において、相互脆弱性に基づく戦略的安定が、核未満のレベルの対立にいかなる影響を及ぼし、またその帰結が核レベルでの抑止関係にどのような含意をもたらすのかという問いを設定し、これらを冷戦期の理論的蓄積に今日の文脈も勘案した形で理論面から論じるものである。今日の核保有国間の対立では、いわゆる安定－不安定のパラドックスによる作用として、核レベルでの相互脆弱性の下で、核抑止の効果が核未満（通常戦争）のレベルまで及ぶと考えられる。このとき、通常戦力で劣位の現状打破国がエスカレーション・ラダーの低いレベルで現状変更行動を起こす余地の拡大が予想される。さらに、そうした形での現状変更行動は、現状維持国側では最大限の通常戦力での反撃オプションを追求する動きを、現状打破国側では戦術核兵器などの導入で核抑止効果の下限を引き下げようとする動きを引き起こす可能性がある。これらを念頭に、栗田は今日の核保有国間対立の文脈において、相互脆弱性に基づく戦略的安定には、無視し難い負のインプリケーションが伴い得るとの見方を示している。ただし、これらの危険な動きの起点となる安定－不安定のパラドックスに沿った現状変更行動の深刻化は必然的なものではない。すなわち、現状打破国側がパラドックスに沿った形で用い得る、エスカレーション・ラダーの低いレベルでの現状変更行動の手段には、エスカレーション管理の観点でいくつかの制約がある。また、現状維持国側には、同様にエスカレーション・ラダーの低いレベルでの反撃によってコストを賦課することで、相手側の現状変更行動を抑制させる余地があることを論じている。

第2章（執筆：大西健）は、相手の行動を変えるために核威嚇を用いる戦略である核強要の有効性と成功条件を理論面から考察している。本章はまず、核強要を扱った先行研究を概観し、核強要の概念とメカニズムを整理している。そして、当該分野の先行研究がリストアップした意図的な核強要の使用事例を確認し、多くの事例が結果的に失敗に終わっていることを紹介する。そのうえで、核保有国間の核強要の例外的な成功事例としてキューバ危機と中ソ国境紛争を、失敗事例としてベルリン危機、2017〜2018年の朝鮮半島危機、ウクライナ戦争を取り上げて、それぞれの帰結をもたらした要因を考察するために比較事例分析を行っている。大西はこの分析の中で強要の成否に影響し得る幅広い要素の分布を確認し、核強要のタイプに応じて異なる成功条件が存在する可能性を指摘する。瀬戸際戦略型の核強要については、①要求内容が相手側の死活的利害を回避、②強要側が相手側本国を核攻撃可能、③強要側に有利な核戦力バランスが存在、④当事者が通常戦力を行使、⑤関係アクターの行動の統制喪失事案が発生、⑥強要側が拒否型の圧力を使用、⑦強要側が最後通牒を使用、⑧強要側がプラスの誘因を使用の各要素を成功条件として挙げている。一方、意図的な核使用の威嚇に基づく強要の成功条件については、上記の①〜④に加え、⑤関係アクターの行動の統制喪失事案が不在、⑥強要側に強い国内支持が存在、⑦強要側の決意の強さを示す先例が存在、⑧相手側が孤立の各要素が該当すると論じている。核強要の歴史的事例が少ないこともあり、これらが必ずしも核強要の成功要件を網羅しているとは限らないものの、瀬戸際戦略で十分な恐怖を生み出すには相当危険な事態が必要であり、意図的な核攻撃の脅しの場合にも武装解除のための核の先行使用が現実的となるほどの圧倒的な核優勢が必要と思われることから、核強要を成功させるのは容易ではないと大西は論じている。

第3章（執筆：有江浩一）は、新領域（宇宙・サイバー・電磁波・認知の各領域）における活動が核兵器システムにどのように関わり、いかなる影響を及ぼすのかを考察している。ここでは、新領域における活動のイネーブラー（enabler）となり得るAIなどの新興技術の影響も分析対象とする。本章の主要な問いは、新領域と核兵器システムとの関わりが核抑止を安定化させるのか、それとも不安定化させるのかにある。宇宙領域を例にとれば、核兵器システムのうち、早期警戒や通信などを担う人工衛星はさまざまな攻撃に脆弱であるが、これらの衛星の機能を停止させるような重大な攻撃はこれまでに行われていない。このことから、核兵器システムを構成する衛星への攻撃を相互に自制するインセンティブが核保有国間で働いていると考えられ、核抑止の安定化に寄与しているととらえることもできる。他方で、危機が発生した際にこうしたインセンティブが維持されるとは限らず、実際に対衛星攻撃が行われた場合は被攻撃国の第二撃能力の脆弱化を招き、核抑止を不安定化させるものとなる。これらを踏まえると、新領域と核兵器システムの関わりは核抑止を不安定化させる可能性が高いと結論付けられる。また、新領域における核抑止の安定化を図るための政策課題は何か、さらに新領域をめぐる核保有国間の関係を安定させるためにどのような軍備管理アプローチが望ましいかについて、近い将来に宇宙・サイバー・電磁波・認知の各領域が新興技術の発展に伴って急速な進化を遂げ、核兵器システムにさらなる負荷をかけていくであろうとの前提から、まずは規範的な軍備管理アプローチを試みる必要性を指摘する。拡大するドメインや、発展するAIなどの新興技術が今後核兵器システムにどのように関わるかが注目される中、本章の考察は新領域における核抑止の安定性を高めるための政策的処方箋を導出する重要な手掛かりを含むものである。

第4章（執筆：一政祐行）は核兵器政策と軍備管理をテーマに、主要国で核兵器がいかに位置付けられ、そして近年の主要な軍備管理論がどのような言説の下で展開されているかを包括的に扱っている。前者においては、従来、核兵器政策として論じられてきた多岐に及ぶ焦点から、ウクライナ侵攻と核の威嚇で注目された消極的安全保証（negative security assurance: NSA）と、大国間競争の中で核弾頭数を大幅に増強させる中国が採用し、その政策の維持が注視されている先行不使用（no first use: NFU）を取り上げ、個別に考察している。そのうえで、こうした核兵器の使用条件も含めて主要国の核ドクトリンを俯瞰的に検討した結果、これまで複数の事例でNFUの採用が焦点となったものの、結果的に先行使用政策が採用されてきたことが浮き彫りになったほか、近年、「核の復権」を背景に抑止力の維持・強化のために核戦力近代化が進む一方で、軍備管理へのアプローチや核兵器の削減方針には、核兵器国や核保有国で必ずしも共通項はみられないと結論付けている。

他方、後者においては「第一の核時代」以来のタカ派、ハト派、そしてフクロウ派の核抑止と軍備管理論への再考を皮切りに、戦略的安定に資する軍備管理の新たな言説を近年の先行研究に求めた。具体的には、①核戦争の回避と抑止力重視の軍備管理論、②国際規範重視型の軍備管理論、③「核兵器のない世界」に向けた軍備管理論の3類型の下にそれらの主要な言説の特性や批判を検討した。そのうえで、新たに「大国間競争下での合理的軍備管理措置」と名付けて、意図せざる核戦争の回避を主眼とするフクロウ派的なスタンスの下に、短期的／中長期的な軍備管理課題の析出に取り組んだ。これらの中には、ホットラインの技術的更新や重層的な戦略対話の実施、検証文化の共有、核不拡散の国際規範の立て直しなど、短期的に取り組むべき課題もあれば、現在の安全保障環境では困難な挑戦ではあるものの、検証可能な核軍備管理合意に向けた交渉や、相互主義的なNFU合意といった事項も検討している。このように、第4章は主として政策論的な側面から「第二の核時代」の現在を見つめ、戦略的安定に向けた現実的な政策課題として、新たな軍備管理の在り方を模索するものだといえよう。

さらに、上記の4つの章に付随する形で、気鋭の若手研究者によって執筆された論考をコラムとして収録した。「核戦略の論理をめぐる二潮流」（本山功）は、米国の核戦略論における核抑止論者と核優勢論者に着目し、それぞれの言説を踏まえて米国の2022年版「核態勢見直し（Nuclear Posture Review: NPR）」を読み解く試みを行っている。「評判による抑止と強要」（前田祐司）は、核抑止の信頼性や信憑性を論じる際に重要となる、決意や能力といった変数をめぐる「評判（reputation）」の概念を多角的に検討している。「非核兵器国の核レバレッジとイラン」（吉田智聡）では、イランの核問題を対象に、核兵器開発をレバレッジにする交渉アプローチと、核兵器開発の当事国での仮想的核戦力概念について考察している。

以上のように、本書は国際政治と核兵器にまつわる諸問題と、その境界領域を専門とする防衛研究所の複数の研究者によって、新たな「核時代」の地平を学術的に、かつ多様な視座から問い直すことを企図したものである。「核時代」にまつわる議論の裾野は広く、また先行研究にも分厚い知的蓄積がある。本書としても、その多岐に及ぶ論点を網羅的にカバーしているわけではないものの、執筆に携わった研究者間で何度も議論を重ね、先達の議論をひもときつつ、「核時代」の新たな論点について掘り下げて研究を行った。こうした研究者の分析や考察を収めた本書が、読者の方々に「核時代」の今日に何が起こっており、今後いかなる展望が開けるのかを視るための「レンズ」の役割を果たすことを願ってやまない。

最後に、本書におけるすべての議論は、執筆したそれぞれの研究者による個人的な見解であり、所属する機関の見方を代表するものではないことをお断りしておきたい。

1) Colin S. Gray, *The Second Nuclear Age* (Boulder: Lynne Rienner Publishers, 1999), 1-4.
2) Paul Bracken, "In the Second Nuclear Age, Information Advantage Defines the Balance of Power," Yale Insights website, August 11, 2020.
3) Michael S. Gerson, "Conventional Deterrence in the Second Nuclear Age," *Parameters* 39, no. 3 (Autumn 2009): 44.
4) Rod Lyon, "Re-envisioning the Second Nuclear Age," Australian Strategic Policy Institute (February 19, 2015).
5) Paul Bracken, "E-Notes: The Structure of the Second Nuclear Age," Foreign Policy Research Institute (September 13, 2003).
6) 一政祐行「転換点に向かう『第二の核時代』――顕在化する多元的な核の脅威」『軍縮研究』第 13 巻第 1 号（2024 年 3 月）3 頁。なお、「第二の核時代」から「第三の核時代」への移行条件は先行研究においても合意がない。このため、本書はあくまでも「第二の核時代」の文脈において、これらの新たな要素を受けとめることとしたい。
7) Mark B. Schneider, "Escalate to De-escalate," U.S. Naval Institute (February 2017).
8) Jay Ross, "Time to Terminate Escalate to De-Escalate — It's Escalation Control," War on the Rocks website, April 24, 2018.
9) Schneider, "Escalate to De-escalate."
10) Laura Smith-Spark, Alla Eshchenko and Emma Burrows, "Russia was Ready to Put Nuclear Forces on Alert over Crimea, Putin Says," CNN, March 16, 2015.
11) Lauren Gambino, "Donald Trump Boasts that his Nuclear Button is Bigger than Kim Jong-un's," *Guardian*, January 3, 2018.
12) Steven Pifer, "Russia, Nuclear Threats, and Nuclear Signaling," Brookings Commentary website, October 13, 2023; Guy Faulconbridge, "Putin Ally: West Increasing Risk of Weapons of Mass Destruction Being Used," Reuters, November 8, 2023.
13) 高橋杉雄、秋山信将「『核の復権』の現実」秋山信将、高橋杉雄編著『「核の忘却」の終わり』（勁草書房、2019 年）3 頁。
14) 一例として以下を参照。Mariana Budjeryn, "Distressing a System in Distress: Global Nuclear Order and Russia's War against Ukraine," *Bulletin of the Atomic Scientists* 78, no. 6 (2022): 339-346; Tytti Erasto, "More Investment in Nuclear Deterrence Will Not Make Europe Safer," Stockholm International Peace Research Institute (December 5, 2023).
15) Phelan Chatterjee, "How Sweden and Finland Went from Neutral to NATO," BBC, July 11, 2023.
16) "NATO 2022 Strategic Concept," NATO, June 29, 2022.

17) Choe Sang-Hun, "In a First, South Korea Declares Nuclear Weapons a Policy Option," *New York Times*, January 12, 2023.

18) [U.S.] Department of State, "Joint Statement on the Extended Deterrence Strategy and Consultation Group Meeting," September 16, 2022.

19) [U.S.] Department of Defense, "Military and Security Developments Involving the People's Republic of China 2023 Annual Report to Congress," October 2023, 103-104.

20) Andrew F. Krepinevich Jr., "The New Nuclear Age: How China's Growing Nuclear Arsenal Threatens Deterrence," *Foreign Affairs* 101, no. 3 (May/June 2022): 92.

21) Mel Deaile, "The Problem with Three: Great Power Competition Deterrence," Air University Wild Blue Yonder website (April 13, 2021).

22) Tong Zhao, "How Will America Deal with Three-Way Nuclear Deterrence?" *Economist*, December 12, 2022.

23) Andrew Futter, "Deterrence, Disarmament in the Third Nuclear Age," Hiroshima Organization of Global Peace website, April 2022, 10.

24) 以下、本書では核兵器不拡散条約（NPT）が規定する米露英仏中の５核兵器国を「核兵器国」、NPT の枠外で核兵器を保有するインド、パキスタン、イスラエル（核兵器の保有を否定も肯定もしない）を実質的な核保有国とする。また、国連安保理決議に違反し、NPT を中心とした核不拡散体制への重大な挑戦と受け止められている北朝鮮の核開発だが、本書においては便宜上、同国も核保有国のカテゴリにて論じるものとする。

25) Gregory D. Koblentz, "Strategic Stability in the Second Nuclear Age," Council on Foreign Relations website, November 2014, 20.

26) Lynn Rusten and Mark Melamed, "The Three-Competitor Future: U.S. Arms Control with Russia and China," *Arms Control Today* 53, no. 2 (March 2023).

27) Julian E. Barnes and David E. Sanger, "U.S. Will Try to Bring China Into Arms Control Talks," *New York Times*, June 2, 2023.

28) Kelsey Davenport, "The Iranian Nuclear Crisis: Time for Plan B," *Arms Control Today* 52, no. 10 (December 2022): 6-11.

29) Julian Borger, "Crown Prince Confirms Saudi Arabia Will Seek Nuclear Arsenal if Iran Develops One," *Guardian*, September 21, 2023.

30) Ece Toksabay, "Erdogan Says It's Unacceptable that Turkey Can't Have Nuclear Weapons," Reuters, September 5, 2019.

31) "States Invest in Nuclear Arsenals as Geopolitical Relations Deteriorate, New SIPRI Yearbook Out Now," Stockholm International Peace Research Institute website, June 12, 2023.

32) Kelley M. Sayler, "Hypersonic Weapons: Background and Issues for Congress,"

CRS Report for Congress website, February 13, 2023, 11.

33) Steven E. Miller, “A Nuclear World Transformed: The Rise of Multilateral Disorder,” *Daedalus* 149, no. 2 (Spring 2020): 30.

34) ジョゼフ・ゴールドブラッド（浅田正彦訳）『軍縮条約ハンドブック』（日本評論社、1999年）1-12頁；Thomas C. Schelling and Morton H. Halperin, *Strategy and Arms Control* (New York: Elsevier Science Ltd, 1985), 3.

35) Wade Bose, “U.S. Withdraws from ABM Treaty: Global Response Muted,” *Arms Control Today* 32, no. 6 (July/August 2002): 14-15.

36) [U.S.] Department of State, “Press Statement: U.S. Withdrawal from the INF Treaty on August 2, 2019,” August 2, 2019.

37) Kingston Reif, “Russia Completes CFE Treaty Suspension,” *Arms Control Today* 45, no. 3 (April 2015): 5.

38) Gabriela Iveliz Rosa Hernández, “Russia Formally Withdraws from CFE Treaty,” *Arms Control Today* 43, no. 5 (June 2023); Guy Faulconbridge and Lidia Kelly, “Russia Formally Withdraws from Key Post-Cold War European Armed Forces Treaty,” Reuters, November 7, 2023.

39) “Treaty on Open Skies,” NTI; Olzhas Auyezov, “Russia to Leave Open Skies Arms Control Treaty on Dec. 18,” Reuters, June 18, 2021.

40) Andrew Roth and Julian Borger, “Putin Says Russia Will Halt Participation in New Start Nuclear Arms Treaty,” *Guardian*, February 21, 2023.

41) Andrew Osborn, “Putin Revokes Russian Ratification of Global Nuclear Test Ban Treaty,” Reuters, November 3, 2023.

42) Andrew Osborn, “Russia Accuses US of Nuclear Testing Site Activity, Says It Won’t Test Unless US Does,” Reuters, October 11, 2023.

43) 一政「転換点に向かう『第二の核時代』」11頁。なお、近年「軍備管理の終焉（end of arms control）」が盛んに論じられているが、本章では軍備管理自体が終焉を迎えているわけではなく、あくまでも特定の軍備管理条約が終焉の状況に直面しているとの整理を行っている。

44) 「核軍縮の実質的な進展のための賢人会議――議長レポート」外務省ウェブサイト（2019年10月）36-39頁。

45) 「林外務大臣会見記録」外務省ウェブサイト（2022年6月21日）。

46) 「『核兵器のない世界』に向けた国際賢人会議についての会見」首相官邸ウェブサイト（2022年12月11日）。

第1章

戦略的安定の理論的再検討

——核未満のレベルとの相互作用を中心に——

栗田 真広

米軍の戦略爆撃機B-52（2021年6月17日）（U.S. Air Force photo by Senior Airman Daniel Hernandez）

はじめに

「戦略的安定（strategic stability）」は、冷戦期に発展した、核兵器による抑止をめぐる理論の中でも、最も中核的な概念の1つであろう。対立する国家間で、いずれの側も危機のさなかに核の第一撃に訴える誘因を持たず、かつ核戦力増強の誘因も抑えられている状況を指すこの概念は[1]、冷戦中期以降、米ソが核軍備管理・軍縮交渉を進める中で、追求されるべき米ソ間の核抑止関係の望ましい状況と位置付けられた[2]。戦略的安定と、それが立脚する具体的現実としての相互脆弱性（mutual vulnerability）は、特定の戦略的状況や兵器体系、あるいは戦略の善し悪しを測る尺度にもなり、冷戦後の米露間の核抑止の文脈でも、繰り返し参照されてきた[3]。

また、戦略的安定の概念が用いられる文脈は、今日では米露間にとどまらない。米国の同盟国である英仏はもちろん、米露間の軍備管理への参加を拒んできた中国や、核政策に関して米ソの轍は踏まないと主張するインド・パキスタン、直近では北朝鮮さえもが、戦略的安定の語を用いる[4]。ここでも戦略的安定は、望ましい戦略的状況としてのニュアンスで参照されている。この概念が今日、「核兵器がグローバルな平和と安全保障に及ぼす影響に関する、共通の参照枠組み」とも形容されるのは[5]、こうした状況に鑑みたものである。

他方、かつて1950年代末から1960年代にかけて、戦略的安定の概念の形成に主導的役割を果たしたシェリングは、2013年に刊行された戦略的安定の理論的再検討を主眼とする共著書の序文において、興味深い問いを提起している。シェリングがここで投げかけたのは、戦略的安定とは果たして、常に望ましいものなのかという問いであった[6]。

戦略的安定は、多義的な形で用いられがちな概念であり、この問いの答えは、いかなる定義を念頭に置くのかによっても異なる。とはいえ、核保有国間の対立関係全体の安定に対して、相互脆弱性に基づく戦略的安定がもたらす負の影響があり得ることは、長らく論じられてきた点である[7]。特に、核保有国間対立の紛争のスペクトラムのうち、核レベルの抑止関係における戦略的安定が、核未満（sub-nuclear）のレベル、つまり通常戦争以下のレベルにどのような影響を与えるのかという問題意識は、常々存在してきた[8]。戦略的安定の達成による核レベルの安定化が通常戦争以下のレベルを不安定化させるとする、「安定−不安定のパラドックス（stability-instability paradox）」の議論は、その典型である[9]。

近年、国際政治上の核抑止の存在感が再び増す中で、戦略的安定に関しても、多岐にわたる論点が浮上している。ただ、そうした論点の中でも、戦略的安定がもたらし得る負の影響の問題は、間違いなく重要な位置付けにある。米国を含む北大西洋条約機構（North Atlantic Treaty Organization: NATO）とロシア、米国と中国、米国・韓国と北朝鮮、インドとパキスタンといったように、今日の核保有国間対立においては広く、安定−不安定のパラドックスが生じている、あるいは今後生じ得るとの指摘がなされてきた[10]。さらに、ウクライナ戦争でのロシアの核使用への懸念に象徴されるように、パラドックスに沿った核未満のレベルでの事象を端緒としたエスカレーションの先で核兵器が使用される可能性が、議論の的になっているのである。

しかしながら、以上のような議論の状況にもかかわらず、前述の「戦略的安定とは常に望ましいものなのか」という問いに対し、我々は依然、明確な答えを持たない状況にある。それはひとえに、今日の文脈で、核保有国間の対立関係全体の安定に戦略的安定がもたらす負の影響に関して、一般的に予期され得ることが何なのかが、十分に理論化されていないことに由来する。

現存する個別の対立の事例において、戦略的安定がもたらす負の影響に関する議論が積み重ねられる一方で、この点について、個々の事例を超えた妥当性を持つ一般的なモデルを作る試みは、極めて不十分なものにとどまってきた。とりわけ大きな問題が、2つ指摘できよう。第1に、そうした負の影響の主要なものとされる安定−不安定のパラドックスの概念に関しては、これだけ広く言及されるようになったにもかかわらず、明確かつ統一的な定義の不在が指摘され続けてきた[11]。特に、パラドックスという現象の帰結や作用メカニズムに関して、この問題は顕著である。

第2に、核未満のレベルでのパラドックスの発現またはその懸念にトリガーされる形で、核使用のリスク増大につながるような措置を取る動きが、個々の核保有国間対立の事例において注目を集めている。その中には直接的に、核レベルでの戦略的安定に悪影響を及ぼし得るものも含まれ、核保有国間の対立関係全体の安定の観点からは重大な問題といえる。だが、そうした動きのうちどこまでが、個々の事例を超えて一般的に予期され得るパターンなのかを特定しようとする試みは、乏しいものであってきた。

以上の点を踏まえ、本章の議論は、今日の文脈において、核保有国間の対立関係の総体的な安定に戦略的安定が及ぼす、負の影響に関する問題関心から出発する。そのうえで具体的な問いとして、相互脆弱性に基づく戦略的安定が、対立の核未満のレベルの状況にいかなる影響を及ぼすのか、さらにその帰結が、翻って核レベルの抑止関係にどのような含意をもたらすのかというものを位置付け、これらについて、今日の核保有国間対立の文脈で広く妥当性を持ち得るモデルを提示することを試みる。こうしたモデルは、すでに戦略的安定が確保された状態にある対立関係の分析はもちろん、今後そうした状態に至るであろう関係や、将来新たに出現する核保有国と敵対国の関係の帰趨を占ううえでも、有用である。

そうしたモデルの導出を試みるとき、まず想起される手法は、今日存在する核保有国間対立の事例を広く検討し、一般化可能なパターンを帰納的に抽出するものであろう。だが、現存する対立関係の事例は、一見してその様相にばらつきが大きい上に、事例の絶対数が限られている。そのため、そのうち少数の事例の例外的な要素に引きずられることを回避しながら、将来の潜在的な事例まで含めて適用可能な普遍的要素を帰納的に特定することには、一定の難しさがある。

それゆえ本章は、これらの問いに関する冷戦期の理論的蓄積をベースに、冷戦期とは異なる今日の文脈を勘案することで、戦略的安定と核未満のレベルの状況との相互作用を演繹的に検討する。核抑止分野での冷戦期の理論や概念は一般に、今日の議論において、十分な検討を経ることなく安易に援用されるか、逆に冷戦後の世界に全く妥当しないものとして排除されるかの両極端になりがちだといわれてきた[12]。そうしたスタンスは、どちらも一定の問題をはらむ。冷戦期の二極構造の世界と今日の大国間関係では、確かに大きな状況の相違があるが、冷戦期に構築されたこの分野における既存の知見の相当部分は演繹的な形で発展したもので、その論理は事例中立的である。とはいえ、理論の前提の部分で、冷戦期に固有の理解が入り込んでいる面はあろうし、また冷戦期には適用対象が事実上米ソのみであったために、これらの理論の下で生じる帰結に関して、米ソの条件を基にしたイメージがそのまま今日に引き継がれている面もある。これらを是正し、上述の問いに関する既存の理論的知見の今日的妥当性を向上させるのが、本章の狙いである。

もちろん、こうしたアプローチをもって本章が提示できる、今日の文脈での戦略的安定の負の影響に関するモデルは、理論的な仮説にとどまる。それがどこまで今日の核保有国間対立一般に妥当するかは、最終的には、個々のケースを基にした実証研究によって検討される必要がある。本章は、この問いに関する今日の理論的な議論の不足に鑑み、そうした実証研究の基盤となり得る理論仮説の提示を焦点とするもの、ということになる。

以下、本章の議論は次のように展開する。まず次節では、今日の文脈での議論を行ううえでの参照点として、戦略的安定および安定－不安定のパラドックスについての冷戦期の議論を概観する。そのうえで、今日の文脈での議論に入る。第2節では、相互脆弱性に基づく戦略的安定が核未満のレベルに及ぼす影響に焦点を当て、今日の文脈での安定－不安定のパラドックスの在り方を検討する。続いて第3節では、パラドックスが生起する場合に予想される、核未満のレベルから核レベルの抑止関係への負の影響を論じる。モデルの導出はここまでであるが、最後に第4節で、再び焦点を安定－不安定のパラドックスに戻し、パラドックスの作用の限界および抑制の可能性と、敵対国に対して通常戦力で優位の現状打破国が存在する構図でのパラドックスの作用を検討する。

前掲の問いに対し、本章は以下の主張を提起する。今日の核保有国間対立においては、相互脆弱性に基づく戦略的安定が、通常戦力で劣位の現状打破国による現状変更行動の余地を拡大させる、安定－不安定のパラドックスが生じ得る。そうしたパラドックスの発生は、対立の両当事国を、核使用のリスク増大を含意する、多様な限定的軍事力行使のオプション追求や、直接的に戦略的安定に悪影響を及ぼすような措置へと向かわせる誘因となる。これらの点に鑑みれば、今日の核保有国間対立においては、相互脆弱性に基づく戦略的安定が、対立関係の総体的な安定に一定の負の影響をもたらすものと見ることができる。

1. 冷戦期における議論

(1) 戦略的安定の概念的発展

戦略的安定が、核保有国間の対立の核未満のレベルの状況にいかなる影響を及ぼすのかを検討するうえでは、前提として、戦略的安定の成立によって達成されるものが何であるのかを踏まえておく必要がある。戦略的安定の概念は、1950～1960年代初頭にかけて米国で形成されたものである[13]。その後冷戦期後半には、米ソ両政府の間で、これを望ましい抑止関係の状態とする共通理解が徐々に形成されていった。

戦略的安定は、常々定義のばらつきが指摘されてきた概念であり、特に冷戦終結以降、その定義は拡散傾向にあるといわれる[14]。だが、冷戦期の議論の中で広く受け入れられ、今日まで核抑止論や軍備管理の専門家の間で概ね共有されているのは、これを「危機の安定（crisis stability）」と「軍拡競争に係る安定（arms-race stability）」という2つの下位要素が達成された状態とする見方である[15]。これら2つのうち、比重が大きかったのは前者であり[16]、かつさらに突き詰めれば、危機の安定のサブセットとしての「第一撃に係る安定（first-strike stability）」こそが、戦略的安定の中核的な位置を占めていた[17]。

冷戦期のランド研究所の報告書は、第一撃に係る安定を、「双方の戦略［核］戦力の脆弱性に鑑みたうえで、いずれの側の指導者も、危機のさなかに、戦力の態勢に照らして先制攻撃を仕掛ける圧力を相手側が受けていると認識することがない」状態と定義している[18]。この安定により防止されるのは、どちらか一方が、相手の第一撃を被って不利な立場に置かれることへの恐怖から先制核攻撃に踏み切ることである[19]。そして同報告書は、この概念を拡張したものが危機の安定だとする。すなわち、第一撃に係る安定では、相手国の第一撃を避けるための先制核攻撃の誘因が、双方の核戦力の性質・状態のみに規定されるのに対し、危機の安定においては、そうした先制攻撃の誘因の不在が、核戦力の性質・状態に加えて「感情や不確実性、誤算、誤認」といった要因も勘案した形で判断される[20]。一方、戦略的安定のもう1つの柱としての軍拡競争に係る安定は、危機の安定を補完するものと位置付けられ、対立する双方の戦力構築の方向性が、戦略的な優位を追求するものではないがために、「高コストかつ潜在的に危険な軍拡競争のスパイラルが避けられる」状態と理解された[21]。

実際のところ、これら下位要素の定義についても、議論は収斂していたとは言い難い。ただ、ここで留意されるべきは、こうした形で構想された冷戦期の戦略的安定が、核保有国間対立において想定され得るさまざまな核戦争への道程のうち、極めて限られたものの抑制のみを焦点とした議論であった点であろう。それはすなわち、軍事的緊張が高まった際に、一方の国が、核戦争は避けられないと思い込み、相手国の第一撃を受けて自国が被る損害を低減すべく、逆に拙速な形で大規模な先制核攻撃へと踏み切るリスクを減じることであった[22]。シェリングは1950年代末、先制されることへの恐怖が「いずれかの側が奇襲をもって全面戦争を開始するうえでの有力な――恐らくは主要な――誘因である時代を、我々は生きている」と述べている[23]。

戦略的安定の概念が、この種の拙速な先制核攻撃の防止を焦点として発展した背景には、その発展が、冷戦期前半にとりわけ強く意識された、奇襲攻撃への恐怖に媒介されたことが関係している[24]。核独占が崩れた1950年代の米国では、対ソ核攻撃の要となる戦略空軍がソ連の奇襲攻撃に脆弱であることへの不安が募っていった。これはより非脆弱な戦略核戦力を希求する動きへとつながったが、それには多大な時間とコストを要すると考えられたため、当座の解決策として採用されたのが、ソ連の攻撃準備の兆候があり次第、先制攻撃に訴えることであった。これに対してソ連側も、自身の核戦力の脆弱性と、それにつけ込む形で米国が奇襲核攻撃に訴える可能性を強く意識し、1960年代にかけて、大規模な先制核攻撃を念頭に置くドクトリンを発展させた[25]。

しかし、双方が相手の奇襲攻撃を警戒し、兆候があり次第それに先制しようとする構図は、極めて危険なものであり、米ソはやがて、奇襲のリスクを低減するための施策の協議などに向かった。それ自体の成果は乏しかったが、そうした中で米国の戦略家らの間に、米国だけでなく米ソ双方が、相手が奇襲を準備しているかもしれないとの恐怖から解放されることが重要である、との認識が生まれていく。これが戦略的安定へと結実した。

MADの概念的確立に大きな役割を果たしたマクナマラ米国防長官（任期1961〜1968年）（UIG／時事通信フォト）

前述の定義が示すように、戦略的安定それ自体は、双方の核戦略・戦力の面で特定の具体的な状況を前提としない、抽象的なテーゼである。だが、冷戦期の議論において、戦略的安定の基盤となる具体的な抑止関係の状況として、相互脆弱性あるいは相互確証破壊（mutual assured destruction: MAD）が位置付けられた[26]。この文脈での脆弱性とは、核戦力ではなく社会・国家の脆弱性であり、相互脆弱性が確保された状態とは、対立するいずれの側も、核の第一撃によって相手の核戦力を十分に破壊できず、相手からの報復核攻撃で国家として壊滅的な損害を被ることが確実な状態を指す。これが担保される限り、先行して核攻撃に訴えることの合理性は失われ、いずれの側も奇襲核攻撃を仕掛けることはできず、それゆえ双方ともに、相手の第一撃への不安に駆られて拙速な先制攻撃に踏み切る必要はない[27]。この論理が支持されたことで、戦略的安定の追求は、相互脆弱性の要件、すなわち敵対国の第一撃を受けた後でも壊滅的な報復攻撃を行い得る第二撃能力を双方が保有した状態を確保することに具現化された。

冷戦期中盤以降に米ソが追求した軍備管理の試みは、そうした相互脆弱性に立脚した戦略的安定の「制度化」を図ったものといえる[28]。そこでは、相互脆弱性の確保が、核攻撃の様態とそれに用いられる兵器に関して、望ましいものを判断する基準になった。敵対国の人口・経済中枢を標的とした対価値（countervalue）打撃は相互脆弱性に沿うもので、対価値打撃にしか用い得ない兵器体系、例えば長射程の弾道ミサイルでも命中精度が高くないものは、安定に資するとされた。逆に、敵の戦略核戦力を破壊する対兵力(counterforce)打撃や、戦略核攻撃に対する迎撃は、相互脆弱性を危うくするもので、多弾頭独立目標再突入体(multiple independently targetable reentry vehicle: MIRV)や戦略迎撃システムは、この観点で不安定化を招くものととらえられた[29]。

(2) 安定−不安定のパラドックス

以上のような形で発展した戦略的安定の概念は、第一撃に係る安定の確保が主眼にあり、米ソ間で想定され得るあらゆる核戦争シナリオの抑制が念頭にあったわけではないし、まして戦争全般が生起し得る道程が遮断された状態を描くものでもなかった。そうした戦略的安定の限界については、ウォルステッターらによる冷戦末期の論考が簡潔に指摘している。この論考が問題として提起したのは、当時の戦略的安定に係る理解の前提には、戦争は相手が先制攻撃に踏み切ろうとしているとの誤認に基づいてのみ始まるという認識があること、かつこれが、米ソ2国間の戦略的関係しか考慮しない論理であり、西欧のNATO同盟国を標的としたソ連の侵略、特に非核の手段による現状変更を、NATO側が抑止するのを困難にしてしまうことであった[30]。

戦略的安定の成立が核未満のレベルに及ぼす負の影響として、今日盛んに援用される安定−不安定のパラドックスは、元はこの文脈で提起されたものであった。パラドックスの概念に関して最も広く参照されるのは、スナイダーの1965年の論文における記述である。スナイダーは、米ソ間の紛争構造の核レベル(「恐怖の均衡」)と通常戦争レベル(「力の均衡」)の相互作用に関して、前者が安定的になるほどに、「暴力のより低いレベルにおいて、全体的な均衡の安定が損なわれる」とし、「両者がともに『完全な第一撃能力』を持たず、互いにそれを知っているとき、戦略的な均衡が不安定である場合よりも、両者は通常戦争や限定的核使用といった行動に出ることを躊躇しにくくなる」との見方を示した[31]。

この議論の前提にあったのは、冷戦期の欧州の戦略環境である。当時の西側の戦略議論では、欧州正面での東側の通常戦力優位が前提とされており、

図1　スナイダーの提示したパラドックスの作用

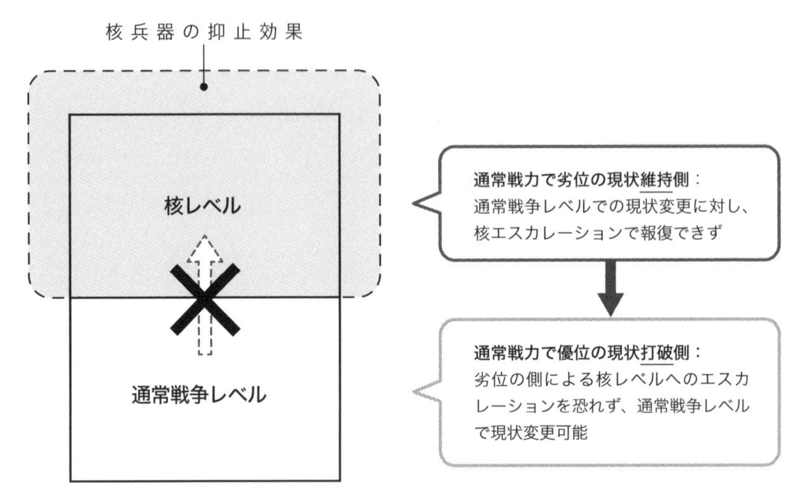

（出所）Snyder, "The Balance of Power and the Balance of Terror" の議論を基に執筆者作成。

NATOは西欧諸国への東側の通常戦力侵攻を抑止するため、そうした行為に対しては米国が対ソ核報復に訴えるとの威嚇に依拠した。1954年に米アイゼンハワー政権が表明した大量報復戦略は、これを体現したものである。しかしソ連の核戦力が伸長し、相互脆弱性の状態が色濃くなるにつれ、この威嚇を履行することは、米国にとって自殺行為になっていく。そこで懸念されたのが、この構図ゆえに、東側の通常戦力侵攻に対する報復核攻撃の威嚇の信憑性が低下し、NATOと東側の間の通常戦争以下のレベルが不安定化すること、すなわち東側が西欧諸国への通常戦力侵攻に訴えることであった[32]。

この議論は西側の戦略上の懸念を描いたものであるが、戦略的安定の確保に付随する、理論上のジレンマの表象でもあった。戦略的安定が立脚する相互脆弱性の状況は、敵対国からの核攻撃、厳密には戦略核攻撃を受けていない段階で戦略核兵器の使用に訴えることの合理性を、大幅に低下させる。これは、敵の報復戦力を標的とした奇襲に限らず、あらゆる形の戦略核使用に当てはまり、通常戦力侵攻に対する相手国本土への核報復も含まれる。そうした行為は、相手国から同様の報復核攻撃を招き、自殺行為にしかならないためである。その結果、紛争のスペクトラムのうち核レベルの抑止手段である（戦略）核兵器は、核未満のレベルに抑止効果を及ぼし得ず、通常戦争レベルを含む核未満のレベルの状況は、いずれの側も核兵器を保有しない状態に限りなく近くなる。そこで当事国の間に通常戦力面での不均衡があるならば、通常戦力で優位の側には、核抑止に制約されることなく、優位を活用した大規模な通常戦力行使に訴える余地が存在することになる[33]。

前述のとおり、冷戦期において、こうしたパラドックスの構図の下で不利益を被り得る側に置かれていたのは、通常戦力で劣る西側である。それゆえ当時の西側では、パラドックスに沿った東側の現状変更の懸念に対する認識と対応が、大きな論争の的になった。通常戦争レベルでの東側の現状変更リスクを重く見る論者らは、それに対する抑止の強化を提唱した。グレーザーは、この種の議論を2つの系譜に整理している[34]。1つは、損害限定学派（damage limitation school）と呼ばれる立場である。これは、対兵力打撃を軸とした先制核攻撃と迎撃システムを組み合わせた損害限定能力の獲得により、相互脆弱性を克服することで、大規模通常侵攻に対する核報復の威嚇の信憑性を回復させることを追求するものであった。もう1つは、相互脆弱性の状況を受け入れたうえで、幅広い限定核使用のオプションにより、全面核戦争へのエスカレーションを回避しつつ限定的な核戦争を遂行できる態勢を整えることで、対通常戦力での核抑止の有効性を担保しようとする立場であり、軍事的拒否学派（military denial school）と呼ばれた。

これら2つの立場は、相互脆弱性に対するスタンスは相反するが、合理的な形で核兵器を使用し得る態勢を整えることで、核未満のレベルでの現状変更行動に対する核兵器の抑止効果を回復しようとする点で共通している。そしてこれらの主張、特に損害限定学派の議論は、戦略的安定と衝突する要素をはらんでいた。損害限定学派のアプローチは、戦略的安定の基盤である相互脆弱性からの脱却を志向するものであり、仮にそれが達成できた場合には、戦略的安定の中核としての第一撃に係る安定が損なわれかねないためであった。

他方、パラドックスに関する認識と対応の面で、グレーザーがこれら2つの議論と対置する、懲罰的報復学派（punitive retaliation school）の議論もあった。

この議論は、戦略的安定の基盤となる相互脆弱性を受け入れたうえで、パラドックスに沿った核未満のレベルでの現状変更行動を抑止するための、合理的に行使し得る核使用オプションは不要だとする。その前提にあるのは、全面核戦争に至るわずかなリスクでさえも大きな抑止効果を持つために、相互脆弱性の下でも、ワルシャワ条約機構の通常戦力での対西欧侵攻は十分抑止されるとの認識であった。

安定－不安定のパラドックスに沿った核未満のレベルでの現状変更行動リスクへの認識と、それへの対応の在り方をめぐる議論は、冷戦期の西側において、完全に決着することはなかった。懲罰的報復学派の議論は、戦略的安定の確立を目的とする核軍備管理の追求を支えた。一方で、損害限定学派や軍事的拒否学派の議論も、そこで提唱されたさまざまな核使用オプションが米国・NATOの核戦略に反映されるなど、影響力を持ち続けたのである[35]。

(3) 冷戦期における理論と現実

以上のような形で発展した、戦略的安定と安定－不安定のパラドックスの概念は、現在に至るまで繰り返し参照されてきた。ただ、今日から振り返って見るとき、冷戦期におけるパラドックスの議論には、いくつかの留保が付けられる必要があろう。

まず、冷戦期の西側の強い懸念にもかかわらず、西側が最も憂慮した形でのパラドックスの表象は、現実には起きなかった。スナイダーが、当時の「戦略言説の中でしばしば指摘される点」として提示したパラドックスの作用は、相互脆弱性の下で、戦略核攻撃未満の侵略行為に対して戦略核使用で報復するという威嚇の信憑性が損なわれ、通常戦力で勝る側が核報復を恐れずに大規模な通常戦力を行使することが可能になるというものである[36]。こうしたパラドックスの発現として懸念された、東側による西欧に対する大規模な通常戦力侵攻は、現実化しなかった[37]。

なぜ東側が、懸念された西欧への通常戦力侵攻に訴えなかったのかは、そもそものソ連の現状変更意図の有無も含めて、依然論争の的であり、断定は難しい。ただここで注目すべきは、東側の対西欧侵攻を抑止するうえで、相互脆弱性の下でも戦略核戦力が一定の役割を果たしているとの理解が、当時の米国では程度の差はあれ広く共有されていたことである[38]。

前述のとおり、スナイダーが定式化した安定－不安定のパラドックスの想定では、相互脆弱性の状況は、戦略的安定、すなわち核レベルでの抑止関係の安定化をもたらす一方で、通常戦争以下のレベルの侵略行為を抑止するうえでの核報復の威嚇の有効性を損なわせるはずである。しかし上述の認識が示唆するのは、現実には、相互脆弱性の構図にある核レベルの抑止関係がもたらす抑止効果が核未満のレベルにも及び、大規模通常戦争を筆頭に通常戦争レベルの行動の一部までもが抑制されることがあり得る、という点である。

他方で、パラドックスに沿った東側の西欧侵攻は起きなかったものの、少なからずその懸念が背景となって、米ソ双方による、戦略的安定の確保と相反するような施策が促されたことにも留意する必要があろう。冷戦期の米ソはいずれも、完全に相互脆弱性を受け入れたわけではなかった。すでに触れたように、戦略的安定の追求が掲げられるようになった後も、米国はパラドックスへの懸念から、合理的に核兵器を使用し得る態勢を希求した。その焦点となったのは、損害限定のための対兵力打撃能力と、限定核使用オプションである[39]。一方ソ連は、こうした米国の動きを核の第一撃の準備だと見たし、かつソ連自身、相互脆弱性を望ましいものとはとらえず、ソ連の軍事戦略上、抑止は核戦争に勝利できる能力に立脚するものであり続けた[40]。結果ソ連は、米国以上に強力な対兵力打撃能力と戦略防衛により、戦争が発生した場合の損害を限定することを追求したのである[41]。

米ソ双方が膨大な核弾頭を保有するようになっていた中で、双方の損害限定能力の追求が、どの程度意味のある形で危機の安定を揺るがし得たのかには疑問も残る[42]。しかし軍拡競争に係る安定の観点では、そうした動きは明らかに問題をはらむものであった。損害限定を追求する米ソ双方の核戦力増強の方向性は、まさに戦略的な優越を追求したものであり、軍拡競争のスパイラルを形成していたのである[43]。

2. 今日の文脈における議論
—核未満のレベルへの影響

冷戦期の議論を踏まえたうえで、本稿が主題とする、今日の核保有国間対立の文脈における戦略的安定のインプリケーションへと移る。まず本節では、この点に関する代表的なテーゼとしての安定－不安定のパラドックスを取り上げ、それが今日の文脈において、どのように作用することが予期されるのかを論じる。

(1) 印パ間における安定－不安定のパラドックス

今日、さまざまな核保有国間対立の文脈において、安定－不安定のパラドックスが盛んに援用されていることは、導入で触れたとおりである。直近では、2022年のウクライナ戦争開始以降、NATOとロシアの文脈でこれを参照する向きが目立つが[44]、米韓と北朝鮮や米国と中国、さらには仮に核保有した場合のイランと米国およびその中東の同盟国など、幅広い対立の文脈で援用されてきた。そして、この種の議論は原典として、冷戦期にパラドックスのテーゼを提示したスナイダーの議論を参照することが多い[45]。

とはいえ、安全保障をめぐる議論一般の中で、安定－不安定のパラドックスという現象への関心が、冷戦期から今日まで継続して高いままであってきたわけではない。少なくとも冷戦終結から2000年代半ばにかけては、大国間関係における核抑止への関心自体が高くなかったこともあり、パラドックスの概念も、現在のように広く言及される状況にはなかった。

そうした中で唯一、安定－不安定のパラドックスを援用した議論が盛んに行われたのが、冷戦終結後、米ソ関係を離れた核保有国間対立の先駆的ケースと見られた、印パ対立の文脈であった。印パ両国は、1980年代末までにはいずれも事実上の核保有に至ったとみられ、1998年には相次いで核実験を行い、核兵器の保有を公にした。核抑止関係が成立して以降の印パ間では、通常戦争こそ発生しないものの、エスカレーション・ラダーの低いレベルでの暴力が続き、とりわけパキスタンによるインド国内の反乱・テロ支援や準軍事部隊を用いた現状変更の試みの深刻化が指摘された。

この状況を踏まえ、相互核抑止の成立と、紛争のスペクトラムの低次のレベルでの暴力の併存をとらえられるものとして援用されたのが、安定－不安定のパラドックスであった。1995年のガングリーの指摘を皮切りに[46]、2000年代にかけて、核保有以降の印パ対立の軍事的状況をパラドックスによって説明する研究が多数提起された[47]。

こうした議論においてパラドックスの表象と位置付けられたのは、通常戦力で劣るパキスタンが、優位のインドの通常戦力行使を核兵器で抑止しつつ、エスカレーション・ラダーの通常戦争よりも低いレベルで、現状変更行動を深刻化させていることであった[48]。安定－不安定のパラドックスを援用した今日の議論では、対米韓での北朝鮮や対NATOでのロシアの例に見られるように、通常戦力で劣位の国家が核抑止力を盾に現状変更を試みる構図がイメージされがちであるが[49]、その原型はここに見出すことができる。冷戦期のソ連は西側に対して優位にあり、対通常戦力抑止に核兵器を活用する必要はなかった。

しかし、印パの文脈でのパラドックス研究における1つの到達点となったカプールの議論は、上記のイメージが、スナイダーが提示した冷戦期のパラドックスの論理では説明できないことを指摘した。カプールは、当時、研究者らの間に、パラドックスが核保有以降の印パ関係を不安定化させたとの共通理解があるにもかかわらず、その不安定化が引き起こされるメカニズムが説明されていない点を問題視した[50]。そのうえで、冷戦期と今日の印パ間では、パラドックスを生起させる安定／不安定の構図が「逆転している」と主張した[51]。

すなわち、冷戦期のパラドックスの議論が提示するように、相互脆弱性の下で核レベルの抑止関係が安定し、通常戦争からの核エスカレーションが生じる可能性が小さくなることは、優勢なインドの通常戦力行使を抑止するうえでのパキスタンの核抑止力の有効性が削がれることを意味する。このとき、パキスタンが低強度の暴力（lower-level violence）に従事すれば、インドは躊躇なく事態を通常戦争にエスカレートさせて反撃できるため、パキスタンはそうした行為を自制するはずである。そうではなく、パキスタンによるこの種の行動が促されるためには、スナイダーのパラドックスの想定とは逆に、大規模な通常戦争が生じた場合には核戦争へと発展する深刻な可能性が存在することが前提になる。そうした構図があって初めて、通常戦力で劣るパキスタンは、インドは事態を大規模通常戦争に発展させるような深刻な通常戦力での反撃に訴えることはないという期待の下で、エスカレーション・ラダーの低いレベルでの現状変更行動に従事することが可能になる[52]。これがカプールの提起した、通常戦力で劣位のパキスタンによる現状変更行動が促進されるパラドックスの作用であった。

(2) 劣位の現状打破国とパラドックス

実際のところ、こうした理論的精緻化の試みにもかかわらず、印パ対立の文脈で安定－不安定のパラドックスを用いる議論に関しては、その後もこのテーゼに関する概念的な曖昧さや、統一的な定義の不在が指摘され続けてきた[53]。加えて、実証的な観点から、核保有以前から続く慣行としてのパキスタンの現状変更行動が、どこまでパラドックスの表象としてとらえられるものなのかを疑問視する向きもある[54]。しかし、今日の核保有国間対立一般において、戦略的安定がもたらし得る負の影響としてのパラドックスの作用を考えるうえでは、印パの文脈でなされてきた理論上の整理は、議論の出発点となり得る。

カプールの整理に基づくならば、冷戦期にスナイダーが提起した安定－不安定のパラドックスの作用は通常戦力で優位の現状打破国を利するもの、印パ対立における作用は通常戦力で劣位の現状打破国を利するものということになる[55]。そして、直近の米中関係を除けば、印パ対立を含め、安定－不安定のパラドックスが指摘される今日の核保有国間対立にはいずれも[56]、対立の相手国・陣営に対して通常戦力で明確な劣位にある現状打破国が存在してきた。この点を踏まえ、後者のパラドックスにおいて、戦略的安定の基盤としての相互脆弱性が核未満のレベルを不安定化させる作用について、より子細に検討したい。

この形でのパラドックスの議論における「不安定化」の作用は、相互脆弱性の下で、現状打破を志向する側が核エスカレーションのリスクをてこに、

図2　印パ対立におけるパラドックスの作用

①スナイダーの論理の下で予想される印パ間のパラドックスの作用

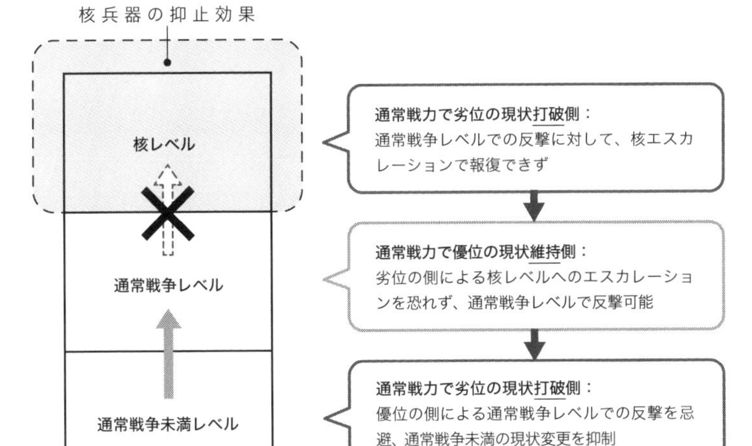

②カプールの提示する印パ間のパラドックスの作用

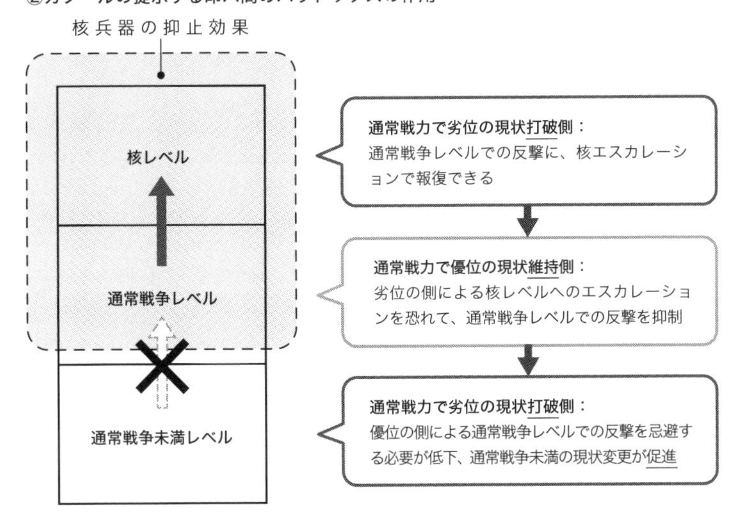

（注）カプールの議論では、核レベル／全面通常戦争レベル／限定通常戦争レベルとの呼称だが、本章での呼称に寄せて、核レベル／通常戦争レベル／通常戦争未満レベルとして記述。
（出所）Kapur, *Dangerous Deterrent* の議論を基に執筆者作成。

核未満のレベルでの相手国の行動を縛ることで生じる。核未満のレベルにおいて、現状維持側は核兵器がなければ取り得たはずの軍事的対応を抑制させられることになり、現状打破国の側では反撃を恐れる必要が低下し、現状変更行動を深刻化させる余地が生まれるのである。このとき、核未満のレベルの紛争構造には、相互脆弱性の構図にある核レベルの抑止関係からの影響を受けて変化が生じているといえる。

しかし、冷戦期の議論で見たとおり、相互脆弱性は本来、対立の双方の側で、核未満のレベルでの行動への報復として核兵器を使用することの合理性を大きく低下させるはずである。それゆえパラドックスを活用する現状打破側は、そうした相互脆弱性の本来の含意にもかかわらず、現状変更行動に対する相手国の軍事的対応が何らかの形で核エスカレーションを起こすリスクがあるということを、現状維持側に深刻にとらえさせる必要がある。このリスクをどの程度有効に提起できるかによって、パラドックス自体の効果も左右される。

カプールの議論の要である、現状打破国が通常戦力で劣位にあることが意味を持つのは、この点においてである。厳密にいえば、この形でパラドックスが作用するうえで、通常戦力面での不均衡は必須ではない。核未満のレベルからのエスカレーションが起きるリスクを提起するためのレバレッジはほかにもあり得ようし、そもそも核保有国間では、通常戦力バランスがどうあれ、極めて大規模な通常戦争が生じた場合には、そこから核エスカレーションが生じる可能性は常に存在する。だが、自身が通常戦力面で明白な劣位にあることは、現状打破国にとって、核未満のレベルからのエスカレーションが生じるリスクを、より容易かつ有効に提起することを可能にする。通常戦争で国家としての破滅に追い込まれかねないとすれば、そのような事態を惹起するような相手国の非核の行動に対して報復核攻撃に訴えることは、相手からの大規模再報復を招くのが確実であったとしても、合理的になり得るためである[57]。そうした「合理的な核エスカレーション」の道程をてこにすることで、現状打破国はより有効に、核抑止の効力をもって現状維持側の反撃を縛ることが可能になる。そして現状打破側には、反撃を受けるリスクの程度が低下することに伴い、核兵器がなければ反撃を恐れて取り得なかったような行動を取る余地が生まれる。

ただし、現状維持側が現状変更行動への反撃を制約されるとはいっても、その制約の程度には限度がある。現状打破側も積極的に核戦争を望むわけではない以上、この種の「合理的な核エスカレーション」の威嚇をもって、核未満のレベルでの相手のあらゆる行動を抑止できるわけではない。直観的には、現状打破側が仕掛ける現状変更行動と同質・同等の反撃行為の抑止は困難であろうし、そうした反撃から暴力の応酬になり、通常戦争へと事態が発展することは、通常戦力で劣位にあれば避けたい事態である。

こうした考慮に鑑みれば、劣位の現状打破国にとって安全な現状変更行動の選択肢は、通常戦争レベルよりもエスカレーション・ラダーの低い通常戦争未満（sub-conventional）のレベルの行為になると考えられる。例えば、係争地域の前線での局地的・戦術的な挑発行動や、準軍事組織の活用、非国家主体を通じた代理戦争などが用いられよう。あるいは、通常戦争レベルの行為による現状変更でも、通常戦力で優る相手国自身ではなくそのパートナー国、それも周縁的なパートナーを標的とする形であれば、通常戦争未満の手段に準ずるものとして位置付けられ得る[58]。

そして、安定－不安定のパラドックスの帰結とは、通常戦力で劣位の現状打破側に、この種の行為による現状変更の頻度や烈度を激化させる余地が生じる、ということになろう。もちろん、実際にその余地を活用し、現状変更行動を深刻化させるかは、現状打破国の意思決定次第である[59]。だが深刻化させるとすれば、これは文字どおり、相互脆弱性の状態にある核レベルの抑止関係が、核未満のレベルを不安定化させるものである。それは本章が主眼とする、相互脆弱性に基づく戦略的安定が核未満のレベルに及ぼす負の影響に該当する。

印パ対立におけるパキスタンの例に限らず、今日の文脈でパラドックスを参照した議論が提起してきた懸念、すなわち相互脆弱性の成立によって、通常戦力で劣位の現状打破国が、今までにない、もしくは従来よりも攻撃的な行動を取るようになるとの議論は[60]、そうしたパラドックスの作用と符合する。そして、引き続き通常戦力で劣位の現状打破国としての地位にあるパキスタン、北朝鮮、ロシアといった国々の存在に加え、現在、核兵器が広く通常戦力面での劣位を相殺する有力なツールとして見られていることもあり[61]、通常戦力で劣位の現状打破国の存在は、すべてのケースに妥当はしないとしても、今後も今日の核保有国間対立を特徴付ける要素であり続けるものと考えられる。これらに鑑みれば、劣位の現状打破国による現状変更行動の深刻化を可能にするパラドックスは、今日の核保有国間対立の文脈で、広く発生し得る現象として位置付けられよう。

3. 今日の文脈における議論—核レベルへの影響

前節で示したように、今日の核保有国間対立において、パラドックスの作用を受けて通常戦力で劣位の現状打破国による現状変更行動が深刻化するとすれば、論理的にはそこから、両当事国はいかなる行動に向かうと予期されるのか。そして、そこで生じる相互作用は、核レベルの抑止関係の安定に、どのような含意をもたらすのか。本節では、これらの点に焦点を当てる。

(1)「核の敷居」をめぐる競合と限定核使用のリスク

核レベルの抑止関係における相互脆弱性の構図が、劣位の現状打破国を利するうえでの前提は、核兵器が持つ抑止効果が核未満のレベルの一部にも及び、現状維持側が、敵の現状変更行動に対して本来取り得たはずの通常戦争レベルでの反撃を制約されることである。しかし、現状打破側も事態が核戦争に発展することを積極的には望まない以上、核エスカレーションの威嚇によって現状維持側の反撃をすべからく抑止できるわけではない。反撃が制約される程度には、常に限界が存在する。

それゆえ、パラドックスの作用を受けた現状変更行動の深刻化に直面する現状維持国には、通常戦力の行使を単純に放棄するのではなく、劣位の側の核報復を招かない範囲で、最大限自身の優位をてこにできるような、そうした反撃策を模索する誘因が生じると考えられよう。要するにこれは、限定通常戦争オプションの模索である。具体策としては、そうした反撃を可能にするためのドクトリンや戦術の追求と能力の獲得に加え、核エスカレーションを引き起こすことなしにこの種の軍事力行使が可能との認識をシグナルすることなどが含まれる[62]。こうした動きはいわば、劣位の側の「核の敷居」の限界をテストする、あるいは押し上げようとする試みである[63]。

一方、現状維持側がそうした動きを見せるならば、核未満のレベルに核兵器の抑止効果が及ぶ状況から恩恵を受ける立場にある劣位の現状打破国は、自身の「核の敷居」の水準が押し上げられることを防ぐか、あるいはそれを引き下げるような施策に向かうことが予期される。もちろん、ただ単に相手側の限定的な通常戦力行使に対する核報復を威嚇しても、信憑性は限られる。そこで有力な選択肢となるのは、事態をただちに全面核戦争に発展させるリスクが相対的に小さい、限定的な核使用オプションを可能にする手段として非戦略核兵器を導入することで、そうした威嚇に信憑性を伴わせる、言い換えれば核使用の敷居の低下をシグナルすることである。いわゆる戦術核兵器は、この典型といえる。

これら双方の動きは、相まって、核兵器が実際に使用されるリスクを高める。通常戦力で劣位の側による非戦略核兵器の導入は、優位の側による通常戦力行使のハードルを引き上げはするが、そのために、いざ通常戦争が生じた場合にはより確実かつより早い段階で、核兵器が使用される態勢を作るものにほかならない。同時に、優位の側が核報復を招かずに行使できる最大限の反撃策を追求することは、劣位の現状打破国によるエスカレーション・ラダーの低いレベルでの現状変更行動が、通常戦争に発展する可能性を高める。その反撃は、相手の核使用を招かないように調整されるものではあるが、劣位の側が自身の「核の敷居」に関するイメージを操作しようとする中で、優位の側が相手のレッドラインを読み違え、早期核使用がトリガーされるリスクは常に存在する。そのリスクは、通常戦力での反撃がなされる可能性が拡大すれば、比例的かはともかく増大するのである。

加えて、こうした双方の動きは、安全保障のジレンマを構成する。通常戦力で優る現状維持側が、相手の核報復を招くことなしに行使できる最大限の反撃オプションを追求する場合、その目的は、パラドックスを利用する形で生じる、現状打破側の現状変更行動を抑止することにある。ところが、現状打破国が通常戦力で劣位にあるがゆえに、優位の側の反撃オプション希求は、現状変更行動に従事するうえでの現状打破国の損得計算に影響するだけでなく、現状打破国自身の脆弱性を刺激する。これを受けて、劣位の現状打破国が対通常戦力抑止を強化する意図から、「核の敷居」の低下を示すような行動を取る場合、たとえそこに、パラドックスに沿った現状変更行動を強化するためという意図が伴っていなかったとしても、現状維持側には現状変更行動の強化のためと受け取られ得る。これは典型的な安全保障のジレンマであり、両当事国がこの種の競合から抜け出すことを、なおさら難しくするものといえる。

(2) 戦略的安定への含意

現状維持側・打破側双方による限定的なオプション追求の動きに由来する核使用リスクの増大は、第一義的には、非戦略核兵器の使用に関するものである。ゆえにそれは、基本的には核レベルの中でも戦略核戦力に係る抑止関係の状態としての戦略的安定の問題に、直結するとは限らない。スナイダーがかつてパラドックスに関する議論の中で示唆したように[64]、相互脆弱性が確立された結果、紛争のスペクトラムの核レベルが戦略核レベルと非戦略核レベルに分離され、前者のレベルでは戦略的安定が担保される一方、後者のレベルでは非戦略核兵器を用いた限定的な核使用が行われるといった状況も、想定できないわけではない。

しかし、たとえ非戦略核兵器の使用そのものは戦略的安定の問題ではないとの前提に立ったとしても、この種の兵器の導入を含む双方の限定的オプションの追求や、その背景となる、パラドックスに沿った現状変更行動の深刻化は、戦略的安定に負の影響を及ぼすことが予想できる。そうしたインプリケーションの経路として、以下の3点を挙げたい。

①軍拡競争に係る安定への影響

第1に、現状維持側・打破側双方が限定的オプションを追求する中で生じる、軍拡競争に係る安定上の問題がある。戦略的安定の構成要素としての軍拡競争に係る安定は、危機の安定を補完するものである。それゆえ、軍拡競争に係る安定に照らして問題になる軍事力の拡張とは、厳密にいえば、戦略核レベルでの相互脆弱性の基盤となる双方の第二撃能力を脅かすもの、例えば対兵力打撃能力や戦略防衛システムである。しかし冷戦期以来、相互脆弱性を脅かす見込みのない軍拡競争についても、それが相互の敵対心や恐怖を増幅し、戦争の可能性を増大させるとして問題視する向きが、少なからず存在してきた[65]。こうした見方に則れば、相互脆弱性に影響を与え得る戦略兵器体系に比べれば影響は限定的であろうが、戦略核レベル未満で生じる軍拡競争も、政治的な面でリスクを伴うものになる。

加えて、戦略兵器か非戦略兵器か、また相手国の報復核戦力を脅かすための兵器かどうかといった区分は、概念的には明確でも、実際上は曖昧にならざるを得ない。当事国間に十分な距離があり、その距離に応じた核戦力の戦略／非戦略の区分が歴史的に確立されてきた米露間のケースはともかく、その共有された区分が存在せず、当事国が隣接しているような場合は、特にこれが問題になる。戦術核兵器をはじめ、限定的な核使用に用いることを意図した低出力・短射程の兵器が、相手国の第二撃能力をも攻撃できる、といった状況は十分あり得よう。限定的な核使用のための兵器に求められるミサイルの命中精度の高さは、敵核戦力を標的とした対兵力打撃用の兵器に求められる要件でもある。

このとき、そうした非戦略核兵器を獲得することは、当事国にその意図がなくとも、相手側からは、自身の第二撃能力を脅かすためのものととらえられ得る。その場合、危機の安定に係る問題もさることながら、相互脆弱性の構図を受け入れる意図に関する疑念や不信を相手側に生じさせ、軍拡競争に係る安定を揺るがすことになる。

②限定核使用オプションと危機の安定

第2に、非戦略核兵器の実使用リスクと戦略的安定の関係に関する問題が挙げられる。非戦略核兵器が実際に使用されることと戦略的安定の維持との関係は、とらえにくいものがある。「非戦略」という区分ではあっても、それが核兵器の使用を構成する以上、そこからのエスカレーションによって戦略的安定が防ごうとする戦略核戦争の発生可能性を高めるものと考えられる一方で、前述のスナイダーの整理のように、非戦略核兵器の使用を、強固な戦略的安定の下で可能になるものと位置付ける議論もある。

この点は、非戦略核兵器が担う役割に関する問いと密接に関連している。相互脆弱性の下で戦略核兵器とは別に非戦略核兵器が存在する意義は、自身も相手も全面核戦争を望まない中で、全面核戦争の手段としての戦略核兵器の使用と明確に識別可能で、かつ相手に戦略核使用へのエスカレーションをもって応じる気を起こさせないような、相対的にインパクトが抑制された限定核使用を可能にすることにある。ただ、その具体的な活用の様態は、前提としていかなる核エスカレーション観を取るかによって、大きく2つのアプローチに分けられる[66]。

1つは、全面核戦争へのエスカレーションが生じる可能性が極限されていることを前提に、限定核使用オプションを、敵対国に「痛み」を与えるツールとして行使し、さらなる被害の累積を忌避した相手国を引き下がらせるものである。このアプローチが成立するには、紛争のスペクトラムのうち戦略核レベルと非戦略核レベルの間のエスカレーションが厳格に遮断されている必要があり、それには相互脆弱性に基づき戦略核レベルでの強固な戦略的安定が成立していることが必要になる。なお、通常戦争の過程で、純軍事的な便益を狙って戦術核兵器を使用し、通常戦力での劣位を相殺するようなアプローチも、全面核戦争のリスクが抑制されていることを前提とする点で、これに準ずるものといえる[67]。これらのアプローチは、いわば限定核戦争の遂行・勝利を追求するもので、抑止の面ではそれが可能な態勢を整えることで抑止力として機能する。

しかしこのアプローチには、そもそも核戦争がいったん開始された後のエスカレーションの限定が可能なのかという問題があるだけでなく、強固な戦略的安定を担保する戦略核戦力と併せて、幅広い標的を念頭に置いた広範な限定核使用を可能にするための、相当規模の非戦略核兵器を要するという問題がある[68]。後者はとりわけ、リソースを十分持たない新興の核保有国にとって大きな課題になる。

これに対し、能力面での要請がより小さいのがもう1つのアプローチである[69]。これは限定核使用オプションを、制御不能な形で全面核戦争への爆発的なエスカレーションが起きるリスクを提起・操作する手段として用いる。このアプローチは、核戦争のエスカレーションに関して第1のアプローチと真逆の前提に依拠する。つまり、限定核使用によるものであろうと、いったん核戦争が始まれば、誰も望まずとも、全面核戦争へのコントロール不能なエスカレーションが起きる深刻な可能性が常に存在することが必要になる。この前提の下で、非戦略核兵器は、即座に全面核戦争を招く戦略核兵器と比べれば使用のハードルが低く、しかし核兵器であるがゆえにその使用が全面核戦争へのエスカレーションのリスクを増大させるものとして存在することで、抑止を担保する。仮に抑止が破れた場合には、その使用によって、事態が全面核戦争に至るリスクを操作し、リスクを嫌った相手国を引き下がらせる手段となる[70]。

ただ、このアプローチは危機の安定との相性が悪い。いずれの側も望まずとも全面核戦争へのエスカレーションが起きる可能性をてこにするといっても、非戦略核兵器それ自体の使用のインパクトは限定的である。ゆえに、その使用に続く一連の事態のどこかで、相互脆弱性の状況にもかかわらず戦略核攻撃に訴えるという意思決定をいずれかの側が行い、全面核戦争に発展する蓋然性が必要になる。そして、危機の安定の下で抑制される、敵対国による第一撃への恐怖から来る拙速な先制核攻撃への圧力は、唯一ではないとしても、いずれの側も望まない全面核戦争へのエスカレーションの深刻なリスクを生じさせる、主要な要因なのである[71]。

能力面での必要に鑑みれば、今日の核保有国間対立における現状打破国が、非戦略核兵器の役割に関して、後者のアプローチを採用することは大いにあり得よう[72]。しかしその場合、当該国は意図的な選択として、危機の安定が確立された状態を避けることが考えられる。これは直接的に、戦略的安定に係る問題を生じさせることになる。

③損害限定への傾倒

第3に、安定－不安定のパラドックスに沿った現状変更行動の深刻化は、一定の条件下で、これに直面する現状維持国の側に、戦略核レベルでの損害限定能力の追求を促すことが考えられる。これは、危機の安定に係る問題を惹起する。

そうした施策が追求されるとすれば、その意図するところは、冷戦期の西側の議論において損害限定学派が掲げたのと同じもの、すなわちパラドックスの前提を解消することにある。当時懸念されたパラドックスと、今日の核保有国間対立で生じるパラドックスでは、想定される帰結は異なるものの、いずれも相互脆弱性の下で生じる点は共通である。それゆえ理論上は、損害限定能力の獲得により相互脆弱性の状況を脱却し、パラドックスを克服するという手法は、今日の文脈においても妥当性を持ち得る。

もちろん、冷戦期のように、パラドックスの表象として核未満のレベルのハイエンドでの現状変更行動が懸念される構図と比較すると、今日のパラドックスの下で生じるであろう通常戦争未満のレベルでの現状変更行動は、紛争のスペクトラム上で核レベルからの距離が遠い。ゆえにこの種のパラドックスを、戦略核レベルでの相互脆弱性の脱却によって解消するという選択肢は、今日の文脈での現状維持国にとって、冷戦期ほど優先順位が高くはならないとも考えられる。だが同時に、今日の核保有国間対立では、当事国間の第二撃能力の水準に大きな格差があり相互脆弱性の基盤が弱いために、少なくとも一方が有効な損害限定能力を達成することに一定の現実味が伴う例が散見される[73]。それゆえ、パラドックスに沿った現状変更行動に直面する現状維持側が、そうした損害限定能力を達成できる見込みがあると考える場合、損害限定能力の達成によってこの状況を打破する誘因が生じ得る。

ところが、そうした条件の下で、核・通常戦力両面で優位の側が損害限定能力を明確に追求するならば、これは第一撃に係る安定の面で、冷戦期以上に深刻な問題を惹起する。損害限定能力の達成に冷戦期よりも現実味があるということは、対立の相手国にとって、緊張が高まった際の第一撃の脅威をより強く意識せざるを得ないことを意味するためである。結果として、警報即発射の採用を含め、危機の際に即座に核戦力を発射できるような態勢への傾倒が促されるとの指摘がなされている[74]。

4. 安定－不安定のパラドックスに係る試論

以上が本章の主眼とする、今日の核保有国間対立の文脈で戦略的安定が持ち得る負のインプリケーションに関する議論である。この内容を踏まえ、最後に本節では、焦点を再び安定－不安定のパラドックスに戻し、2つの試論を提起したい。1つは、安定－不安定のパラドックスの下での現状変更行動の限界と抑制の可能性、もう1つは、今日の文脈で現状打破国が通常戦力面で優位にある場合の、パラドックスの作用に関する議論である。

(1) パラドックスの限界と抑制

ここまでの議論から、今日の核保有国間対立において、相互脆弱性に基づく戦略的安定が、対立関係の総体的な安定に負の影響を及ぼし得ることは否定し難い。そして、一連の負の影響が発生するうえで、その起点として安定－不安定のパラドックスが重要な位置付けを占める。これらを鑑みたとき浮上する関心は、パラドックスの下で現状打破国が取り得る現状変更行動の限界はどこにあるのか、そして現状維持側には、核レベルの抑止関係への負の影響を生じさせることなく、現状変更を抑制させる術はあるのか、といった点であろう。

パラドックスの下で、通常戦力で劣位の現状打破国が取り得る現状変更行動の形態が、通常戦争未満のレベルの行為か、それに準ずるもの、例えば通常戦力で優る相手国自身ではなく、その周縁的なパートナーを標的とした通常戦争レベルのものになると考えられることは、第2節で論じた。その際理由として、現状変更に対する現状維持側の反撃は、制約されるとはいっても全く不可能ではないために、現状打破側が、相手の反撃から通常戦争へと発展するリスクを管理する必要性を意識せざるを得ないことを挙げた。

より厳密には、現状変更行動の性質に関してこうした制限が生じると考えられる根拠は、シェリングが提示した、限定戦争を暗黙のバーゲニングの一種としてとらえる議論に求められる。一般に、対立する国家間で戦争の限定が成功するには、まずはその限定の水準に関する共通理解が成立しなければならない。ただし、この共通理解が暗黙の形で「交渉」されるものであるがゆえに、限定の水準は、「相互に認識可能な落としどころ（mutually identifiable resting place)」に立脚する必要がある。だが、質的に同一のスペクトラム上の特定の点は、この条件を満たさず、相互の期待がそこに収斂することが難しい[75]。この論理に基づけば、現状変更行動に対する現状維持側の反撃から暴力の応酬が生じてエスカレートし、事態が通常戦争レベルに発展すれば、それと程度の差しかない大規模通常戦争へのエスカレーションを制御することは、極めて難しいといえる。だからこそ、大規模通常戦争を忌避する劣位の現状打破国にとっての安全策は、自身の現状変更行動に対して相手が同質・同等の形で反撃し応酬になったとしても、そこで生起する事態が通常戦争とは質的に異なるものにとどまるような、そうした性質の行為による現状変更を行うことになる。

劣位の現状打破国による現状変更の形態として、本稿が通常戦争未満のレベルの行為と形容する、通常戦争レベルの行為と質的に異なるものが選好されると考えられるのは、このような理論的根拠に基づく。そうした行為として想起されやすいのは、準軍事組織や非国家主体を用いるものであろうが、当事国間の通常戦争レベルの行為との質的な差異という条件が満たされる行為でありさえすればよい[76]。また、パラドックスの帰結を受けた現状変更行動の深刻化とは、そうした性質の行為の烈度や頻度の激化であって、通常戦争レベルの行為への移行は選ばれにくいと考えられる。そしてパラドックスの作用の下で、現状打破国が実際に現状変更行動の烈度や頻度を激化させられるかは、通常戦争レベルの行為と質的に異なる現状変更行動の手段の利用可能性に、強く影響を受けるものと予想される。

これらの点は、パラドックスに沿った現状変更行動の抑止可能性を考えるうえでも注目に値する。通常戦争レベルの衝突に陥ることを忌避するがゆえに、劣位の現状打破国は、現状維持側から通常戦争未満のレベルでの反撃によって大きなコストを負わされたとしても、自ら主導的に事態を通常戦争レベルにエスカレートさせ、その先にある核戦争のリスクをちらつかせることで反撃を抑制させるような瀬戸際政策は取りづらい[77]。だとすれば現状維持側が、通常戦争未満のレベルでの反撃によって十分なコストを賦課できるとき、現状打破国による現状変更行動が、パラドックスに沿った深刻化も含め抑制されることが期待できる。

ただしこうした抑止の成否は、慎重に評価される必要がある。通常戦争などと異なり、エスカレーション・ラダーの低いレベルの行為は、実施に当たってのコストやハードルがそもそも低く、発生が100%抑止されることは期待し難い。通常戦争未満のレベルの行為に対する抑止の成否は、抑止対象となる行為が全く生じなくなるか否かではなく、その烈度や頻度の低下を指標とすべきとの見方がある[78]。

(2) 優位の現状打破国とパラドックス

ここまで本章は、今日の核保有国間対立の文脈で広く見られるであろう安定－不安定のパラドックスとして、通常戦力で劣る現状打破国が受益する形の作用を念頭に置いてきた。しかし、恐らく例外的な位置付けにはなるものの、現状打破国が通常戦力で優位にある状況でのパラドックスの作用に目を向ける必要性が、ここ数年で浮上しつつある。現代の核保有国間対立の中で、これに該当し得るのは米中関係であり、現状打破国としての中国の核戦力および通常戦力の拡充が今後さらに進めば、優位の現状打破国とパラドックスの関係性がこの対立関係において重要な意味を持つものと予想される。

第1節で見たように、冷戦期にスナイダーが提起したパラドックスの議論は、相互脆弱性の構図が、通常戦力で優位の現状打破側であるソ連・東側を利するものであった。すなわち、冷戦期の西側の議論では、パラドックスの帰結として、対通常戦力面での西側の核抑止力の有効性が損なわれ、東側による大規模な通常戦力行使を伴う現状変更行動が生じる可能性が意識されていた。同様の帰結が今日の文脈でも引き起こされ得るならば、現状維持側にとっては大きな懸念材料となる[79]。

ただ、こうした通常戦力で優位の側を利するパラドックスの作用は、米ソの文脈を離れてその援用を考えるとき、若干の留保が必要である。この種のパラドックスの作用は、通常戦力で劣位の現状打破国を利する形のパラドックスとは異なり、相互脆弱性の状態にある核レベルの抑止関係が、核未満のレベルを「不安定化させる」効果を生むものではない。スナイダーが定式化した前者のパラドックスの本質は、「核兵器が存在する以前の状態に近づくような、戦術的な［執筆者注：核未満のレベルの］バランシング・プロセスの復活」である[80]。すなわち、相互脆弱性の下で、双方の核兵器が核未満のレベルに及ぼす抑止効果が厳格に失われ、核未満のレベルの紛争のダイナミクスが、双方の核抑止の存在から何ら影響を受けずに機能することを許容される。

それゆえ、優位の側が現状打破を志向する対立において、ある時点で相互脆弱性が成立し、この種のパラドックスが作用するようになったとして、それが優位の側による通常戦争レベルでの重大な現状変更行動を「促進する」かは、相互脆弱性の成立以前の文脈による。促進するとすれば、相互脆弱性が成立する前の段階で、現状打破側のそうした行動が、現状維持側の核報復の威嚇によって抑止されていた場合である。この場合には、相互脆弱性の成立によって現状維持側の核兵器が核未満のレベルに及ぼしていた抑止力が失われ、核未満のレベルの紛争に固有のダイナミクスが回復される。結果として、通常戦力で優位の現状打破国はその優位を行使する余地を取り戻すことになる。冷戦期の西側で、パラドックスの成立が東側の通常戦力侵攻を「起きやすくする」ものととらえられたのは、相互脆弱性の成立以前の段階で、西側が東側の通常侵攻を一方的な核報復の威嚇をもって抑止し得た状態があったからにほかならない。

さらにいえば、そもそもの問題として、相互脆弱性の下で通常戦力で優る現状打破国が存在すること自体は、スナイダーが描いたような、優位の現状打破国を利する形で安定−不安定のパラドックスが作用することを保証するわけではない。むしろ、たとえ相互脆弱性の下であっても、スナイダーの議論が想定していたほどに、核レベルの抑止関係が核未満のレベルに及ぼす抑止効果が抑制され得るのかは、疑問なしとしない。

核レベルの抑止関係が核未満のレベルに及ぼす抑止効果が極限まで抑制されるためには、核未満のレベルでの戦争が核エスカレーションを起こす可能性が極小化されていることが必要になる。しかし現実的には、核保有国間で大規模な通常戦争が生じるとき、それが何らかの形で核戦争に発展する可能性が皆無ということは想定し難い。また、現状打破側の通常戦力優位が大きくなるほどに、その優位をてこにした現状変更行動が目的を達成できる可能性は高まるが、それは深刻に追い詰められた劣位の現状維持側が「合理的な」選択として核使用に訴える可能性を高めることにもなる。このとき、劣位の現状維持国の核兵器が持つ対通常戦力面での抑止効果は回復され、優位の側を利する形でパラドックスが作用する前提が損なわれる。そして何より、劣位の現状維持国は、パラドックスを利用する劣位の現状打破国が通常戦争レベルでの反撃回避のために試みるのと同様に、相手の通常戦力行使に対する「核の敷居」を引き下げるような施策を取り得るのである。

もちろん、仮に相互脆弱性の下で、最大限の通常戦力行使は抑制せざるを得ないとしても、優位の現状打破国には、通常戦争レベルでのさまざまな水準・様態の現状変更行動を取る余地があり得よう[81]。劣位の現状維持側からすれば、それでも十分な脅威であることも間違いない。ただ、劣位の現状維持側がこの種のパラドックスへの対処を考えるうえでは、パラドックスの下でどの程度重大な通常戦力での現状変更が可能なのかに関する現状打破側の認識は所与のものではなく、現状維持側の施策による操作の余地があり得るということについて、十分意識される必要があろう。

おわりに

本章は、戦略的安定がもたらす負のインプリケーションへの関心から出発した。そして、今日の核保有国間対立の文脈で、相互脆弱性に基づく戦略的安定が、対立の核未満のレベルにいかなる影響を及ぼすのか、さらにその帰結が、核レベルの抑止関係にどのような含意を生むのかを検討した。その結果として、今日の核保有国間対立においては、相互脆弱性の下で、通常戦力で劣る現状打破国の現状変更行動の余地が拡大する安定－不安定のパラドックスの発生が予期されること、さらにこの現象が、対立の当事国をして、核使用リスクの増大を含意する多様な限定的軍事力行使のオプション追求や、戦略的安定に悪影響を及ぼすような措置へと向かわせ得ることを指摘した。これらに鑑みれば、今日の文脈において戦略的安定は、核保有国間の対立関係全体の安定化との関係で、完全に望ましいものとは言い難いということになろう。

冒頭で述べたとおり、こうした本稿の主張は、演繹的に導出された仮説としての位置付けにとどまる。それゆえ、実際にこれらが、今日の核保有国間対立において広く予期されるパターンといえるかは、今後実証的に検討する必要がある。安定－不安定のパラドックスの効果に関しては、近年、統計的な手法による定量分析に一定の蓄積が見られるが[82]、定性的な手法により、その因果メカニズムまで含めて検証する試みは依然として少ない。本稿の仮説に関する実証は、そうしたギャップを埋め得るものといえる。

なお、本章の主張は、一般に望ましいものとされてきた、戦略的安定の負の側面を指摘するものではあるが、だからといって、戦略的安定の追求そのものが放棄されるべきとしているわけではない。核戦争、とりわけ最も危険な戦略核戦争を防止するために、危機における先制核攻撃の誘因を抑制することは、今日の文脈でも不可欠である。本章の議論が経験的にも正しいと仮定するとき、そこから導かれるべき示唆は、戦略的安定に負の含意が伴うことを前提に、核保有国間対立の紛争のスペクトラム全体の安定が担保されるような条件を模索することの必要性であろう。その中では、本章の試論において示した、パラドックスの限界と抑制に関する議論が重要な意味を持ち得ると考えられる。

「第二の核時代」においては、複数の核保有国・核保有国間対立が存在し、その多様性が常々指摘される。しかし、その様相が多様であるからこそ、そこに存在する共通のパターンを特定し、理論化することの重要性はより大きいともいえる。今日の文脈における核抑止のさまざまな側面に関して、さらなる理論化の進展が望まれるところである。

1) Bruce W. MacDonald, "Growing Stability Challenges to the Nuclear Weapons Domain," *SAIS Review of International Affairs* 40, no. 1 (Winter-Spring 2020): 126.

2) 戸﨑洋史「米露軍備管理――新STARTの『暫定性』とその課題」『立法と調査』第309号（2010年10月）58頁。

3) Sarah Bidgood, "What We Talk about When We Talk about US-Russia Strategic Stability," *Journal for Peace and Nuclear Disarmament* 6, no. 1 (2023): 11-12.

4) 米露以外の核保有国による戦略的安定への言及の例として、下記を挙げる。[UK] HM Government, *Global Britain in a Competitive Age: The Integrated Review of Security, Defence, Development and Foreign Policy* (March 2021), 76; [France] Secretariat-General for National Defence and Security, *National Strategic Review 2022* (2022), 41; [China] Ministry of Foreign Affairs, "Statement at the General Debate by Mr. SUN Xiaobo, Director General of the Department of Arms Control of MFA of China and Head of the Chinese Delegation to the First Committee of the 78th UNGA Session" (October 7, 2023); [Pakistan] Ministry of External Affairs, "Twenty Years of Resolve, Restraint and Responsibility" (May 28, 2018); Permanent Mission of India to the Conference on Disarmament, Geneva, "Statement by Ambassador (Dr.) Pankaj Sharma, Permanent Representative of India to the Conference on Disarmament during the Plenary Meeting of the Conference on Disarmament on July 31, 2019" (July 31, 2019); "Law on DPRK's Policy on Nuclear Forces Promulgated," *KCNA Watch*, September 9, 2022.

5) Adam N. Stulberg and Lawrence Rubin, "Introduction," in *The End of Strategic Stability?*, ed. Lawrence Rubin and Adam N. Stulberg (Washington, D.C.: Georgetown University Press, 2018), 2.

6) Thomas C. Schelling, "Foreword," in *Strategic Stability: Contending Interpretations*, ed. Elbridge A. Colby and Michael S. Gerson (Carlisle: U.S. Army War College, 2013), v. この問いと併せて、戦略的安定とはそもそも何なのか、いかにして達成されるのかという問いも提起されている。

7) 本章では、核兵器不拡散条約（Nuclear Non-Proliferation Treaty: NPT）上の5核兵器国と、それ以外の核兵器保有国、さらには抽象的な概念としての核兵器を保有する国家をすべて含み得るものとして、「核保有国」の語を用いる。

8) 厳密にいえば、相互脆弱性に基づく戦略的安定は、核レベルの抑止関係全体を必ずしも包含するものではなく、非戦略核兵器などの存在を勘案すると議論が複雑化するが、便宜上ここでは深入りしない。

9) Glenn H. Snyder, "The Balance of Power and the Balance of Terror," in *The Balance of Power*, ed. Paul Seabury (San Francisco: Chandler, 1965), 199.

10) 例えば、Rajesh M. Basrur, "Two Decades of Minimum Deterrence in South Asia: A Comparative Framework," in *The Politics of Nuclear Weapons in South*

Asia, ed. Bhumitra Chakma (Farnham: Ashgate, 2011), 20-21; Alexander Lanoszka, "Russian Hybrid Warfare and Extended Deterrence in Eastern Europe," *International Affairs* 92, no. 1 (January 2016): 142; Bruce W. Bennet et al., *Countering the Risks of North Korean Nuclear Weapons* (Santa Monica: RAND Corporation, 2021), 56; Peter Rudolf, "U.S. Geopolitics and Nuclear Deterrence in the Era of Great Power Competitions," *Political Science Quarterly* 136, no. 1 (2021): 142.

11) Philipp C. Bleek, "Conflict in the Shadow of the Bomb: The Stability-Instability Paradox Revisited" (paper presented at the 2007 Annual Meeting of the American Political Science Association (APSA), August 30-September 2, 2007), 2; Robert Powell, "Nuclear Brinkmanship, Limited War, and Military Power," *International Organization* 69, no. 3 (Summer 2015): 592; Christopher J. Watterson, "Competing Interpretations of the Stability-Instability Paradox: The Case of the Kargil War," *Nonproliferation Review* 24, no. 1-2 (2017): 84-85.

12) David S. Yost, "Strategic Stability in the Cold War: Lessons for Continuing Challenges," French Institute of International Relations (2011), 50.

13) Michael S. Gerson, "The Origins of Strategic Stability," in *Strategic Stability*, ed. Colby and Gerson, 3.

14) International Security Advisory Board, *Report on the Nature of Multilateral Strategic Stability* (April 27, 2016), 2. 例えば、武力紛争の誘因が極小化された状態や、グローバルまたは地域の平和と安定といった、核兵器の存在を必ずしも前提としない形で用いられることさえも珍しくはない。Stratcompa, "How Is Deterrence and Stability Enhanced/Diminished by Arms Control beyond New Start?," YouTube video, 1:39:25, August 25, 2011.

15) Colin S. Gray, "Strategic Stability Reconsidered," *Daedalus* 109, no. 4 (Fall 1980): 135; Douglas Seay, "What Are the Soviets' Objectives in Their Foreign, Military, and Arms Control Policies?," in *Nuclear Arguments: Understanding the Strategic Nuclear Arms and Arms Control Debates*, ed. Lynn Eden and Steven E. Miller (Ithaca: Cornell University Press, 1989), 60-61; Yost, "Strategic Stability in the Cold War," 15. この2つに加えて、危機や核戦争につながり得るような行動を取る誘因の不在を、「政治的安定」として3つ目の要素に据える議論もあった。Joseph S. Nye Jr., "Nuclear Learning and U.S.-Soviet Security Regimes," *International Organization* 41, no. 3 (Summer 1987): 388.

16) Joseph S. Nye Jr., "Arms Control and International Politics," *Daedalus* 120, no. 1 (1991): 147. 危機の安定の概念はしばしば、戦略的安定や核の安定（nuclear stability）と相互互換的に用いられた。Charles L. Glaser, "Why Do Strategists Disagree about the Requirements of Strategic Nuclear Deterrence?," in *Nuclear Arguments*, ed. Eden and Miller, 156.

17) Elbridge Colby, "Defining Strategic Stability: Reconciling Stability and Deterrence," in *Strategic Stability*, ed. Colby and Gerson, 48.

18) Glenn A. Kent and David E. Thaler, *First-Strike Stability*: *A Methodology for Evaluating Strategic Forces* (Santa Monica: RAND Corporation, 1989), v.

19) Ibid., xviii.

20) Ibid., xvii. グレーザーが1990年の著書において、最も広く受け入れられている危機の安定の定義だとした、「危機の最中に国家が先制に訴えない、言い換えれば敵対国の攻撃を打倒するための第一撃に踏み切らない誘因の程度」という理解は、概ねこれと合致している。Charles L. Glaser, *Analyzing Strategic Nuclear Policy* (Princeton: Princeton University Press, 1990), 45.

21) ここでの定義は、当時の議論を基にした、Colby, "Defining Strategic Stability," 49の整理に依拠した。

22) James M. Acton, "Reclaiming Strategic Stability," in *Strategic Stability*, ed. Colby and Gerson, 121.

23) Thomas C. Schelling, "Surprise Attack and Disarmament," *Bulletin of the Atomic Scientists* 15, no. 10 (1959): 413-414.

24) 以下、冷戦期の戦略的安定および相互脆弱性の概念的発展については、特に注記のない限り、Gerson, "The Origins of Strategic Stability," 1-37を参照した。

25) John A. Battilega, "Soviet Views of Nuclear Warfare: The Post-Cold War Interviews," in *Getting MAD*: *Nuclear Mutual Assured Destruction*, *Its Origins and Practice*, ed. Henry D. Sokolski (Carlisle: U.S. Army War College, 2004), 158.

26) 相互脆弱性とMADは互換的に用いられることもあるが、正確には、MADはより厳密な基準を伴う、相互脆弱性の一形態である。MADの概念は、1960年代にマクナマラ米国防長官が示した確証破壊戦略、すなわちソ連の先制核攻撃を受けた後でも、その人口の25%、産業基盤の50%を破壊できるだけの報復戦力を保持するという米国の戦略を相互化する形で導出されており、相互脆弱性と比べて「壊滅的な損害」の内容がより詳細に、しかもかなり高い水準で設定されていた。Mark T. Clark, "Small Nuclear Powers," in *Getting MAD*, ed. Sokolski, 278. 今日の核保有国間対立においては、米ソ間のようなMADの具体的水準に関する定義が乏しいことを踏まえ、本章では基本的に、相互脆弱性の概念を用いる。

27) Schelling, "Surprise Attack and Disarmament," 414. 危機の安定それ自体の範疇に、敵の第一撃への恐怖に駆られた先制攻撃の誘因の抑制だけを含めるのか、それとも動機を問わずあらゆる先行核使用の誘因の抑制までを含めるのかは、論者によっても違いがある。Acton, "Reclaiming Strategic Stability," 121. しかし、危機の安定を含む戦略的安定の基盤として相互脆弱性を位置付けるとき、この差異は見えにくくなる。意図的に核の先行使用に訴えることの合理性を双方の側で失わせることで、相手の奇襲攻撃への恐怖とそれに由来する拙速な先制の誘因を抑えるのが、相互脆弱性に立脚した戦略的安定の論理であり、結果としてあらゆる動機に基づく先行核使用、厳密には戦略核戦力の先行使用の誘因が抑制されるためである。

28) 戸﨑「米露軍備管理」58頁。

29) Thomas C. Schelling and Morton H. Halperin, *Strategy and Arms Control* (New York: The Twentieth Century Fund, 1961), 52-54; Yost, "Strategic Stability in the Cold War Era," 17.

30) Stephen Prowse and Albert Wohlstetter, "Stability in a World with More than Two Countries," in *Beyond START?*, ed. Stanford Lakoff (La Jolla: University of California at San Diego, 1988), 46-54. この主張は、当時の多くの戦略家らの見方を代弁したものであったともいわれる。Acton, "Reclaiming Strategic Stability," 128. ただし、相手が先制攻撃に訴えようとしているとの誤認のみが戦争を引き起こす要因としてとらえられていたとの指摘は、やや誇張がある。

31) Snyder, "The Balance of Power and the Balance of Terror," 198-199. スナイダー自身はこの論文の中で、「安定－不安定のパラドックス」との呼称を用いてはいない。

32) Ibid., 192-193; Glenn H. Snyder, "Balance of Power in the Missile Age," *Journal of International Affairs* 14, no. 1 (1960): 29. Robert Jervis, *The Meaning of the Nuclear Revolution* (Ithaca: Cornell University Press, 1989), 19-20 および Kent and Thaler, *First-Strike Stability*, 5 も参照のこと。

33) Snyder, "Balance of Power in the Missile Age," 29.

34) 以下、損害限定学派、軍事的拒否学派、懲罰的報復学派の議論については、Glaser, *Analyzing Strategic Nuclear Policy*, 50-55 を参照した。

35) Yost, "Strategic Stability in the Cold War," 25.

36) Snyder, "The Balance of Power and the Balance of Terror," 198-199.

37) なおスナイダーは、第三世界の新興独立国の国内政治への干渉といった行為を、「恐怖の均衡」「力の均衡」と区別される第3の次元としての「説得力の均衡（balance of persuasion）」の下に位置付けている。スナイダーのパラドックスは、「恐怖の均衡」と「力の均衡」の関係を分析したものであり、この種の行為は彼のいうパラドックスの範疇ではない。Snyder, "Balance of Power in the Missile Age," 33-34.

38) Glaser, *Analyzing Strategic Nuclear Policy*, 110.

39) Yost, "Strategic Stability in the Cold War," 25; Brendan Rittenhouse Green and Austin Long, "The Geopolitical Origins of US Hard-Target-Kill Counterforce Capabilities and MIRVs," in *The Lure & Pitfalls of MIRVs: From the First to the Second Nuclear Age*, ed. Michael Krepon, Travis Wheeler, and Shane Mason (Washington, D.C.: Stimson Center, 2016), 19-53.

40) Battilega, "Soviet Views of Nuclear Warfare," 157-161.

41) Yost, "Strategic Stability in the Cold War," 20.

42) 強力な核戦争遂行能力を追求しつつも、1970年代ごろには、ソ連軍指導部の中で核戦争における意味のある勝利は不可能との認識が生じていたとされる。Battilega, "Soviet Views of Nuclear Warfare," 156-157.

43) Alexey Arbatov and Vladimir Dvorkin, "The Impact of MIRVs and Counterforce Targeting on the US-Soviet Strategic Relationship," in *The Lure & Pitfalls of MIRVs*, ed. Krepon, Wheeler, and Mason, 70-85.
44) Jeffrey Lewis and Aaron Stein, "Who Is Deterring Whom? The Place of Nuclear Weapons in Modern War," *War on the Rocks*, June 16, 2022.
45) 例えば、Sung Chull Kim, "North Korea's Nuclear Doctrine and Revisionist Strategy," in *North Korea and Nuclear Weapons: Entering the New Era of Deterrence*, ed. Sung Chull Kim and Michael D. Cohen (Washington, D.C.: Georgetown University Press, 2017), 39-40; Catlin Talmadge, "The US-China Nuclear Relationship: Why Competition Is Likely to Intensify," Brookings (September 2019), 6-7.
46) Sumit Ganguly, "Indo-Pakistani Nuclear Issues and the Stability/Instability Paradox," *Studies in Conflict and Terrorism* 18, no. 4 (1995): 325-334.
47) David J. Karl, "Lessons for Proliferation Scholarship in South Asia: The Buddha Smiles Again," *Asian Survey* 41, no. 6 (2021): 1002-1022; Jeffrey W. Knopf, "Recasting the Proliferation Optimism-Pessimism Debate," *Security Studies* 12, no. 1 (Autumn 2002): 41-96; Michael Krepon, "The Stability-Instability Paradox, Misperception, and Escalation Control in South Asia," in *Escalation Control and the Nuclear Option in South Asia*, ed. Michael Krepon, Rodney W. Jones, and Ziad Haider (Washington, D.C.: Stimson Center, 2004), 1-24.
48) 例として、P.R. Chari, "Nuclear Restraint, Nuclear Risk Reduction, and the Stability/Instability Paradox in South Asia," in *The Stability/Instability Paradox: Nuclear Weapons and Brinksmanship in South Asia*, ed. Michael Krepon and Chris Gagné (Washington, D.C.: Stimson Center, 2001), 21; Rajesh M. Basrur, "Kargil, Terrorism, and India's Strategic Shift," *India Review* 1, no. 4 (2002): 41; Dinshaw Mistry, "Complexity of Deterrence among New Nuclear States: The India-Pakistan Case," in *Complex Deterrence: Strategy in the Global Age*, ed. T.V. Paul, Patrick M. Morgan, and James J. Wirtz (Chicago: University of Chicago Press, 2009), 187-188.
49) Austin Long, "Deterrence: The State of the Field," *New York University Journal of International Law and Politics* 47, no. 2 (2015): 366.
50) S. Paul Kapur, "India and Pakistan's Unstable Peace: Why Nuclear South Asia Is Not Like Cold War Europe," *International Security* 30, no. 2 (Fall 2005): 130.
51) Ibid., 135.
52) Ibid., 135-141.
53) Mario Esteban Carranza, *South Asian Security and International Nuclear Order* (Farnham: Ashgate, 2009), 80; Powell, "Nuclear Brinkmanship, Limited War, and Military Power," 592; Watterson, "Competing Interpretations of the Stability-Instability Paradox," 84-85.

54) 印パの文脈におけるエスカレーション・ラダーの低いレベルでの現状変更行動を、どこまでパラドックスの表象とみなせるのかについて論じた研究として、Peter R. Lavoy, ed., *Asymmetric Warfare in South Asia: The Causes and Consequences of the Kargil Conflict* (Cambridge: Cambridge University Press, 2009); 栗田真広『核のリスクと地域紛争——インド・パキスタン紛争の危機と安定』(勁草書房、2018 年) 55-112 頁。

55) 以下、本項におけるカプールの議論の参照は、S. Paul Kapur, *Dangerous Deterrent: Nuclear Weapons Proliferation and Conflict in South Asia* (Stanford: Stanford University Press, 2007), 32-63 および Kapur, "India and Pakistan's Unstable Peace," 127-152 に依拠した。また、カプールの議論を掘り下げたものとして、Bleek, "Conflict in the Shadow of the Bomb," 4-12 も参照した。

56) これに当てはまらないのは中印関係であり、安定−不安定のパラドックスが生じているとの指摘がほとんど見当たらない。

57) Colby, "Defining Strategic Stability," 53.

58) 「周縁的であるか」という区分は、当事者の認識に依存する極めて主観的なものであるが、重要な意味を持つ。現状維持側が、核エスカレーションの危険を前にしても相手国の現状変更行動に対して軍事的対応を取るか否かは、その現状変更行動によって侵害される利益が自身にとってどれほど重要かに依存する。今日のウクライナ戦争をパラドックスの証左として見るとき、現状打破国であるロシアがウクライナに対する通常戦力での現状変更行動に従事しながら、NATO 加盟国に対して同じことができないのは、米国の認識の中でこの種の区分が厳然と存在するとの理解が、ロシア側にあるためと考えられる。

59) なお、こうした形のパラドックスの作用が生じ得る状況下でも、通常戦争未満のレベルで生じる暴力が、すべてパラドックスの表象というわけではない。例えば現状打破側が、そもそも現状維持側が反撃する気を起こさないような、重大性の低い現状変更行動を起こすことがあり得よう。そうした行為は、核抑止力の有無にかかわらず可能なものであり、パラドックスに沿った現状変更行動の余地の拡大とは無関係ということになる。

60) 例として、Colin H. Kahl and Kenneth N. Waltz, "Iran and the Bomb: Would a Nuclear Iran Make the Middle East More Secure," *Foreign Affairs* 91, no. 5 (September-October 2012): 157-161; Takahashi Sugio, "Redefining Strategic Stability: A Japanese View," Carnegie Endowment for International Peace (November 7, 2017); Choi Kang and Kim Gibum, "A Thought on North Korea's Nuclear Doctrine," *Korean Journal of Defense Analysis* 29, no. 4 (December 2017): 505-506.

61) Christine Leah and Adam B. Lowther, "Conventional Arms and Nuclear Peace," *Strategic Studies Quarterly* 11, no. 1 (Spring 2017): 15.

62) 核戦争をトリガーせずにこの種のオプションを履行できるとの認識を発信することは、その認識が実際正しいものであるかにかかわらず、有効な抑止の手段となる。劣位の現状打破国からすれば、たとえ相手のそうした認識が間違っていようとも、現状維持側がその誤認を基に通常戦力での反撃に踏み切るならば、自身は核兵器の使用に追い込まれる。それゆえ劣位の側が、核戦争を避けたいと考え、かつ反撃オプションの履行可能性に関する優位の側の確信が本物だと思うならば、反撃を惹起する自身の現状変更行動を抑制せざるを得なくなる。

63) 核保有以降のパキスタンによる反乱・テロ支援に直面したインドが打ち出した、限定通常戦争ドクトリンの「コールド・スタート」はこの典型例である。また、相互脆弱性が成立する以前の段階ながら、米朝間の文脈で 2018 年初頭に米国で取り沙汰された、北朝鮮に対する限定通常攻撃により米国の決意を示す「ブラッディ・ノーズ」作戦も、現状変更への反撃として提起されたわけではないにせよ、同じくパラドックスを利用することが懸念される現状打破国に対する最大限の通常戦力オプションの模索として解釈できる。

64) Snyder, "The Balance of Power and the Balance of Terror," 198-199.

65) Glaser, *Analyzing Strategic Nuclear Policy*, 75-76.

66) これらの分類は、冷戦末期にパウエルが提示した議論に立脚している。Robert Powell, "The Theoretical Foundations of Strategic Nuclear Deterrence," *Political Science Quarterly* 100, no. 1 (1985): 75-96. ただし、パウエルは純軍事的な戦争遂行上の便益を意図した限定核使用の意義に否定的な見方を取っているが、今日の核保有国に関して、そうした使用を意図しているとの指摘があることを踏まえ、ここでは戦争遂行上の便益を意図した限定核使用も含める形で整理している。

67) 紙幅の関係上ここでは捨象するが、後者のアプローチの下で、限定核使用の役割として、懲罰的に「痛み」を与えることと、純軍事的な便益の達成のいずれを念頭に置くのかという点は、政策的に重要な論点ではある。冷戦期の西側においても、多くの議論がなされた。Lawrence Freedman, *The Evolution of Nuclear Strategy*, Third edition (New York: Palgrave Macmillan, 2003), 92.

68) 非戦略核兵器の一種である戦術核兵器を、いかに軍事的に有効な形で運用するかという問題は、冷戦期の NATO でさえ多大な苦悩を抱えた点であった。Jeffrey D. McCausland, "Pakistan's Tactical Nuclear Weapons: Operational Myths and Realities," in *Deterrence Instability and Nuclear Weapons in South Asia*, ed. Michael Krepon, Joshua T. White, Julia Thompson, and Shane Mason (Washington, D.C.: Stimson Center, 2015), 154-163.

69) 冷戦期、ソ連の通常戦力抑止を念頭に戦術核兵器を導入していたフランスでは、戦術核兵器を用いた限定核戦争の遂行といったアプローチを追求しないことで、その戦力規模は小さくて済むと考えられた。Avery Goldstein, *Deterrence and Security in the 21st Century: China, Britain, France, and the Enduring Legacy of the Nuclear Revolution* (Stanford: Stanford University Press, 2000), 201.

70) このアプローチの根底にある論理は、シェリングの「偶然に委ねる脅し（threat that leaves something to chance）」である。Thomas C. Schelling, *The Strategy of Conflict* (Cambridge: Harvard University Press, 1960), 187-203.

71) いずれの側も望まない核エスカレーションを惹起し得る要因として、事故や誤警報、一時的なパニックなどが挙げられることがあるが、シェリングはそうした要素も、「先に叩かれる前に叩く」という圧力があって初めて、当事国を自身も望まないはずの全面核戦争へのエスカレーションに向かわせ得るものだとしている。Thomas C. Schelling, *Arms and Influence* (New Haven: Yale University Press, 2008), 227-228. またパウエルは、制御不能なエスカレーションのリスクに依拠する後者のアプローチが、双方が完全に非脆弱な第二撃能力を保有し、先制の誘因が極小化された状態では有効に機能しないとの立場を取る。Powell, "The Theoretical Foundations of Strategic Nuclear Deterrence," 79-81.

72) ただし、実際の核保有国の戦略上では、これら２つのアプローチが完全に相互排他的なものにはならず、両方が折衷された形を取ることもあり得る。

73) Stulberg and Rubin, "Introduction," 7.

74) Christopher Clary, "Survivability in the New Era of Counterforce," in *The Fragile Balance of Terror: Deterrence in the New Nuclear Age*, ed. Vipin Narang and Scott D. Sagan (Ithaca: Cornell University Press, 2022), 178-179. ただしクレーリーは、客観的に見て、今日の文脈でそうした損害限定能力を達成しようとする側がそれに十分な能力を獲得できるかは疑わしいものの、それでも相手側はこの種の対抗措置に向かうとしている。

75) Schelling, *The Strategy of Conflict*, 53-80; Robert Ayson, *Thomas Schelling and the Nuclear Age: Strategy as Social Science* (London: Frank Cass, 2004), 87-112.

76) パラドックスの下で、正規軍を用いた現状変更行動が可能になるとすれば、この条件を満たす場合である。例えば、現状維持側の周縁的なパートナーに対する通常戦力での現状変更は、一見通常戦争レベルの行為に見えるが、核保有国間対立の当事国間の直接的な通常戦争とは質的に区別できる。また、当事国間での正規軍を用いた行為であっても、局地的に限定され、かつそれに起因した暴力の応酬が通常戦争へとエスカレートしないことが歴史的に慣行として確立されているような場合には、この条件を満たし得る。「相互に認識可能な落としどころ」が成立するうえでの慣行の役割については、Schelling, *The Strategy of Conflict*, 67-68.

77) この種の瀬戸際政策を遂行するうえで、劣位の側は構造的な弱みを抱えていると見ることもできる。通常戦力での劣位ゆえに、仮に軍事衝突がエスカレートしていった場合に、最も心理的ハードルが高い、最初の核使用を行うという意思決定を迫られるのは、圧倒的に相手側より劣位の側自身である可能性が高い。これは、「破滅を回避する最後のチャンスを相手に委ねる」という強制外交の勝利戦略と矛盾する。Schelling, *Arms and Influence*, 101-103.

78) Matus Halas, "NATO's Sub-conventional Deterrence: The Case of Russian Violations of the Estonian Airspace," *Contemporary Security Policy* 43, no. 2 (2022): 358.

79) こうした観点から米中対立の文脈での安定－不安定のパラドックスに懸念を示し

た議論として、Catlin Talmadge and Joshua Rovner, "The Meaning of China's Nuclear Modernization," *Journal of Strategic Studies* (2023): 15; Jacques deLisle, "U.S.-Japan-Taiwan Dialogue: Deterrence, Defense, and Trilateral Cooperation," Defense Threat Reduction Agency (October 2022), 13; Michael O'Hanlon, Melanie W. Sisson, and Catlin Talmadge, "Managing the Risks of US-China War: Implementing a Strategy of Integrated Deterrence," Brookings (September 2022).

80) Snyder, "Balance of Power in the Missile Age," 29.

81) この構図の下で、通常戦力で優位の現状打破国が、エスカレーション・ラダーの低いレベルの現状変更行動を選ぶこともあり得る。しかしその場合、通常戦力で劣位の現状打破国がパラドックスを利用する場合とは異なり、通常戦力で優位の現状打破国は、相互脆弱性の下で核未満のレベルに抑止効果が及ぶ構図から恩恵を得られるわけではない。通常戦力面での優位ゆえに、そもそも現状維持側の通常戦力での反撃を恐れる必要が乏しい優位の現状打破国から見れば、核兵器の抑止効果が現状維持側の通常戦力行使を制約するようになったとしても、通常戦争未満のレベルでの自身の現状変更行動に対して相手側が通常戦争レベルでの反撃に訴える可能性に、大きな変化はないものと考えられる。

82) こうした研究の例として、Bryan R. Early and Victor Asal, "Nuclear Weapons, Existential Threats, and the Stability-Instability Paradox," *Nonproliferation Review* 25, no. 3-4 (2018): 223-247; Francesco Bailo and Benjamin E. Goldsmith, "No Paradox Here? Improving Theory and Testing of the Nuclear Stability-Instability Paradox with Synthetic Counterfactuals," *Journal of Peace Research* 58, no. 6 (November 2021): 1178-1193; Kyungwon Suh, "Does the Bomb Really Embolden? Revisiting the Statistical Evidence for the Nuclear Emboldenment Thesis," *Journal of Conflict Resolution* 67, no. 6 (July 2023): 1067-1094.

》コラム①

核戦略の論理をめぐる二潮流

本山 功

はじめに

米国の核戦略をめぐる近年の議論には、中国との相互確証破壊（mutual assured destruction: MAD）を将来的に受け入れるべきかという論点が存在する[1]。ここでみられるのは、中国との相互脆弱性を受け入れ対価値打撃能力の保持に専念すべきという主張と、中国に対する損害限定を目的とした対兵力打撃能力を維持・強化すべきという主張の対立である。この対立は、核抑止や核戦略の論理をめぐる学術上の2つの潮流、すなわち対価値打撃を重視する「核抑止論者（nuclear deterrence school）」と対兵力打撃を重視する「核優勢論者（nuclear superiority school）」とを反映している[2]。これらの潮流は、それぞれ異なる論理から相反する政策的示唆を引き出し、米国の望ましい核態勢をめぐってせめぎ合ってきた。本稿では、初めにこれら2つの立場の理論的基盤と政策的含意について概観する。さらに、悪化する安全保障環境を背景に対兵力打撃が再び注目を集める中、近年の技術革新や国際法遵守の動きが、それを加速させる要因となっていることを確認する。最後に、米国の2022年版「核態勢見直し（Nuclear Posture Review: NPR）」においてこれら二潮流がどのように組み合わさり、モザイク状に反映されているかを示す。

米国における核抑止をめぐる議論の展開については、「第一の核時代」終わり頃からの先行研究において「報復に基づく抑止（punitive retaliation school）」と「損害限定に基づく抑止（damage-limitation school）」という考え方の対比が図られてきた[3]。本稿が取り上げる「核抑止論者」はこうした先行研究における「報復に基づく抑止」と同一の考え方を指し、また「核優勢論者」は先行研究における「損害限定に基づく抑止」の考え方の延長上に存在するものである。ただし、後者は2010年代に顕在化した議論を織り込んだ分類であり、「核優勢論者」と「損害限定に基づく抑止」は以下の2点に差異を持つ。第1に、グレイやペインといった「損害限定に基づく抑止」の提唱者は、米ソがMADの下での膠着状態にあることが拡大抑止の信憑性に悪影響をもたらすと考え、MADから逃れることを志向して損害限定能力に着目した[4]。これに対して、本稿の「核優勢論者」は、MADから逃れることを必ずしも志向せず、MADの存在自体を疑問視するか、MADの下でさえ核戦力バランスの優越が政治的なパワーをもたらすと主張するのである。そして、その核戦力バランスを自国優位にする一要素として損害限定能力への着目がなされる。前者が抑止のために戦略環境を変化させようとするのに対して、後者は戦略環境にかかわらず核優勢が外交目標の達成に広く役立つと主張するのである。また第2に、拡大抑止の信憑性などの政策的課題への意識が強かった「損害限定に基づく抑止」の考え方に対して、「核優勢論者」の論理は「核抑止論者」の理論的基盤となる数理モデルとの接続を意識して構築されており、学術上の対比構造が鮮明といえる[5]。ただし、このような差異の指摘は、今日の政策議論における対兵力打撃への着目がすべて核優勢論者的考えに依拠していて、「損害限定に基づく抑止」の考え方が塗り替えられたと主張するものではない。例えば中国とのMADを受け入れるべきかという論点については、両者ともが損害限定能力の向上を求める含意を導く。本稿における核抑止と核優勢の対比は、あくまで近年の学術的議論を踏まえた理念型として提示するものである。

1. 核抑止論と対価値打撃

本稿で取り上げる「対価値打撃を重視する核抑止論者」は、冷戦期に発展した核抑止理論における主流な考え方を持ち、核革命の前提に従ってMAD下での膠着状態や戦略的安定を特別視し、核の戦力バランスや先行使用にほとんど政治的効用を見出さない。本節は彼らの考えについて詳しく述べる。

核革命とは、核兵器の圧倒的破壊力と、残存性の高い第二撃能力に下支えされた相互脆弱性が、軍事力と政治目標との関係性を根本から変容させたという信念を指す[6]。国家は伝統的に、政治目標を達成するためにその軍備を用いてきた。古典的な戦争の論理の下では、国家はまず相対的な軍事力の強さを競い合い、ひとたび趨勢が決すると、勝者は敗者に対する政治的支配をある程度得ることができた[7]。軍事的勝利はすなわち、その後の政治目標達成のための「入場料」[8]であると考えられたのである。しかし、相互脆弱性が確保された核保有国間の戦争では、片方が先制攻撃を行った場合でさえ、攻撃国・被攻撃国の両者ともが「耐え難い損害」を被る。こうして、核戦争に勝利することは不可能であると考えられ、軍備の役割について根本的な転換が求められた。ブローディは米国が核を独占していた1946年時点において早くも将来を見通し、「これまで、軍事組織の最大の目的は戦争に勝つことであった。これからの目的は、それを回避することでなければならない」[9]と述べている。また、核革命の論理は抑止理論にも重要な課題を提起した。すなわち、相互脆弱性の下では、核兵器の実際の使用はいかなる政治目標に照らしても非合理的であると考えられるために、核使用を示唆する抑止の脅しでさえ、その信憑性が欠如してしまうという問題である。核抑止理論は、この信憑性の問題への対処を中心に発展した[10]。そこでは、端的に述べれば、「核時代」において重要なのは軍事力のバランスではなく政治的利害のバランスであり、能力ではなく決意の大きさが競い合わされると考えられた[11]。

このような核革命の論理に依拠して、冷戦期以来の核抑止論者は、次のような学術的・政策的態度をとる[12]。第1に、核保有国間で戦略的安定（特に先制攻撃の誘因が存在しない、第一撃に係る安定性）が確保されている膠着状態は、望ましい状態であると考える。第2に、そのような戦略的安定が確保された状態としてのMADを重要視し、相互に「耐え難い損害」を生じさせるため、都市や民生インフラを標的とした核兵器による対価値打撃を排除しない。そして第3に、相手国に「耐え難い損害」を生じさせるだけの非脆弱な第二撃能力を保有することが決定的に重要であって、それ以上の核戦力は、抑止や強要といった危機交渉（crisis bargaining）の結果に影響を及ぼし難いとする。これらの議論は、米ソ・米露の軍備管理交渉にも反映された。例えば、対弾道ミサイル迎撃システムの開発・配備を制限する弾道弾迎撃ミサイル（Anti-Ballistic Missile: ABM）条約は、米ソ間での相互脆弱性を維持するための努力といえる。

他方で、米国の長年の核態勢に目を向けると、大量の弾頭保有や、対兵力標的政策の採用や能力構築など、単に第二撃能力を確保することに留まらない戦力整備や核ドクトリンを追求してきたことがわかる。核抑止論者の一人であるジャービスは著書『米国の核戦略の非論理』において、この姿勢を批判した[13]。すなわち、当時の相殺戦略[14]が対兵力打撃を志向していることは、米国の政策立案者が核革命の意味を理解せず、軍事的優位が政治的成果に変換されやすい「核時代」以前の論理に依拠した態勢整備を進めていることの表れであると指摘したのである。

2. 核優勢論と対兵力打撃

このような学術的な批判に対して、米国の核戦略を擁護しようとするのが「対兵力打撃を重視する核優勢論者」の議論である。彼らの議論は、冷戦期からの核抑止理論の礎石である核革命やMADといった概念に異を唱える。また、核戦力バランスの優位が国際政治や危機交渉における実効的なパワーへと直接転化しないという既存の理論に対しても、その妥当性に疑問を投げかけている。さらに彼らは、相手が安全な第二撃能力を保持しMADが維持されている状況下でさえ、核戦力の優位性が戦略的な価値を有すると主張する。

クローニグは『米国の核戦略の論理』と題した著書において、ジャービスによる「非論理」の指摘に反論しつつ、核戦力の優位は政治的優位へと変換できると主張した。クローニグの主張は次の2つの前提に依拠している。第1に、MADの下では「勝者」も壊滅的な被害を受けるという従来の議論に対して、各国が抱く核戦争のコストの期待値には、意味のある差異が存在するというものである。そして第2に、その期待コストの差異を生み出すのは各国の核戦力バランスであり、これは第二撃能力が確保された環境下でも同様だというものである。この第2の前提が成り立つ根拠は、さらに2つに細分化される。すなわち、核戦力バランスに優る側は、①核戦争において相手に相対的に大きなコストを強いることができるからであり、②核兵器の対兵力運用によって自国の損害限定を図ることが可能だからである。クローニグは、このような利点をもたらす核戦力バランスにおける優位性を核優勢（nuclear superiority）と定義した[15]。核優勢は、具体的には、国家が抱く核戦争に対するコストの期待値として操作化され、自国にとっての核戦争の期待コストが敵対国の抱く期待コストよりも小さければ、自国が核優勢を有するものとされる。そして、MADの下での瀬戸際戦略として、決意の高さを示すためのリスクを取る競争が起きたとしても、前述の2つの前提を受け入れる限りにおいて、核優勢は自国が核戦争を戦う決意を高めることで勝利を導くものだと主張したのである[16]。このような、核戦争における自国の被害と相手国の被害とを比較する考え方は、核抑止論の中核的概念である核革命の、核戦争に勝者は存在し得ないという考え方とは異なるものといえる。

さらに、核優勢の論理を支持するものとして、MADの安定性や、第二撃能力は残存性が高いものだという核抑止の基盤となるコンセンサス自体が、疑わしいものだという指摘も存在する。ロングとグリーンは、第二撃能力の中核をなす戦略原子力潜水艦（ship submersible ballistic, nuclear: SSBN）や輸送起立発射機（transporter erector launcher: TEL）は、一般に評価されているよりはるかに脆弱であったと指摘する[17]。彼らは、冷戦期に米国によって行われた、ソ連の核戦力を発見するためのインテリジェンス能力へのさまざまな投資に着目する。その結果として、音響監視システムや音響測定艦によってSSBNに対する対兵力打撃が実現可能であった時期が存在し、シギント衛星と航空機を用いたマッピングによるTELの追尾がある程度成功していたと主張する。さらに、このような米国の対兵力打撃能力の向上に対して、ソ連側の指導者が自国の第二撃能力の残存性に深刻な懸念を抱いていたことも指摘されている[18]。彼らは、これは数万発の核弾頭が存在した時代においてさえ核戦力のバランスが懸念されていたということを意味するため、MADの安定性に疑問を投げかけるものだと主張する。

このような論理に依拠して、核優勢論者は、核抑止論者とは対照的な学術的・政策的示唆を引き出した。すなわち、たとえ全面核戦争に至ったとしても自国の被害を低減して相手国に十分な損害を与えることができれば、核戦争に勝利したものと考えるのである。従って、損害限定や武装解除攻撃を行うことで相手の核戦力を棄損することが重要と考えられ、核・非核手段による対兵力打撃能力の構築や、核戦力バランスにおける優位を追求する政策が必要と考える。これは、自国の脆弱性すらも最大化させるMADに依拠した政策とは対照的であり、また核の先行使用も選択肢から排除しない。この考え方は、例えば核兵器の先行使用を否定しない米国の一貫した姿勢や、核戦争を戦い抜く態勢を構築することでエスカレーションをコントロールしようとする柔軟反応戦略[19]などに結実した。なお、損害限定能力は、自国の脆弱性を減らすことで相手国の核使用の脅しへ抵抗しやすくさせ、同盟国などへの拡大抑止の信憑性にも寄与するものとされる。

(1) 技術革新―精度革命と低出力革命

このようなMADや核革命を否定する考えをさらに助長しているのが、技術革新である[20]。一般に、核戦力の残存性を高める主な手法には、硬化 (hardening)、隠蔽 (concealment)、冗長性 (redundancy) の確保が挙げられる。このうち硬化は、固定式大陸間弾道ミサイル (intercontinental ballistic missile: ICBM) を地下サイロに収めたりその蓋を強化したりすることで実装される。また隠蔽は、陸上ではICBMをTELに収めて移動式とすることで、海洋では潜水艦発射弾道ミサイルをSSBNに配備することなどで実装される[21]。従来、これらの運搬手段に対する武装解除を目的とした対兵力打撃は、インテリジェンスの問題に直面するとされた。すなわち「第一撃を成功させるには、ほぼ完璧な情報収集、監視、偵察が必要」[22]であり、移動可能な標的に対しては実現困難であると考えられてきたのである。さらに、硬化や隠蔽を施された弾頭への攻撃の成功率を高めるために高出力の核弾頭による攻撃を行うことには、2種類の問題が付きまとう[23]。そのような攻撃は、第1に、大量の民間人を巻き込む付随的損害を伴い、限定的な核戦争に留まらない報復を惹起する。さらに第2に、大規模な放射性降下物を発生させ、標的国の周辺に位置する中立国や同盟国に対する被害をも引き起こし得る。これらの問題は武装解除や損害限定のための対兵力打撃を非現実的な選択肢としていたが、技術革新によってそれが克服されつつあるとの考えが現れたのである。

リーバーとプレスは、精密誘導能力の向上とリモートセンシング技術の向上が第二撃能力の脆弱性を飛躍的に高め、核抑止の基礎を侵食していると指摘している[24]。具体的には、精密誘導能力の向上が硬化をほとんど無意味化し、リモートセンシング技術の向上が隠蔽を困難にさせているとする。彼らによれば、精密誘導能力の向上は、低出力核やひいては通常兵器による硬化目標の破壊を可能とし、従来の懸念事項であった付随的損害や放射性降下物の発生を抑え、硬化目標に対する対兵力打撃の実現可能性を高める。また、リモートセンシング技術の向上はTELやSSBNの脆弱性を高め、移動目標の発見には依然困難が残るものの、将来的には隠蔽の手法を棄損する可能性があるとされる。

彼らは2017年時点において北朝鮮のTELに対する対兵力打撃が行われる状況を仮想し、米国や同盟国による標的情報収集能力を分析した。それによれば、TELが移動し得る北朝鮮全土の道路について、米国や同盟国が保有する合成開口レーダー衛星が24分に一度撮像することができ、各種の無人機と組み合わせることで97%の範囲において継続的な検知と識別が可能になる[25]。この分析はあくまで単純な試算に過ぎず、技術的・制度的障害や標的検知の後の攻撃に関する議論を捨象しているという限界がある。ただし、ウクライナ戦争でも着目された宇宙能力の拡大やその情報処理技術との結びつきは、このような監視能力に基づいたTELへの対兵力打撃の実現可能性をますます高め得る。

なお、このような損害限定や武装解除のための対兵力打撃の効用には、さまざまな観点から留保がつけられる。第1に、対兵力打撃の実現可能性は、相手国の大きさや位置、地形や防御態勢にも規定される[26]。第2に、グレイザーとフェッターが指摘するとおり、技術革新による新たな脅威に対してはしばしば対抗策(countermeasure)が用意されるほか、対兵力打撃の可能性は危機におけるエスカレーション圧力を高め得る[27]。

(2) 核戦略と国際法

対兵力打撃を支持する言説の中には、前節で取り上げた技術革新を背景に核革命やMADを否定するものとは別に、国際法の視点から対価値打撃を否定するものが存在する。標的国の社会に対する確証破壊の脅しに基づく核抑止の倫理性については、国際人道法を含むさまざまな観点から長年の議論が存在している[28]。本稿では、このうち武力紛争法に係る論点を取り上げる。セーガンとウェイナーは、武力紛争法とそれに対する米国の近年の立場は、対兵力打撃をある程度容認する一方で対価値打撃を本質的に禁止していると指摘する[29]。彼らによれば、武力紛争法における区別原則は民間人の意図的な標的化を禁止しており、抑止論者が支持するMADに依拠した対価値打撃を念頭に置いたドクトリンは支持され得ない[30]。他方、比例原則に従えば、米国や同盟国に期待される被害を著しく低下させる限りにおいて、対兵力打撃が標的国に生じさせる付随的損害は許容され得る。また、そのような対兵力打撃は、先述の兵器の精度向上と低出力核のさらなる実用化によって可能な選択肢となりつつあると指摘した。

さらに重要なことに、このような考えは単に学術的思索にとどまらず、すでに米国の核態勢に反映されている。米国は、冷戦期を通じて、比例原則や区別原則などを定めたジュネーヴ諸条約第1追加議定書は核兵器に対して適用されないとの立場をとってきた[31]。しかしながら、オバマ政権が発出した核兵器使用政策指針は次のように言明して路線の変更を明確化した。

> 新たな指針は、米国が潜在的な敵対国に対して顕著な対兵力能力を維持することを求める。新たな指針は、「対価値」または「最小限抑止」戦略に依拠していない。
>
> 新たな指針は、すべての計画が武力紛争法の基本原則とも整合的でなければならないことを明確にしている。したがって、計画は、例えば、区別と比例の原則を適用し、民間人と民間施設への付随的損害を最小限に抑えるよう努める。米国は意図的に民間人や民間施設を標的にすることはない[32]。

この指針は直ちに米戦略軍の態勢に反映された。当時の米戦略軍司令官によれば、戦略軍はこの指針に基づいて「非核攻撃の選択肢を拡大させ」、「付随的損害を最小限にする戦術や技術を適用」するよう核計画の見直しを行った[33]。この転換された姿勢は米国のその後の政権にも引き継がれており、トランプ政権における2018NPRやバイデン政権における核兵器使用政策指針にも武力紛争法に則った核兵器の使用が言明されている[34]。また、2023年に更新された米国防総省戦争法マニュアルも「戦争法は通常兵器の使用を規定するのと同様に、核兵器の使用を規定する。例えば、核兵器は軍事目標に向けられなければならない」[35]としている。これらは、米国の核使用における標的政策が、対兵力打撃へと傾倒していることを示唆する。これに対して、核抑止論の立場から、武力紛争法が核戦略に重大な影響を与えることは、戦略的安定を損ない米国の抑止力を不十分なものにするとの批判が存在する[36]。

3. 2022NPRにみられる2つの潮流

米国の原潜から発射される、精度革命を代表する兵器の1つである巡航ミサイル。核弾頭付きトマホーク（TLAM-N）は2013年までにすべて退役（AFP＝時事）

これら「対価値打撃を重視する核抑止論者」と「対兵力打撃を重視する核優勢論者」という2つの知的潮流は、米国の2022NPRにモザイク状に組み合わさって反映されている。これらの二潮流は核戦略に関する一般的な理論であると同時に、米国の核戦略をめぐる議論を通じて発展してきた側面がある。これまで、NPRは核抑止派と核軍縮派という2つの知的方向性の断絶に影響を受けているとする分析枠組みが提示されてきた[37]。本稿が対比させる二潮流は、技術革新や国際法への着意が米国の核態勢における対兵力打撃志向を後押ししていることを明らかにするためのもので、「核抑止」派の語が示唆する政策態度が先行研究と異なる場合があることや、「核軍縮」の要素を排除するものではないことを明確にしておく。また、以下の分析は二潮流を理念形として対比させる視点から行われたものであり、2022NPRの根本にある中国やロシアに対する脅威認識の高まりなどを正面からとらえていない[38]。

2022NPRにおける次の部分は、核抑止論者的思考を反映していると解釈できる。第1に、「核兵器の正式な役割から『不確実な将来へのヘッジ』という役割を排除する」[39]ことが言明された箇所である。核兵器の役割としての「ヘッジ」は、2010NPRや2018NPRには記載されていたものである[40]。先行研究によれば、このような役割は、大国間関係の在り方が一層不透明となる中で、予備核弾頭保有数の維持や核兵器インフラの近代化を通じて、技術的・地政学的な予期せぬ事象に備えるものと位置付けられてきた[41]。核優勢論者は、米国の核戦力上の優位を将来にわたって維持する目的に加え、近年の技術革新トレンドが相手国の対兵力打撃能力の著しい向上を招き米国の核戦力を脆弱化させる可能性があるとの懸念から、報復能力を維持するための「ヘッジ」が必要であると主張していた[42]。第2に、トランプ政権で着手された核搭載型海洋発射巡航ミサイル（nuclear-armed sea-launched cruise missile: SLCM-N）の開発計画をキャンセルするとの箇所は、核抑止論者的考え方の表れととらえ得る[43]。巡航ミサイルは、対兵力打撃の実現可能性を支える精度革命を代表する兵器であり、SLCM-Nは同盟国への拡大抑止や保証のための「柔軟で低出力な選択肢に対するニーズの高まり」[44]に対応するために開発が始められたものであった。しかしながら、2022NPRの策定に携わったジョンソン国防次官補代理は、バイデン政権はすでに「核使用を抑止するのに必要な力は持っている」と考えており、SLCM-Nプログラムは「わずかな効用」しか持たないと説明している[45]。第3は、「敵対国が核兵器を使用した場合、その場所や核出力にかかわらず、その使用は紛争の性質を根本的に変え、制御不能なエスカレーションの可能性を生み出し、戦略的影響を及ぼす」[46]との記載である。これは、核が関与する紛争の論理が通常のものと本質的に異なるという核革命の考え方に根差した記述であると考えられる。第4は、「戦略的安定に寄与する姿勢」として「攻撃を受けてから発射する政策（launch-under-attack policy）には依存していない」[47]とする箇所である。この政策は、複数のセンサーが攻撃を検知した際に報復のためのICBM発射を準備するドクトリンであり、先行研究では事実上の警報即発射（launch-on-warning）態勢であるとも指摘されている[48]。核優勢を説く論者は、まさにこのような警報即発射や核の先行使用によって相手国の核戦力に対する武装解除または損害限定攻撃を行うことが「核戦争に勝利する」うえで不可欠であると主張する[49]。これに対して2022NPRでは、米国の核戦力が相手国からの第一撃に耐えられることを強調し、このような攻撃下・警報即発射に頼る必要がないとの立場を示している。

他方で、2022NPRにおける次の部分は、核優勢論者的思考を反映していると解釈できる。第1に、核兵器の役割として同盟国とパートナー国への保証を挙げる文脈で「同盟国は、米国が（中略）危機や紛争において自分たちが負うリスクを軽減する意思と能力を持っていることに自信を持たなければならない」[50]とする箇所である。また第2に、核兵器の役割として抑止が失敗した場合に「可能な限り損害を少なくして紛争を終わらせること」[51]を挙げている点である。これらには、米国の核戦力バランスにおける優位と、抑止が破綻した際の損害限定能力が、拡大抑止の信憑性を下支えするという核優勢論者の論理を反映している側面がある。第3に、核兵器を武力紛争法に従って運用し「意図的に民間人や物体を標的にしない」[52]と明記している箇所である。これは、標的国の都市やインフラに対する対価値打撃を原則的に排除する記述ととらえられ、対兵力打撃を推進する核優勢論者の論理を反映していると解釈できる。第4に、核兵器の先行不使用や唯一目的化を宣言政策として採用することを見送った文脈における「それらのアプローチは受け入れ難いレベルのリスクをもたらすと結論した」[53]との記述である。先述のように、核優勢論者は自国の損害限定や拡大抑止の信憑性確保を目的とした武装解除のための先行使用を排除しておらず、この記述にはその姿勢が反映されているともとれる。第5に、中国やロシアに対する国別アプローチにおいて、W76-2弾頭やB61-12爆弾およびその他の兵器がもたらす柔軟性を強調している箇所である[54]。これらは、核優勢論者が対兵力打撃の実現可能性に言及する際に重視する、高精度、低出力の兵器に関係するものといえる。

このように、「対価値打撃を重視する核抑止論者」と「対兵力打撃を重視する核優勢論者」という2つの知的潮流は、米国の望ましい核戦略をめぐって対照的な志向を持つ。これは、2022NPRにも入り組みあって反映されていた。2022NPRでも触れられたバイデン政権によるSLCM-N開発計画のキャンセルに対抗する形で、米国議会は、2023年度に同計画にごく小規模な予算を承認し、2024年度に向けてさらなる予算を承認する可能性が高いとみられる[55]。これは、望ましい米国の核態勢をめぐる核抑止論者と核優勢論者の間での綱引きが、今日も続いていることの表れといえるだろう。

1) Charles L. Glaser and Steve Fetter, "Should the United States Reject MAD?: Damage Limitation and U.S. Nuclear Strategy toward China," *International Security* 41, no. 1 (Summer 2016): 49-98.
2) 名称は独自のもの。対価値打撃学派と対兵力打撃学派という対比概念は、栗崎周平「核政策をめぐる二つの学派と政策への影響——北米における Counterforce-Countervalue 論争」(プレゼンテーション、NIDS パースペクティブ研究会、2023 年)による。
3) Charles L. Glaser, *Analyzing Strategic Nuclear Policy* (Princeton: Princeton University Press, 1990), 49-60; 高橋杉雄、秋山信将「『核の復権』の現実」秋山信将、高橋杉雄編著『「核の忘却」の終わり——核兵器復権の時代』(勁草書房、2019 年) 1-16 頁;高橋杉雄「米国——核抑止戦略の再構築」秋山他『「核の忘却」の終わり』17-43 頁。
4) Glaser, *Analyzing Strategic Nuclear Policy*, 50.
5) Matthew Kroenig, "Nuclear Superiority and the Balance of Resolve: Explaining Nuclear Crisis Outcomes," *International Organization* 67, no. 1 (Winter 2013): 146-150.
6) 相互脆弱性や第二撃能力の概念については第 1 章を参照。核革命の概念の初出として Bernard Brodie, "Implications for Military Policy," in *The Absolute Weapon: Atomic Power and World Order,* ed. Frederick S. Dunn, Bernard Brodie, Arnold Wolfers, Percy E. Corbett, and William T.R. Fox (New York: Harcourt, Brace, 1946) が挙げられる。核の破壊力と第二撃能力という 2 要素への着目は Robert Jervis, *The Illogic of American Nuclear Strategy* (Ithaca: Cornell University Press, 1984), 22 より。軍事力と政治目的の関係性への着目は Robert Powell*, Nuclear Deterrence Theory: The Search for Credibility* (Cambridge: Cambridge University Press, 1990), chap. 2 より。
7) 古典的な戦争の論理と核革命後の論理の対比の詳細については Powell, *Nuclear Deterrence Theory*, chap. 2 を参照。
8) Thomas C. Shelling, *Arms and Influence* (New Haven: Yale University Press, 1966), 13.
9) Brodie, "Implications for Military Policy," 62.
10) Powell, *Nuclear Deterrence Theory*, chap. 2.
11) Robert Jervis, *The Meaning of the Nuclear Revolution*: *Statecraft and the Prospect of Armageddon* (Ithaca: Cornell University Press, 1989). Schelling, *Arms and Influence*; Powell, *Nuclear Deterrence Theory*, chap. 3, 4 を参照。
12) 第 1 章 1.(1)「戦略的安定の概念的発展」を参照。
13) Jervis, *The Illogic of American Nuclear Strategy.*

14) Lawrence Freedman, *The Evolution of Nuclear Strategy* (New York: Palgrave Macmillan, 2003), chap. 9.

15) Matthew Kroenig, *The Logic of American Nuclear Strategy: Why Strategic Superiority Matters* (New York: Oxford University Press, 2018), 16.

16) Kroenig, "Nuclear Superiority and the Balance of Resolve," 141-171.

17) Austin Long and Brendan Rittenhouse Green, "Stalking the Secure Second Strike: Intelligence, Counterforce, and Nuclear Strategy," *Journal of Strategic Studies* 38, no. 1-2 (2015): 38-73.

18) Brendan R. Green and Austin Long, "The MAD Who Wasn't There: Soviet Reactions to the Late Cold War Nuclear Balance," *Security Studies* 26, no. 4 (2017): 606-641.

19) 高橋「米国」20 頁。また、ケネディ／ジョンソン政権期にマクナマラ国防長官によって確証破壊能力が重視された後も、実際の運用政策は対兵力標的選定を基軸としていたとの指摘がある。松山健二「米国の戦略核運用政策の変遷と現状」『レファレンス』第 696 号（2009 年 1 月）55-77 頁。

20) 第 3 章も参照。精度革命（accuracy revolution）の語は Keir A. Lieber and Daryl G. Press, *The Myth of the Nuclear Revolution: Power Politics in the Atomic Age* (Ithaca: Cornell University Press, 2020), chap. 3 より、低出力革命（low-yield revolution）の 語 は Scott D. Sagan and Allen S. Weiner, "The Rule of Law and the Role of Strategy in U.S. Nuclear Doctrine," *International Security* 45, no. 4 (Spring 2021): 126-166 より。

21) Kier A. Lieber and Daryl G. Press, "The New Era of Counterforce: Technological Change and the Future of Nuclear Deterrence," *International Security* 41, no. 4 (Spring 2017): 18.

22) Michael S. Gerson, "No First Use: The Next Step for US Nuclear Policy," *International Security* 35, no. 2 (Fall 2010): 26-27.

23) Lieber and Press, "The New Era of Counterforce," 27-28.

24) Lieber and Press, "The New Era of Counterforce"; Lieber and Press, *The Myth of the Nuclear Revolution*, chap. 3.

25) Lieber and Press, "The New Era of Counterforce," 37-46, online appendix 7-9; Lieber and Press, *The Myth of the Nuclear Revolution*, 84-90.

26) Lieber and Press, *The Myth of the Nuclear Revolution*, 84.

27) Glaser and Fetter, "Should the United States Reject MAD?"

28) 河合公明、真山全「核兵器問題の主な論点整理——国際人道法編」『レクナポリシーペーパー』第 18 号（2023 年 5 月）; George H. Quester, "The Necessary Moral Hypocrisy of the Slide into Mutual Assured Destruction," in *Nuclear*

Deterrence and Moral Restraint, ed. Henry Shue (Cambridge: Cambridge University Press, 1989), 227-269; Austin Long, "U.S. Strategic Nuclear Targeting Policy: Necessity and Damage Limitation," *H-Diplo/International Security Studies Forum*, Policy Roundtable 1-4 (2016): 15-18; Nina Tannenwald, "Renewing a Regime of Nuclear Restraint," *H-Diplo/International Security Studies Forum*, Policy Roundtable 1-4 (2016): 21-24.

29) Sagan and Weiner, "The Rule of Law and the Role of Strategy in U.S. Nuclear Doctrine."

30) かつて米国は、報復（belligerent reprisal）として民間人を意図的に標的することの禁止は、国際慣習法上の地位を有しないと主張していたが、彼らはそのような法的状況は変化しているとする。Sagan and Weiner, "The Rule of Law and the Role of Strategy in U.S. Nuclear Doctrine," 153-160.

31) Sagan and Weiner, "The Rule of Law and the Role of Strategy in U.S. Nuclear Doctrine," 127.

32) [U.S.] Department of Defense, "Report on Nuclear Employment Strategy of the United States Specified in Section 491 of 10 U.S.C.," June 12, 2013, 4-5. 訳は執筆者。

33) C. Robert Kehler, "Nuclear Weapons and Nuclear Use," *Daedalus* 145, no. 4 (Fall 2016): 57, 59. 具体的にどのような核計画を対象としたか（単一統合作戦計画、国家戦略目標リストなど）については言明されていない。

34) [U.S.] Department of Defense, "Nuclear Posture Review Report,"（以下、2010NPR）April 2010, VI; [U.S.] Department of Defense, "Nuclear Posture Review,"（以下、2018NPR）February 2018, 23; [U.S.] Department of Defense, "Report on Nuclear Employment Strategy of the United States - 2020 Specified in Section 491(a) of 10 U.S.C.," November 30, 2020, 6.

35) U.S. Department of Defense Office of General Counsel, "Department of Defense Law of War Manual," July 2023, 426.

36) Steve Fetter and Charles Glaser, "Legal, but Lethal: The Law of Armed Conflict and US Nuclear Strategy," *The Washington Quarterly* 45, no. 1 (Spring 2022): 25-37.

37) 高橋、秋山「『核の復権』の現実」; 高橋杉雄「IIJA ウェビナー緊急討論――核抑止の今日と東アジアの戦略環境」日本国際問題研究所、2022 年 3 月。

38) 大国間競争の認識と米国の核態勢の関係については新垣拓「国際秩序の維持に向けた米国の軍事戦略」『中国安全保障レポート 2024』（防衛研究所、2023 年）を参照。

39) [U.S.] Department of Defense, "2022 Nuclear Posture Review,"（以下、2022NPR）October 2022, 3. なお、日本語訳は原則執筆者ではなく、公式訳による（以下同じ）。

40) 2018NPR, VII.

41) 戸﨑洋史「オバマ政権の核軍縮･不拡散政策――ビジョンと成果とギャップ」『国際安全保障』第41巻第3号（2013年12月）46-62頁；2010NPR, 7.

42) Lieber and Press, “The New Era of Counterforce,” 11. なお、NPRの記述からは「ヘッジ」が削除されたものの、その能力は一部担保され続けているとの指摘がある。村野将「ウクライナ戦争後の米国の安全保障戦略」『国際問題』第715号、（2023年）28頁。

43) 2022NPR, 3, 20.

44) 2018NPR, 55.

45) Katherine Walla, “Inside the US Nuclear Posture Review's Approach to a New Era of Three-Power Nuclear Competition,” *New Atlanticist*, November 3, 2022.

46) 2022NPR, 7.

47) 2022NPR, 13. 先述のとおり、訳は公式日本語訳によるが、括弧内は執筆者。

48) Natalie Montoya and R. Scott Kemp, “Launch Under Attack: A Sword of Damocles,” *War on the Rocks*, March 17, 2023. ただし、米政府の公式見解では両者は異なるものとされる。[U.S.] Department of State Bureau of Arms Control, Verification, and Compliance, “U.S. Nuclear Force Posture and De-Alerting,” December 14, 2015. しかし実際にはほとんど交換可能に用いられているようである。例えばU.S. Strategic Command, “2022 Space and Missile Defense Symposium,” U.S. Strategic Command website。

49) Kroenig, *The Logic of American Nuclear Strategy*, chap. 2.

50) 2022NPR, 8.

51) 2022NPR, 8.

52) 2022NPR, 8.

53) 2022NPR, 9.

54) 2022NPR, 11.

55) Shannon Bugos, “Congress Aims to Fund Nuclear Weapon Opposed by Biden,” *Arms Control Today*, November 2023.

第2章

強要と核兵器
——能動的核威嚇の成功条件の考察——

大西 健

キューバ危機時にソ連がキューバに建設した弾道ミサイル基地（GRANGER／時事通信フォト）

はじめに

核兵器の役割として第1に想定されてきたのは抑止である。冷戦期以来、核抑止は防衛政策・戦略においても、安全保障研究あるいはより広い国際政治研究においても中心的トピックの1つであり続けてきた。しかし、抑止は核兵器の唯一の役割ではない。実際に戦争になれば核兵器が使用される可能性があり、それが抑止を支えている。使用ではなく威嚇であっても、抑止のように相手に何かを思いとどまらせるための（すなわち、現状維持のための）脅しではなく、相手に特定の行動をとらせることで自身の目的を能動的に追求するための（すなわち、現状変更のための）脅しもある。

他者に要求した行動をとらせるための威嚇は強要（compellence）と呼ばれる[1]。抑止に比べて知名度が低い戦略ではあるが、現実に核兵器は強要にも用いられてきた。例えば、2017年にトランプ政権下の米国と金正恩政権下の北朝鮮が深刻な対立に陥った際、米国は北朝鮮に非核化を、北朝鮮は米国に敵対政策の撤回をそれぞれ要求し、互いに核威嚇を突き付けあう状況であった。これは米朝が互いに核強要を仕掛けた事例ととらえることができる。もし核の脅しによって他者に要求をのませることができるのであれば、核保有国にとっては魅力的な戦略となる。しかし、上記の米朝対決があわや核戦争かという緊張に包まれたものであったことや、結果としてどちらも相手に要求をのませることができなかったことからもわかるとおり、核強要はリスクが大きく、かつ成功する保証もない戦略である。

果たして、核強要の有効性はいかほどなのであろうか。そして、核強要の成功可能性が高まるのは、どのような条件下なのであろうか。本稿では核強要についての先行研究を概観したうえで過去の事例を比較分析し、成功例と失敗例の特徴の違いについて考察する。まず第1節では概念と先行研究を整理する。第2節では分析枠組みとして、分析する事例と注目する要素を説明する。第3節では5つの事例を比較分析し、核強要の成功可能性を高める条件について検討する。

1. 強要の概念と先行研究

(1) 強要

強要とは、相手に特定の行動をとることを要求し、従わない場合にコストを科す、あるいは力ずくで実現すると脅すことで、相手にこちらの要求を受け入れさせようとする戦略である。威嚇によって他者の行動に影響を及ぼす点では抑止と似ているが、主に以下の2つの点において異なる。第1に、抑止は相手に何かをしないことを要求する現状維持のための戦略であるのに対し、強要は相手に特定の形で動くことを要求する現状変更のための戦略である。具体的な要求の例としては、何かを開始すること、現在実施中の行動を中止すること、すでに実行してしまったことを元に戻すこと、などがある。これらはいずれも、要求を突き付けた時点の状況から変化することを求めている。第2に、抑止が脅しのみに依拠するのに対し、強要の場合は実際の軍事力行使を含み得る。抑止を用いる場合は現状が望ましいため、自分から動く必要はない。抑止の脅しを実行に移すのは、行わないよう要求したことを相手が行い、望ましかった状況が乱された場合である。したがって抑止は受動的な戦略であり、相手が動くまで抑止側は動かないし、抑止側が動くことになった時点で抑止は失敗している。これに対し、強要を用いる場合は現状が望ましくないため、それを変えるために強要側から能動的に動くことになる。本来であれば動く必要を感じていない相手を動かすため、脅しのみでは不十分である場合には、相手が動くまで実際に圧力を積み重ねていくことが必要になる[2]。

このように、強要は能動的に現状を変えるための戦略であるが、力ずくでの現状変更とも異なる。相手の意図に関係なく、軍事力によって一方的に目的を達成してしまうのではなく、強要はあくまで相手の損得勘定を操作し、こちらが要求した行動をとることを選ばせることを目指す。その過程で実際に軍事力を行使する場合も、期待されているのは例示としての機能であり、要求をのまなければどうなるかについて実感を持たせ、要求の受諾を迫るためのものである。したがって、軍事力の行使を重ねても相手が要求をのまず、力ずくで目的を達成するに至った場合は、強要としては失敗になる[3]。

2005年にノーベル経済学賞も受賞したシェリング（AFP＝時事）

抑止に比べて注目度の低い強要ではあるが、シェリングやジョージらによる研究を皮切りに[4]、冷戦期以降研究が積み重ねられている。特に、強要研究は実証研究を中心に発展してきている点で抑止研究と大きく異なる。抑止の研究では、何かが起こらなかったことを説明しようとすることにそもそも内在する困難性や、核抑止の場合は抑止が失敗して核戦争に至った例が第2次世界大戦後（幸いにして）存在しないことから、抑止の効果や成否を実証することが難しい。他方、強要では相手の行動の変化を説明するため、強要の脅しの有無や状況の違いといった要素の影響を比較的考察しやすい。成功・失敗に終わった強要の実例も多数存在するため、定性的な比較事例研究やデータの定量分析を通じた実証的因果推論が行われてきている。

他方で強要研究には、強要の成否に影響し得る要素としてさまざまな変数が提起されており、成功条件の絞り込みが進んでいないという問題がある。この問題に拍車をかけているのが、強要の適用可能性の広さである。国際関係の文脈に絞っても、当事者には大国同士、大国と小国、国家と非国家主体など多様なパターンがあり得るほか、対決の焦点となるイシューの内容や用いられる圧力手段の違いなどによって、さまざまな強要の形があり得る。多様な文脈に適用可能な強要の成功条件は、文脈によって異なると予想される。

(2) 核強要

多様な形をとり得る強要のうち、核兵器を圧力手段とする強要が核強要である。核兵器による圧力には、核兵器使用の脅しと、実際の核兵器使用（とさらなる使用の脅し）の双方が含まれる。現実には核兵器のみが圧力手段となることは基本的になく、ほかのさまざまな圧力手段と組み合わせて用いられる。

核強要に焦点を当てた既存研究はあまり多くないが、より広い視野に基づく研究の中で議論されているものもある[5]。既存研究では核強要のいくつかの側面が議論の対象となっているが、その主たる論点は、核威嚇の信憑性をどのように確保するかと、実際のところ核兵器は強要において有効であるのか、の2点である。

信憑性はあらゆる脅しの使用において中心的問題の1つであり、強要も例外ではない。強要の脅しを突き付けられた相手側がどう動くかは、基本的には損得勘定で決まる。すなわち、脅された内容の深刻度と、それが実行に移される見込みを計算に入れ、要求に従った行動をとる場合と要求を拒否して元来予定していた行動をとる場合それぞれの期待利得を比較し、より良い（よりましな）ほうを選ぶ[6]。したがって、相手の目から見た脅しが実行される確からしさ、すなわち信憑性は、相手の行動を左右する重要な要素の1つである。

脅しは基本的には言葉によって伝えられるが、軍事力を使うと単に述べるだけでは必ずしも信憑性のある脅しにならない。これは脅しの実行がコストを伴うためである。すなわち、実際には脅しの実行コストを負担する意思がないにもかかわらず、意思があるふりをして相手を動かそうとする、ブラフの可能性がある[7]。この問題は核威嚇の場合に特に深刻になる。核兵器は使用者側にも巨大なコストをもたらすと考えられる。相手側が第二撃能力を持っている場合は核の報復攻撃を覚悟しなければならず、核攻撃は自殺行為になり得る。ほかにも国際的非難・孤立や制裁などさまざまな政治、経済、社会上のコストが見込まれる[8]。自衛のための最終手段として用いるならばまだしも、それ以外の目的で核兵器を使用すると脅しても、相手としては脅しの本気度を疑う余地が十分にある。

そのため、通常であれば信憑性を疑問視されてしまう核使用の脅しに信憑性を持たせる方法が議論されてきた。注目を集めている方法は2つ存在する。1つは、脅しの使用者が合理的に判断しないと相手に思わせることであり、マッドマン・セオリーと呼ばれる。意思決定者が核使用のコストを気にしないような人物であれば、その人物による核威嚇の信憑性は高まる。ここでいうマッド（狂気）は通常の合理的判断からの大幅な逸脱を意味する。その源泉は、感情や精神疾患の影響による文字どおりの非合理性の場合もあれば、極端な選好に基づく非常に偏った計算の場合もある。極端な選好とは、問題になっているイシューに非常に大きな価値を見出したり、戦争のコストを非常に小さくとらえたりすることを指す。こうした極端な値を用いた損得勘定を行うと、客観的には非合理な行動が、当人の主観では計算に基づいた合理的選択となり得る。また、信憑性はあくまで相手側の目から見た認識の問題であるため、狂気の真贋にかかわらず、相手が信じさえすれば脅しの信憑性は高まる[9]。マッドマン・セオリーに基づく行動の効果を核以外の文脈も含めて検証する研究が近年登場しているが、有効性についての結論は割れている[10]。

核威嚇の信憑性を高めるもう1つの方法は瀬戸際戦略である。これは、意図的に核攻撃に踏み切ることが非合理的である場合、核攻撃を脅す代わりに、意図せずして核戦争につながりかねないリスクを高める行動をとることで相手への圧力とする方法である。この方法はチキンゲームによく例えられる。核戦争という、当事者のどちらも望まないが発生すれば双方が巻き込まれる破滅に、どちらがより近づく覚悟があるかをリスクの取り合いによって競い、相対的に決意の弱い側が先に勝負から降りることになる。意図せずして核兵器が使用されるリスクは単に対決にとどまり続けるだけでも高まるほか、使用権限の下位指揮官への移譲なども中央による統制を離れるリスクを高める[11]。しかし最近の研究では、事故で核兵器が使用されても、それに対して相手が全面報復に出て核戦争になるには依然として指導者による意図的決断が必要であるため、エスカレーションの自動発生を自明視することはできないとも指摘されている。この観点に立つと、瀬戸際戦略の場合もエスカレーションの過程において、感情などによる非合理な核攻撃の決断が必要といえる[12]。瀬戸際戦略の有効性については、次に見る核強要の有効性についての議論の一部として検証されているが、これも意見が対立している。

核強要についての既存研究における第2の主な論点は、核強要の有効性である。一方では、核兵器は強要に向かないとの議論がある。例えば、ルボウとスタインはキューバと中東における危機を分析し、核兵器は死活的利益の防衛以外には役に立たず、より積極的な強要には効果的でないと論じている[13]。セクサーとファーマンはより包括的に核強要を分析している。両氏はデータセットを用いた定量分析に基づき、非核保有国相手の場合も含め、核兵器の保有そのもの、あるいは核戦力上の相対的優位性が強要の成功可能性を高めてはいないと指摘している。さらに19個の事例を分析し、一見核強要が成功したように見える事例も、実際には強要の成功とはいえないか、成功している場合も核兵器の貢献は小さいと論じている[14]。レボビッチも最近の著書で、核戦力上の優位性の曖昧さと脆さ、そしてリスクや相手が抱く自身のイメージを適切に操作することの困難性を指摘し、核兵器は強要に不向きと論じている[15]。

他方で、核兵器は強要にも効果的とみる議論も存在する。例えば、ベッツは抑止と強要双方の核威嚇を扱う研究で、核保有国が非核保有国を威嚇した事例と核保有国同士の対決で核威嚇が用いられた事例を分析し、確定的な結論は難しいとしつつも、核戦力バランスで優位な側の脅しのほうが成功しやすいと論じている[16]。ビアズリーとアサルはデータセットを用いた定量分析で、核保有国と非核保有国の間の危機では前者が勝利する可能性が高く、相手側の妥協を得るまでの時間も短いと指摘している[17]。クローニグは相対的な核戦力の多寡に注目し、核戦力バランスで優位な側は核戦争を戦うコストが相対的に小さくなるため、より強い決意を持って相手に対峙することになり、危機に勝利しやすいと論じている。そして定量分析と4個事例の分析を通じて、自身の議論の妥当性を示している[18]。アンダーソンと共著者らは危機に至る前の平時にも核兵器の強要効果があると主張する。特に敵対国よりも通常戦力が弱い、または同盟国のコミットメントが弱い国が新たに核兵器を保有した場合にこの効果は強く表れると論じ、新規核保有国の事例で例証している[19]。

このように、先行研究では核強要の有効性について結論が割れている。これにはいくつかの理由が考えられる。まず、核威嚇の効果の評価では相手側の認識や意思決定の理由を明らかにする必要があるが、こうした情報は手に入りにくい[20]。さらに、相反する必要の間で揺れ動く危機時の行動は一貫性を欠きがちなため、異なる主張がそれぞれに都合の良い証拠を同じ事例の中に見出すことが可能になる[21]。また、定量分析については、用いるデータセットによって含まれる事例の特徴が偏っている可能性がある。一口に核危機といっても多様であり、核が実際に使用される見込みやシグナリングの余地などが異なれば、核強要の有効性も変わると思われる[22]。

ここまで見てきたのは核の脅しによる強要であるが、核強要には実際の核使用を伴う形もあり得る。先述のとおり、強要では相手が要求をのむまで圧力を加え続けることが必要であり、核使用もそうした圧力の一手段たり得る。核使用を通じた強要にも、主に2つのメカニズムが考えられる。1つは瀬戸際戦略である。脅しの場合と同様、全面核戦争という当事者双方にとっての破滅にエスカレートしかねない行動の一段階として、限定的な核攻撃の実行が相手に妥協を迫るレバレッジとなる[23]。もう1つは追加コストの付加である。実際の核使用がもたらす破壊は相手にとって大きなコストになる。そしてさらなる核攻撃の脅しは、目的追求の割に合わないコストの追加を脅されているのであり、それを回避するために妥協する動機を生む。瀬戸際戦略がリスクの許容度をめぐる対決であるのに対し、こちらはコストの許容度をめぐる対決となる[24]。こうした核使用による勝利の追求として、冷戦期には東西勢力間の限定核戦争の可能性が、冷戦後には新規核保有国が通常戦力で勝る相手との戦争で核を使用する可能性が考察されてきた[25]。しかし実例はなく、可能性の論理的考察にとどまっている。

以上に概観したとおり、核強要研究はいくつかの論点に主に取り組んできている。中でも最も中核的なのが、核強要の有効性をめぐる議論である。核強要の有効性に肯定的・否定的どちらの議論も支持証拠を見いだせている以上、どちらかが一方的に正しいとの単純な結論にはならない。むしろ問うべきは、核強要が成功しやすいのは、どのような条件下において、どのような形でなのか、ということであろう。次節以降ではこの点について考察する。

2. 分析枠組み

核強要が成功しやすい条件を探るにあたり、本節では分析枠組みを整理する。

条件を考察するうえでは、明らかに核強要が用いられ、その成否が比較的はっきりと判断できる事例が望ましい。そこで本稿では、当事者が核強要に訴えたことが明らかな核危機を考察対象とする（後述のとおり、その中でも核保有国同士の対決に焦点を当てる）。核強要が用いられた核危機の事例数は決して多くはないため、本稿では条件の探索方法として比較事例研究を用いる。以下では、分析対象とする具体的事例を特定するとともに、先行研究を基に核強要に有利に働くと思われる要素を検討する。

(1) 核強要の事例

既存研究の中で核強要を最も包括的に取り上げているセクサーとファーマ

表1　セクサーとファーマンが挙げる核強要事例

核危機	強要側	相手側
朝鮮戦争（1950～1953）	米国	中国／北朝鮮
インドシナ戦争（1954）	米国	中国／ソ連／ベトミン
第1次台湾海峡危機（1954～1955）	米国	中国
スエズ危機（1956）*	ソ連	フランス／英国
第2次台湾海峡危機（1958）	米国	中国
第1次ベルリン危機（1958～1959）	ソ連	米国
第2次ベルリン危機（1961）	ソ連	米国
キューバ危機（1962）	米国	ソ連
プエブロ号拿捕（1968）*	米国	北朝鮮
ベトナム戦争（1969）	米国	ソ連／北ベトナム
中ソ国境紛争（1969）	ソ連	中国
バングラデシュ戦争（1971）*	米国	インド
ヨム・キプール戦争（1973）	イスラエル／米国	米国／エジプト／ソ連
フォークランド戦争（1982）*	英国	アルゼンチン
カシミール危機（1990）*	パキスタン	インド／米国
第3次台湾海峡危機（1995）*	中国／米国	台湾／中国／米国
カルギル戦争（1999）	パキスタン	インド
印パ国境危機（2001～2002）	インド	パキスタン
朝鮮半島危機（2013）	北朝鮮	韓国／米国

（注）「*」がついた危機は境界事例。
（出所）Sechser and Fuhrmann, *Nuclear Weapons and Coercive Diplomacy*, 128を基に執筆者作成。

ンによる研究は、危機において意図的に核強要が用いられた事例として19個の事例を挙げている。その選定基準は、①「危機の当事者の少なくとも一方が明示的または暗示的な核の脅しを用いなければならない」、②「危機に核エスカレーションの些細ではないリスクが存在しなければならない」、③「核の脅しが強制的な要求と結びついていなければならない」、である。19個のうちのいくつかはこの基準を満たすか曖昧な境界事例であり、より明確な核強要事例は13個としている。両氏の分析によると、これらの事例は核強要が明確に失敗したか、一見成功したように見えるが詳細を確認すると実際には成功といえないものがほとんどである[26]。加えて、同書の発表後の2017年から翌年にかけての朝鮮半島危機と、2022年からのウクライナ戦争でも核強要が用いられているが、これらも成功していない。先述のとおり、核強要の結果をどのように評価するか自体が困難をはらむが、実績としては芳しくないといえる。

この事例群から比較事例分析で使用する事例を選ぶ必要がある。本書全体のテーマである「核時代の新たな地平」を考察する資とするうえでは、最新の核強要事例である2017～2018年の朝鮮半島危機とウクライナ戦争を分析することが望ましい。これらは失敗事例であるため、比較には成功事例が必要となる。両事例とも核保有国同士の対決が主軸であることから、成功事例についても同様の構図のものが適切である。セクサーとファーマンが挙げる事例のうち、核保有国同士の対決で、核強要の成功度が比較的高いと思われる事例としては、キューバ危機と中ソ国境紛争がある。どちらも強要側の要求を相手側がのんでおり、核の脅しが相手側の行動に影響を与えたことを示す情報も存在する。成功の度合いや、核威嚇以外の要素を加味した場合の核威嚇の貢献度などについては議論の余地があるが、実例の中では核強要の成功例とみなし得る事例である。キューバ危機を取り上げるにあたっては、ベルリン危機も比較対象として有用である。両事例は当事者が同じで時期も近く、一連の対決として当事者の認識の中でつながりを持っていた。

以上の理由から、本稿では核強要の成功事例としてキューバ危機と中ソ国境紛争、失敗事例としてベルリン危機、2017～2018年の朝鮮半島危機、ウクライナ戦争を取り上げる。次項では、これらの事例を分析する視座として、核強要の成否を左右し得る要素を整理する。

(2) 核強要に有利に働くと思われる要素

先述のとおり、先行研究では強要の結果に影響する要素としてさまざまな変数が考察されている。以下では核威嚇を用いた強要という文脈に焦点を絞りつつ、どのような条件下であれば核強要が成功しやすいと思われるか、先行研究を基に整理する。強要のような複雑な現象では、1つまたは少数の要素が結果を左右するよりは、複数の要素の組み合わせが成功につながると想定するのが自然である。そのため、本稿では比較的多数の要素を分析視座に含める。事例数に対して変数が多すぎると厳密な検証は不可能になるが、核強要についての知見蓄積がまだ不十分であることに鑑み、本稿では包括的な視点で分析することを優先する。

①要求内容

強要の成否を左右し得る要素としてまず考えられるのは、要求内容である。抑止の場合は現状という参照点に基づく要求になるが、現状変更を求める強要の場合は、何を、どれだけ、いつ、どのように行うことを求めるかを強要側が自由に決定できる[27]。そのため、相手に対する要求内容が強要の成否に影響するとの議論が存在するが、その是非については先行研究の意見が割れている。影響する場合には、重い要求ほど相手にとって受容しにくくなり、特に相手の死活的利害に関わる要求の場合、受容や取引が不可能になると考えられる[28]。また関連して、当事者間の利害バランスも影響し得る。一般に、より重要な利害が絡むほどより大きなコストを受容する意思を持つため、強要側に有利な利害バランスは強要の成功可能性を高めると考えられる[29]。

ここで重要なのが、利害の大きさをどのように判断するかである。国家にとって重要な利害にはさまざまなものがある。しかしここで問題になるのは、核威嚇が絡む対決に影響し得るほどの重大な利害の関与である。そこで本稿では単純に、関連する当事者の利害を死活的か、それ以外かに区分する。そして死活的利害は国家の生存に関わる利害と定義し、具体的には本土への軍事的脅威に関わる戦略バランスを左右する事項および経済的生存を左右する事項を指すこととする[30]。強要の成功可能性を高めるうえでは、相手側の死活的利害に関わる要求は避け、逆に自身の死活的利害が関わる問題について要求を突き付けたほうがよいと考えられる。

さらにもう1点、要求内容に関連して検討すべき側面がある。それは、将来の追加要求に対する保証である。強要のターゲットとなった国は、将来にも対決を繰り返す可能性がある場合、要求をのんで引き下がった前例をつくると、さらなる要求の積み重ねを呼ぶのではないかとの懸念を持つ。そのため、現在の要求内容のみであれば受諾したほうがよいとの損得勘定になる場合も、決意が弱いとの印象を強要側に与えることを回避するために、あえて抵抗を選ぶ可能性が指摘されている。こうした事態を回避するには、追加要求は存在しないとの保証を信憑性ある形で相手に与えることが重要になる[31]。以上の整理を踏まえると、要求内容については以下の点を検討することが必要である。

・強要側の要求内容が相手側にとって死活的利害に関わるか否か。死活的利害を回避している場合、強要は成功しやすいと思われる。
・当事者のどちらが利害バランスで優位か。強要側の死活的利害が関わり、相手側の死活的利害が関わっていない場合、強要は成功しやすいと思われる。
・相手側にさらなる追加要求はないとの保証が提供されているか否か。そうした保証が提供されている場合、強要は成功しやすいと思われる。

②脅し・圧力の種類

抑止同様、強要で用いられる脅し・圧力も懲罰と拒否に区分できる。懲罰による強要では、相手が要求をのまないのであれば罰としてコストを科す、と威圧する。懲罰はたとえ実行しても相手に行動選択の自由が残り続けるが、コストを踏まえると抵抗が割に合わないと相手に認識させ、要求受諾を選ばせる。これに対し拒否による強要では、相手が要求をのまないのであれば、力ずくで要求内容を実現する、と威圧する。拒否の場合、脅しを最後まで実行すれば相手の意思にかかわらず力ずくで目的を達成することにつながるが、あくまで狙いは抵抗しても無駄に終わると相手に認識させ、要求受諾を選ばせることである[32]。要求内容によっては、そもそも拒否型の圧力を適用することが不可能な場合もある。

既存研究では懲罰よりも拒否のほうが有効と考えられている[33]。核の使用を脅す場合も要求内容によっては拒否型の圧力となり得る。あるいは、拒否型の圧力はあくまで通常戦力によるものであるが、衝突が核の使用にまでエスカレートするリスクが脅しになっている場合もある。以上の整理に基づき、威圧の性質について以下の点を検討する。

・強要で用いられている脅し・圧力は懲罰か拒否か。拒否的圧力が用いられている場合、強要は成功しやすいと思われる。

③切迫感

脅しに関する別の要素として、要求の早期受諾を迫る切迫感を伴うことが強要の成功につながるとの議論もある。その明確な方法は最後通牒の使用である。最後通牒は、要求、受け入れ期限、受け入れない場合についての脅しの3要素で構成される[34]。最後通牒の使用や切迫感の実現が強要の成功につながるかどうかについては、先行研究の意見が割れている[35]。核強要においてもこの要素は影響し得るため、以下の点を検討する。

・最後通牒が用いられているか否か。用いられている場合、強要は成功しやすいと思われる。

④脅しの深刻さ

脅しについては、その深刻さも成否に影響し得る。核使用の脅しは実行された場合の深刻度が最も高い部類であるため、主に問題になるのは信憑性のほうである。しかし、状況によっては核威嚇が相手にとってあまり深刻でない場合もあり得る。例えば、投射能力の不足のために相手国本土への攻撃実行に制約がある場合や、迎撃が可能な場合である。あるいは、相対的核戦力の多寡、ひいてはそれが生み出す被害の相対的な差が対決の結果に影響するとの議論もある[36]。そのため、以下の点についても検討する。

・相手国本土を核攻撃可能か否か。可能である場合、強要は成功しやすいと思われる。
・当事者のどちらが核戦力バランスで優位か。強要側が優位である場合、強要は成功しやすいと思われる。

⑤脅しの信憑性

脅しに関する最後の要素は、その信憑性である。核威嚇の信憑性をいかに確保するかが先行研究の大きな注目点であることは先述のとおりである。ここでは、先に見た核兵器を意図的に使用するとの脅しと、エスカレーションの制御を失うことで核使用に行き着くリスクに基づく脅しの双方を想定し、どのような要素が核威嚇の信憑性を高め得るかを整理する。もちろん、脅しの深刻さに関わる要素としてすでに挙げた、相手国本土への核攻撃能力や核戦力バランス、特に第一撃による相手国核戦力の武装解除が可能かどうかは、脅しの信憑性に深く関わる要素でもある。しかし、こうした能力が存在しさえすれば、自動的に信憑性のある脅しになるとも限らない。信憑性に影響し得る具体的要素としては以下の複数の要素が既存研究で議論されてきている[37]。

1つ目は国内支持である。国内での支持は指導者が受容し得るコストやリスクを高めることにつながり、ひいては脅しの信憑性を高めると思われる[38]。この要素は特に民主主義国にとって重要と思われ、政権そのものや国際危機への対応の仕方に関する支持の存在は世論調査データによって確認可能である。強要側が非民主国家の場合は、国民の支持よりも権力支持基盤内における支持の有無が問題になり得る[39]。例えば、一党独裁政権内部で指導者の権威が低下し、権力争いが激化している状況では、深刻な国際危機で対決を継続する意思に疑問を抱かせる可能性がある。したがって、強要側の強い国内支持の存在は脅しの信憑性を支える要素の1つとなり得る。

2つ目の要素は評判である。ある主体の過去の行動がその主体についてのイメージ、すなわち評判を形成し、他者はその主体の将来の行動を評判に基づき予想するとの考えは、国際関係の当事者に広く受け入れられている[40]。しかし研究においては、そもそも国際関係上の主体が評判を持ち得るのか、持つとすればどのような特質についてか、そしてその影響度はどの程度かなどの論点について、さまざまな議論が提示されている[41]。通常注目されるのは決意の強さに関する評判であるが、核使用の脅しの場合はこれに加えて、行動が予測不可能であるとの評判も事態の制御を失う恐怖を強くし、脅しの信憑性を高める効果があると思われる。さらに、極端な選好を含め非合理的であるとの評判も、マッドマン・セオリーが論じるとおり、核攻撃のような極端な行動についての信憑性を高めると思われる。評判は主体が抱く他者についての印象であるため、直接的に確認することが難しい場合もある。しかし、強要に有利な評判を形成し得る行動が過去にあったかどうかについては確認が可能であるため、この点を検討する。

3つ目の要素は実際の軍事力行使である。通常戦力レベルの対決の場合、実際に軍事力を行使してみせることで軍事力行使の意図や能力を例示する効果があると想定されている[42]。意図的な核兵器使用を脅す場合にも、同様の効果が段階的エスカレーションのシグナルとして期待できる。瀬戸際戦略の場合には、実際に軍事衝突が起こることで事態のエスカレーションの制御を失うリスクを高めることがレバレッジになると考えられる。

最後の要素はリーダーシップである。強いリーダーシップが存在し、それぞれの当事者の一体性が高い場合、シグナリングやコミュニケーションが成功する可能性が高まり、ひいては強要の成功にプラスに働くと考えられている[43]。この議論は核威嚇についても、意図的な核使用の脅しの場合はそのまま当てはまり得る。しかし、核威嚇では事態の制御を失うリスクが重要なレバレッジと考えられていることを踏まえると、逆にリーダーシップに問題があり、統制がうまく取れていない状況も、事態がエスカレートする可能性に信憑性を持たせるかもしれない。したがって、この要素については強要側が追求する戦略と一致する方向に統制の強弱が向いていることが脅しの信憑性を高めると思われる。

以上に見たように、既存研究ではさまざまな要素が脅しの信憑性を高め得ると議論されている。これらをまとめると、以下の点につき検討する必要がある。

・強要側に強い国内支持が存在するか否か。存在する場合、強要は成功しやすいと思われる。
・強要側の決意の強さ、予測不可能性、あるいは非合理性を示す過去の行動が存在するか否か。存在する場合、強要は成功しやすいと思われる。
・通常戦力が行使されているか否か。行使されている場合、強要は成功しやすいと思われる。
・関係する国内外アクターの行動を当事者が統制できているか否か。意図的な核使用の脅しの場合は、統制できている場合に強要は成功しやすいと思われる。瀬戸際戦略の場合は、統制できていない場合に強要は成功しやすいと思われる。

⑥プラスの誘因の使用

既存研究では、脅しに加えてプラスの誘因を提供すると強要が成功しやすいと考えられている。強要では相手の利益を損なう要求を突き付けるため、その埋め合わせとなるものを提供したほうが、相手が要求をのみやすくなると期待される[44]。これは核強要の場合にも当てはまり得るため、以下を検討する。

・プラスの誘因が提供されているか否か。提供されている場合、強要は成功しやすいと思われる。

⑦相手側の孤立

最後の要素は、相手側の孤立である。国際的な支援の存在は脅しに抵抗するためのリソースの入手につながるため、相手が孤立しているほうが強要は成功しやすいと考えられる[45]。核強要の場合も、危機を乗り切るうえでの外交的支援の提供者や、全面戦争になった場合に共に戦うことが想定される同盟国の存在は、脅しへの抵抗意欲を強めることになると思われるため、以下を検討する。

・相手側に支援を提供する第三者が存在するか否か。存在しない場合、強要は成功しやすいと思われる。

3. 事例

本節では、前節で提示した分析枠組みに基づき事例分析を行う。まずは個々の事例について経緯を確認し、核強要に有利に働くと思われる要素が存在したかを検討する。その結果は本節の第6項で表にまとめている。同項では個々の事例の分析と事例間比較を踏まえ、核強要の成否を分ける要因について考察する。

強要は多くの場合、当事者の一方が他方を脅す一方通行ではなく、脅された側も対抗して強要をあきらめさせようとするか、逆に自身の要求を相手にのませようとして、互いに脅しあう構図をとる[46]。しかし相互作用である以上、事例としての分析内容は視点が変わっても重複する部分が多くなる。紙幅の制約もあるため、以下では各事例において最初に明確な強要に訴えた側を強要側として分析する。

(1) ベルリン危機(1958〜1961)

①経緯

第2次世界大戦の結果ドイツは東西に分断され、さらに東ドイツ奥深くに位置するベルリンも米英仏とソ連がそれぞれ占領する地域に分断された。連合国とドイツの講和が結ばれないまま、分断を反映する形で西ドイツが北大西洋条約機構(North Atlantic Treaty Organization: NATO)に加盟し、その経済が急速に発展する中、ソ連は西ドイツによる東ドイツ併合や、NATO諸国による西ドイツへの核兵器供与を恐れていた。一方の東ドイツはワルシャワ条約機構に加盟していたが経済状態は悪く、高度人材がベルリンを経由して西側へ流出し続けていることが問題に拍車をかけていた。また、西ベルリンは西側の諜報活動の拠点ともなっており、これらの理由からソ連と東ドイツはベルリンの状況に不満を抱いていた[47]。

この状況を変えるべく、1958年11月にソ連はベルリン問題に関する以下の内容の最後通牒を米英仏に突き付けた。第2次世界大戦中に結ばれたドイツの戦後の扱いに関する4国間の合意を3国が順守しておらず、この合意を根拠としてベルリンが分割占領されている現状はもはや容認できない。西ベルリンが東側にもたらす脅威を解消するために、同地を非武装化した自由都市とすべきである。6カ月以内に西側がこれを受け入れない場合、ソ連は単独で東ドイツと合意を結び占領体制を終了し、ベルリンを含む東ドイツ全領域が同国政府の管理下となる。東ドイツ領域の侵犯はワルシャワ条約機構全体への攻撃とみなし、「適切な報復措置」が取られる[48]。米英仏は西ベルリンへの補給のために東ドイツ領域内を通過する必要があったため、米英仏がソ連の要求をのまず、ソ連がこの通知どおりに行動した場合、西ベルリンへの補給が軍事衝突につながる恐れがあった[49]。

そしてソ連はこの要求を支える形で核威嚇を用いた。ソ連は1958年末以降に東ドイツへのミサイル部隊配置を開始し、翌年4月には核弾頭も配備され、英仏を含む欧州の標的を核攻撃可能になった[50]。タス通信は、力ずくでベルリンに到達しようとする試みは東ドイツに対する攻撃とみなされ、ワルシャワ条約機構の反応を引き起こし、核戦争になる可能性があると報じた[51]。またフルシチョフ首相は、米国の要人との会談でソ連の核戦力を誇示する発言を繰り返したほか、ニクソン副大統領との会談では、戦争になれば西ドイツと米軍基地所在国を消し去ると脅した[52]。

ソ連の強要に対し、米国はベルリンにおける権利を放棄するつもりがないことを強調した[53]。そして欧州への米軍増派と大西洋での艦隊演習という対抗措置をとりつつ、ベルリンへのアクセスが妨害された場合には小規模な武装部隊を差し向けてソ連側の反応を探り、段階的なエスカレーションで応じる方針を固めた[54]。米国はソ連の脅しには信憑性がないと判断していた[55]。また、ソ連は自ら設定した6カ月という期限について柔軟姿勢を示すシグナルを複数送っており、加えて危機発生後すぐに高官を訪米させ、フルシチョフ首相自身も訪米に意欲を示していた[56]。さらに、ソ連が東ドイツに核ミサイルを配備した事実は西側の諜報機関には察知されていたものの、政策決定者レベルには情報が届いていなかったようであり、危機における西側の意思決定に影響したとは考えにくい[57]。

結局、西側はソ連の要求をのまなかったが、通知から6カ月が過ぎてもソ連が脅しを実行に移すことはなかった。米国は1959年1月時点でソ連に対して関係4カ国外相会談を提案していたが、ソ連は首脳会談を望んでいた。しかし首脳会談への同意が得られないことを受け、2月から3月にかけて訪ソしたマクミラン英首相との会談の中で、フルシチョフ首相は自身が示した期限にこだわらない姿勢を示し、関係国の外相会議を受け入れた[58]。その後、最後通牒の期限が切れる前の5月から8月にかけて、ドイツ・ベルリン問題を議論する4カ国間の外相会議が開催されたが合意は実現できなかった[59]。外相会議が行き詰まっていた7月、モスクワで米州知事の訪問団と会談したフルシチョフ首相が訪米の意思を示したことを受け、アイゼンハワー大統領は同氏を米国に招待した[60]。そして9月にフルシチョフ首相が訪米した際、米ソ首脳はソ連側が設定した期限の撤回と、4カ国首脳会談の開催で合意した[61]。

これにより第1次ベルリン危機は収束したものの、ベルリン問題自体は何も解決されていなかった。4カ国間首脳会議が1960年5月にパリで開催されたものの、ソ連上空で米偵察機が撃墜された事件の影響で中止され、ソ連はベルリン問題の交渉を次期米政権の成立以降に先延ばしする姿勢をとった[62]。そしてその間にもベルリン問題についての要求と威嚇を続けていた[63]。

1961年6月、フルシチョフ首相が米国の新大統領となったケネディとの首脳会談において、再びベルリン問題で最後通牒を突き付けたことで、米ソは第2次ベルリン危機へと突入した。最後通牒の内容は前回同様、東ドイツとの和平条約締結ないしは西ベルリンの自由都市化の受け入れを迫り、年末までにこれを受け入れないならばソ連は東ドイツと和平を結び領域の統制権を委譲する、東ドイツの領域が侵犯されればソ連はこれを侵略とみなし防衛する、というものであった[64]。

そしてこれを支える形で、ソ連は再び核の脅しを用いた。前回の危機の後、ソ連は米国に到達可能な大陸間弾道ミサイル（intercontinental ballistic missile: ICBM）の配備を終えていた。そして米英の高官に対する発言や、超音速爆撃機の試作機の飛行や核ミサイル部隊の参加する軍事演習を通じて自国の核戦力を誇示した。加えて、核実験モラトリアムを破棄して9月だけで24回以上の核実験を実施し、10月末まで断続的に続けた[65]。また、核威嚇とは別に、8月にはベルリン周囲に大規模なソ連軍と東ドイツ軍を配置したうえで東ドイツ当局による東西ベルリン境界での壁の建設を開始し、さらに西ベルリンへの陸路・空路での移動を制約する動きを見せた[66]。

しかし前回同様、米国はソ連の要求を受け入れなかった。ケネディは大統領選期間中から西ベルリンとアクセス経路を防衛する意思を繰り返し表明しており、今回のソ連の要求への回答として6月下旬にも西ベルリンの態勢と権利を維持する意思を表明した[67]。ケネディ大統領は7月下旬のテレビ演説で国防予算の大幅増額を議会に要請し、軍の定員の大幅拡大と予備役の召集などを行う方針を表明するとともに、ベルリンから追い出されるつもりはないと述べた。8月の壁建設開始後には欧州に4万人の兵員や航空部隊など追加戦力の展開を進め、長距離爆撃機の半分を15分で出撃可能な待機状態においた。また、多くの演習も実施したほか、ソ連の核実験に対抗して米国も核実験を再開した[68]。さらに10月には国防省高官の演説で、米国がソ連に比べて核戦力で圧倒的に優位にあることを具体的数値も示して公表した[69]。米側は核戦争にエスカレートする可能性を認識しつつも、ソ連が脅しを実行に移すとは考えていなかった[70]。

危機が深刻化するにつれ、米ソ両国は外交交渉へと動いた[71]。フルシチョフ首相は9月下旬に水面下で「ベルリンの嵐は終わった」とのメッセージをケネディ大統領に送り、10月中旬のソ連共産党大会でベルリン問題について年末の期限にこだわらないと公に表明した[72]。その一方で、このソ連の方針に反発した東ドイツは10月に西側人員のベルリン東西境界検問通過を妨害するようになり、米国は対抗として戦車による民間車両のエスコートを始めた。これに対してソ連も戦車を検問に配備したため、10月下旬に検問で米ソの戦車が一晩にわたってにらみ合う事態が生じた。にらみ合いが生じた後に米ソ間で緊張緩和のために意思疎通が図られ、ソ連側がまず戦車を撤収させ、その後米側も撤収させた[73]。

②分析

以上のように、2度にわたってソ連がベルリンで用いた核強要は、米国に要求をのませることができず失敗に終わった。形態としては、通常戦力での衝突がエスカレートする危険に基づく瀬戸際戦略であった。以下で示すとおり、本事例では強要に有利に働くと思われる要素の大半が欠けていた。

まずは要求内容である。ソ連が米国に突き付けた、西ベルリンの自由都市化受け入れという要求は、本稿の定義に基づくと、米国の死活的利益を害する要求ではなかった。米国にとってベルリン問題は西欧防衛へのコミットメントの信憑性に関わる問題であった[74]。同盟問題は冷戦の文脈において非常に重要な利害ではあったが、西ベルリンの喪失が米国の生存に関わるわけではなかった[75]。

利害バランスについて見てみると、ベルリンはソ連にとっても死活的利害に関する問題ではなかった。西ベルリン問題への対処は東ドイツを安定化させるうえで重要であったが、これも同盟問題であり、ソ連の生存を左右する問題ではなかった[76]。したがって、強要側に有利な利害バランスが存在するわけではなかった。

追加要求はないとの保証については、特に提供されていなかった。上記のとおり、米国は冷戦の文脈でコミットメントの信憑性が損なわれることを恐れており、ベルリンでの妥協がさらなる挑戦を呼ぶことを懸念していた[77]。

次は、脅し・圧力の性質に関わる要素について考察する。まず圧力の懲罰と拒否の別については、本事例での圧力は拒否型であった。西ベルリンの自由都市化に同意せよとのソ連の要求は、直接的には相手側の受諾がなければ実現できない類の要求である。しかし、その背後にある意図は西ベルリンからの西側占領部隊の追放であった。ベルリン周辺の通常戦力は危機の全期間を通じてソ連側が圧倒的に優位であり、西ベルリンを封鎖して補給を断つことで西側部隊の維持を困難にしたり、力ずくで排除したりすることは可能であった[78]。実際、ソ連側は西側の西ベルリンへのアクセスを妨害する動きも見せており、ソ連の圧力は拒否型であったといえる。

ただし、核兵器はこの拒否型圧力に直接貢献してはいなかった。核兵器によって西ベルリンを封鎖したり西側駐留部隊を排除したりすることはできず、核威嚇はあくまで通常戦力レベルの衝突がエスカレートする事態を懸念させるための圧力であった。

脅しに伴う切迫感については、ソ連は第1次、第2次双方の危機において最後通牒を使用した。しかし強要についての先行研究の想定とは異なり、最後通牒は相手側の切迫感を強める効果をもたらさなかった。この理由としては、示された期限が6カ月後とかなり時間的猶予があったこと、ソ連側から期限について柔軟性が示されたこと、壁の建設によって東側から西側への市民の脱出を直接阻止可能になり、ソ連による西ベルリンへの軍事行動の可能性が下がったととらえられたことが考えられる[79]。

脅しの深刻さについては、2つの側面を考察する。1つ目はソ連が米本土を攻撃可能であったかである。第1次危機の際には、これはほぼ不可能であった。ソ連はICBMの発射試験にはすでに成功していたものの、実戦配備は危機後の1959年12月になってからであった[80]。爆撃機と潜水艦も性能が低く、捕捉・撃破される可能性が非常に高かった。第2次危機の段階になると、ソ連の米本土攻撃能力はかなり向上していた。ICBMが実戦配備され、信頼性と運用性の高いミサイルも配備が始まっていた。潜水艦も増強されており、米側の対応をかいくぐる可能性が高まっていた[81]。

もう1つの側面は、米ソ間の核戦力バランスである。これについては2つの危機の期間を通じて米側が優位であった。第1次危機の際には、米国が第一撃によってソ連の核戦力を武装解除できる見込みがあるほどに戦力差が開いていた。第2次危機の段階では米国の核戦力上の優位は徐々に低下し、第一撃による武装解除の成功率はかなり低くなっていたが、それでも依然米側が優位であった[82]。したがって、本事例では強要側に有利な核戦力バランスは存在していなかった。

続いて、脅しの信憑性に関わる要素を見ていく。強要側の国内支持については、それぞれの危機の時点で異なっていた。第1次危機時点では国内支持が存在した。フルシチョフは1957年に、自身をソ連共産党指導者から引きずり降ろそうとする指導部内での試みを阻止し、主だったライバルを放逐することで権力闘争に勝利した。そのため、1958年時点ではフルシチョフ首相の権威に対する国内からの大きな挑戦はなかった[83]。しかし第2次危機時点では、国内外でソ連が抱える問題や軍備縮小への軍の不満を背景に、フルシチョフ首相の権威への挑戦が顕在化して立場が弱まっており、国内支持は強いとはいえない状況であった[84]。

次は評判であるが、有利な評判を形成し得る過去の行動は見当たらない。決意の強さについての参考になり得る過去の対決としては1948年から翌年にかけてのベルリン封鎖があるが、この際は西側が空輸によって西ベルリンを維持し、ソ連が引き下がったため、ソ連に有利な前例ではない[85]。1958年から翌年にかけての第1次危機でソ連が最後通牒を実行に移さなかった前例も、第2次危機時にはソ連の評判に不利な前例となっていた。予測不可能性や非合理性を示す前例も見当たらない。

実際の軍事力行使についてもこの事例では生じなかった。ソ連側の圧力はあくまで示威行為にとどまり、第2次危機で米ソの戦車が対峙した際も実際に砲火を交えることはなかった。

脅しの信憑性に関わる最後の要素は関係アクターを統制するリーダーシップである。本事例におけるソ連の核威嚇は瀬戸際戦略であるため、統制の欠如が脅しの信憑性を高め得る。第1次危機では統制の欠如によるエスカレーションは生じていなかった。第2次危機では先述のとおり、ソ連の方針に反発した東ドイツが検問でのルールを勝手に変えたことをきっかけに米ソの戦車が対峙する事態が生じており、ソ連側の統制に問題が存在した。しかし、これはフルシチョフ首相が最後通牒を撤回し、実質的に強要が終わった後の出来事であり、核威嚇の信憑性を高めるものであったとはいい難い。これよりも前の段階では特に統制が欠如した事案は生じていなかった。

次は脅しに加えてプラスの誘因が提供されたかどうかである。本事例ではソ連は特にプラスの誘因を提供しておらず、脅しのみに依拠した強要を用いていた。

最後の要素は相手側の孤立であるが、これも満たせていなかった。欧州における対決であったため、戦争になれば米国はNATOの枠組みで対応可能であった。

(2) キューバ危機 (1962)

①経緯

ソ連はキューバに対する攻撃を抑止するため、そして自国の不十分なICBMを補完して対米核バランスを改善するために、核ミサイルを配備することでキューバと1962年6月までに合意した[86]。7月以降、密かにソ連軍部隊と装備がキューバに輸送され、9月半ばから10月にかけて弾道ミサイルと核弾頭も到着した[87]。米国は8月にキューバへの物資搬入と防空態勢強化を察知しており、9月にはソ連に攻撃用兵器のキューバ配備は深刻な事態を招くと警告していたが、ソ連側はそのようなことはしないと繰り返していた[88]。

10月半ばにソ連によるキューバでの弾道ミサイル用基地建設と弾道ミサイル配備を把握すると、米国はその撤去を受け入れさせるべくソ連に軍事的圧力をかけた。10月22日、ケネディ大統領はテレビ演説でソ連によるキューバへの攻撃用兵器の配備を非難し、その撤去を要求した。そして最初の対応としてキューバの海上封鎖を発表し、配備が続く場合のさらなる軍事行動を警告するとともに、キューバからの核ミサイルの発射はソ連による米国への攻撃とみなすと表明した[89]。

この脅しはソ連を翻意させるには不十分であった。フルシチョフ首相はケネディ大統領が演説すると知り、戦争になるかもしれないと恐怖を抱いたが、実際の対応が海上封鎖であったことを受けて安堵した[90]。米国の要求に対しソ連は、キューバへ配備された兵器は防衛目的であるとの立場を示すとともに、米国による海上封鎖を非難し、これに従う意思はないと表明した[91]。

米国はさらに圧力を強めた。24日には海上封鎖が実行されるとともに、防衛態勢が全面戦争の一段階手前（デフコン2）に史上初めて引き上げられ、米軍の全長距離核戦力が警戒態勢に置かれた。この措置はソ連側に感知されるように、意図的に暗号化されていない回線で命令された。その前夜にはロバート・ケネディ司法長官と駐米ソ連大使が会談したが、ソ連は海上封鎖と臨検を受け入れず、米国は臨検を行うとそれぞれの立場を強調し、衝突の可能性が強く意識される状況であった。フルシチョフ首相は23日に自国艦船に封鎖を無視して進み、撃たれたら撃ち返せと命令していたが、衝突を懸念して24日にこの命令を撤回し、海上封鎖が実行される前に封鎖線の手前で停船または引き返させた[92]。

米国があくまで原状回復を要求する中[93]、危機の深刻化はソ連を核ミサイル撤去へと向かわせた。フルシチョフ首相は25日にはすでにキューバから核ミサイルを引き上げる意向を固めつつあったが、依然として米国の出方をうかがっていた。しかし米南東部に朝鮮戦争以来の規模の米軍部隊が集結しつつある中、26日に駐米大使館と諜報部門から、米国はキューバ侵攻を決断しておりいつ実行されてもおかしくないとの誤った情報がもたらされたことで、同氏はキューバからのミサイル撤去へと動いた[94]。ソ連は26日と27日の手紙で米国に対し、海上封鎖の解除とキューバ不可侵の約束、そしてトルコからの米弾道ミサイルの撤去と引き換えに、キューバから米国が攻撃用とみる兵器を撤去すると提案した[95]。

そして事態は27日から翌日にかけて急展開を見せた。27日、キューバ上空の米軍偵察機に対し現地ソ連部隊がモスクワの許可なしに地対空ミサイルを発射し撃墜した[96]。偵察機撃墜を受けて、米国はソ連に実質的な最後通牒を送った。ロバート・ケネディ司法長官が駐米ソ連大使と会談し、フルシチョフ首相の提案を受け入れる用意があることを示しつつ、米国はミサイル基地排除のための軍事力行使を決意していること、そして政権内で偵察機への攻撃に反撃すべしとの圧力が非常に強まっており、核戦争へのスパイラルが始まりかねないことを伝え、翌日中にソ連が弾道ミサイルの撤去を表明することを要求した[97]。このメッセージがモスクワに届く前夜には、米国による攻撃の切迫とソ連による核兵器先行使用を訴えるキューバのカストロ首相からの書簡が送られていた。現地の状況を制御できずにエスカレートする可能性および米国の最後通牒に直面したフルシチョフ首相は、弾道ミサイル撤去を決心した。そして翌28日、ソ連は米国が攻撃用とみる兵器を撤去すると米国に通知し、危機は終わりを迎えた[98]。

②分析

本事例は米国がソ連に要求を受け入れさせた、核強要の成功例である。形態としてはエスカレーションの制御を失うことを脅した瀬戸際戦略であった。以下で見るとおり、本事例では強要に有利に働くと思われる要素が比較的多く存在していた。

まずは要求内容である。キューバからの核弾道ミサイル撤去という要求は、ソ連の死活的利益を侵すものではなかった。先述のとおり、ソ連によるミサイル配備の主な動機はキューバの防衛であったが、これは同盟問題であり、重要な利害ではあるもののソ連の生存に関わる問題ではなかった。もう1つの動機である対米核戦力バランスの改善についても、後述のとおりソ連は対米報復能力をすでに備えており、キューバへのミサイル配備がソ連本土の安全性に何か決定的影響をもたらすわけではなかった。

同時に、米国にとって有利な利害バランスが存在するわけでもなかった。隣国へのソ連ミサイルの配備は重大な問題であったが、米国の生存に深刻な脅威を与える変化とはいえなかった。後述のとおり、当時の米ソは相互確証破壊（mutual assured destruction: MAD）状態に向かいつつあり、キューバの核ミサイルの有無にかかわらず、米本土はすでにソ連核戦力の脅威下にあった。ケネディ政権内の議論においても、キューバへのソ連核ミサイル配備は戦略バランスに大きな影響を与えないと認識されていた[99]。

追加的要求に関する保証についても存在しなかった。米国が撤去を要求した「攻撃用兵器」に何が含まれるかが明確になっておらず、何を要求し、何を要求してはいないのかについて曖昧な部分があった。実際、危機終結後の米ソ交渉で米国がミサイルに加えて爆撃機の撤去も要求して交渉が長引いた[100]。

続いて、脅し・圧力の性質に関わる要素である。用いられた圧力の懲罰と拒否の別については、本事例での圧力は拒否型であった。米国はソ連が要求をのまない場合はキューバへの空爆または侵攻によって力ずくでミサイルを排除する構えを見せていた。米本土のすぐ隣で生じた問題であり、通常戦力バランスでは米側が圧倒的に優位であった[101]。ソ連も約4万2,000人と各種装備からなる大規模な部隊をキューバに展開しており、侵攻に備えて戦術核兵器も配備していたため[102]、制圧が容易なわけではなかったが、力ずくでのミサイル排除は不可能ではなかった。核威嚇はこの拒否の脅しに直接結びついていたわけではなく、あくまで事態のエスカレーションの脅しに位置していた。

切迫感については、本事例でも最後通牒が用いられた。米側の最後通牒は、フルシチョフ首相が事態の制御を失う恐怖を強く感じている中で届いたことで、早期決断の必要性を認識させる効果を生んでいた[103]。

脅しの深刻さに関連する要素については、米国はソ連本土を核攻撃可能であり、核戦力バランスでも優位にあった。ソ連も自国の核戦力上の劣勢を認識していた[104]。ただし、弾頭数・運搬手段の双方で数的には米国優位であったものの、ソ連の核戦力も拡大し報復能力を備えてMADに向かいつつあり、第一撃による武装解除はすでに困難であった[105]。

脅しの信憑性に関わる要素を見てみると、強要側の国内支持は高さと低さが入りまじっていた。ケネディ大統領の支持率は就任から1962年6月初旬まで70%以上を維持していた。その後は6割台に低下したものの、10月半ば時点でも支持が61%と依然高く、不支持は25%であった。海上封鎖についても発表直後の世論調査で84%という高い支持を得ている。しかし、対キューバ政策についての世論は一貫して侵攻や軍事力行使への支持が低く反対が多数であり、国民が強硬策を支持していたとはいえなかった[106]。したがって、偶発的衝突からエスカレートするリスクをはらんだ海上封鎖については支持を得ており、ケネディ政権による瀬戸際戦略に一定の信憑性を与える効果があり得た。しかし、そこからさらに事態をエスカレートさせるとの脅しについては信憑性を高める形になっていなかった。

評判を形成し得る過去の行動については、決意についての評判に関わり得る前例が存在した。第1はピッグス湾事件である。キューバ亡命者を訓練・武装してカストロ政権打倒に送り込むという方策を実行に移したものの、その攻撃が頓挫した際に米軍を投入しなかったことを見て、フルシチョフ首相はケネディ大統領について決意が弱いとの印象を持った[107]。第2はベルリン危機であるが、これには相反する見方がある。1つは、決意の強さを印象付けたとの見方である。これによると、米国がソ連の要求を拒み続け戦争のリスクをとったことで、フルシチョフ首相は米国の決意は強いとの認識を持った[108]。もう1つは、ベルリン危機も決意の弱さを印象付けたとの見方である。これによると、ベルリン危機でケネディ大統領はソ連の要求をのみこそしなかったものの、より強硬な対応をとらず、問題をエスカレートさせないよう妥協的姿勢をとり続けたことで、圧力をかければ引き下がるとの印象をフルシチョフ首相に抱かせた[109]。どちらの立場もフルシチョフ首相の発言を引いており、彼が相矛盾する印象を抱いていた可能性もあるが、少なくとも、明らかに強要に有利な評判を形成する前例があったとはいえない。予測不可能性や非合理性を示し得るような前例も特に見当たらない。

通常戦力の行使については、米ソ双方が複数回行った。ただし、米ソが交戦状態にまで進んだわけではなかった。先述のとおり、ソ連側は地対空ミサイルで米偵察機を撃墜したほか、キューバ部隊が別の米偵察機に対しても対空砲火を浴びせていた[110]。米側も攻撃ではないものの、通常兵器をソ連潜水艦に対して使用した。米国は海上封鎖にあたり、ソ連の水上艦船だけでなく潜水艦についても封鎖ライン越えを阻止しようとした。封鎖を実行するには潜航中の潜水艦を浮上させる必要があるが、水中の潜水艦に直接連絡することはできない。そのため米国は、炸薬が少ない訓練用爆雷の潜水艦付近への投下を浮上指示のシグナルとすることを決め、これをソ連側に通知した。しかしソ連側はそうした連絡方法の了解を拒否し、自国潜水艦に伝えなかった。そのため米側がこの方法を実行した際、ソ連潜水艦は米軍から攻撃を受けていると解釈し、そのうちの1隻は搭載していた核魚雷を反撃として危うく発射するところであった[111]。

関係アクターを統制するリーダーシップについては、米国の核威嚇が瀬戸際戦略であったことから、リーダーシップの混乱や統制の欠如が脅しの信憑性を高めると期待される。本事例では先述のとおり、ソ連側で統制の緩みがあり、モスクワの許可なしに現地部隊が対空ミサイルを発射して米偵察機を撃墜した。これは強要側ではなく相手側の統制の問題であったが、事態の制御を失い破滅へ突き進みかねないという瀬戸際戦略の圧力にはプラスに作用する事態であった。

脅しの次に検討する要素はプラスの誘因である。米国はソ連に対して2つのアメを提供した。すなわち、キューバに侵攻しないとの約束と、トルコからの米弾道ミサイル撤去である。これらはソ連側が危機中の米側とのやりとりで要求していた事項であり、米国がこれを受け入れたことでフルシチョフ首相も成果を主張可能になり、キューバからのミサイル撤去受け入れを促進した[112]。

最後は相手側の孤立である。ソ連は全面戦争となればワルシャワ条約機構で対応できたため、孤立していたとはいえない。

(3) 中ソ国境紛争(1969)

①経緯

ソ連と中国の国境は主に19世紀の諸条約に基づいていたが、中国側はこれが不平等条約であるとして不満を持っており、1960年ごろから国境地帯の各所でソ連の実効支配に挑戦する行動を起こしていた。1964年には両国間で国境画定のための交渉が持たれたが、合意には至らなかった[113]。

その後も侵犯・衝突事案が続いた場所の1つが、ウスリー川の中州であるダマンスキー島(珍宝島)であった。ソ連は中国側の川岸が国境線との立場で、この無人島も自国領と扱っていたが、中国はダマンスキー島が川の中心線よりも中国側に位置していたことから同島の領有権を主張していた[114]。中国側が同島に漁民に扮した軍人や武装パトロールを送り込んだため、対岸に監視所を設けているソ連側国境警備要員が装甲車も投入してその排除に向かい、島で殴り合いが繰り返し発生した[115]。

そうした中、1969年3月にダマンスキー島で大規模な軍事衝突が発生した。

中国側は大規模な戦力を事前に同島と中国側の川岸に展開して同月2日にソ連側部隊に待ち伏せを仕掛け、戦闘で双方に死傷者が生じた。その後双方が態勢を強化する中、15日にもより大規模な戦闘が発生し、双方が大きな損害を被った[116]。

大規模な衝突が起きたことを受け、ソ連はハイレベルでの国境画定交渉に応じるよう中国に繰り返し要求したが、中国側は応じなかった[117]。そこでソ連はその後さまざまな圧力をかけ、中国を交渉の席につかせようとした。ダマンスキー島での衝突後も、ソ連側が仕掛けたものも含め両国間で多数の衝突事案が続いており、ソ連側は5月に西部も含めた国境地帯で中国側の住民や国境警備要員を多数拘束した。また6月には新疆で、7月にはアムール川の中州でそれぞれ中ソ間に小規模な戦闘が発生し、さらに8月には新疆で大規模な戦闘が発生した[118]。また、ソ連は増援部隊の展開や演習の模様をメディアに公開して報道させた[119]。

これらに加えてソ連は核威嚇も使用した。ソ連はダマンスキー島での衝突直後に戦略ロケット軍の警戒態勢を引き上げて移動式ミサイル発射機を展開するとともに、ラジオ放送で核ミサイル能力を強調し、中国の敗北を警告する声明を発出した。8月には戦略ロケット軍副司令官が極東軍管区司令官に就任したことが発表された。同月には前例のない形でソ連空軍の極東部隊の活動が低下したが、これは全力攻撃準備に先立つ行動とも理解できるものであった。ソ連は中国の核施設を模した標的を利用した攻撃訓練も行ったほか、ソ連が中国の核施設に核攻撃を行った場合にどのような反応を示すかについて米国を含む諸外国に問い合わせるという行動をとり、対中核攻撃の検討が進んでいるとのメッセージを中国に送った。そして9月に入ってから

中ソ国境紛争のきっかけとなったダマンスキー島（珍宝島）（SPUTNIK／時事通信フォト）

もソ連の対中核攻撃の準備を示唆するシグナル発出がメディア経由で続いた[120]。

こうした圧力は、中国にソ連との全面戦争の危険が高まっているとの認識を抱かせた。毛沢東・中国共産党主席はソ連が突然先制核攻撃に踏み切ることを恐れ、政府幹部や住民を都市部から地方に疎開させ、地下避難施設を急造し、軍にも警戒態勢を取らせて大規模な配置転換を行った。中国は9月には決意を示すために2回にわたって核実験を行い、10月には第二砲兵にすぐに核攻撃可能な警戒態勢をとらせた[121]。

同時に、中国は方針を転換し、ソ連の要求するハイレベル交渉に応じることになった。9月に死去したベトナムのホー・チ・ミン国家主席の葬儀の機会をとらえ、ソ連は中国にハイレベル会談を持ちかけた。中国がこれを受け入れたことで、コスイギン首相が帰路に北京に立ち寄り、9月11日に周恩来総理と会談した。この会談では相互に攻撃意思がないことを確認するとともに国境問題を話し合いで解決することが合意された。そしてその後の調整を経て10月20日に国境交渉が再開されたことで、危機は収束した[122]。

②分析

本事例ではソ連が中国に要求をのませており、核強要の成功例である。形態としては意図的核使用の脅しであったが、マッドマン・セオリー型というよりは、例外的状況ゆえに一方的核攻撃が選択肢たり得た事例であった。強要に有利に働くと思われる要素については、以下に見るように比較的多くが存在していた。

まずは要求内容に関する要素である。ソ連が中国に要求したのは国境交渉への復帰であった。領土は国家にとって重要な問題であるが、中ソ国境の画定が必要な地域は両国の生存を左右するような地域ではなかった。したがって、どちらの死活的利害も関わっておらず、強要側に有利な利害バランスも存在しなかった。

追加的要求に対する保証も存在しなかった。直接の要求は交渉への復帰であったが、当然その先には領土についてソ連側の主張をのめとの要求が交渉の席にて続くことが想定された。実際、中ソ間の国境交渉はその後長く続き、東部国境を定める協定が妥結したのは1991年のことであった[123]。

続いて、圧力に関する要素である。用いられた圧力の拒否と懲罰の別については、ソ連が用いたのは懲罰による強要であった。国境交渉への復帰は相手の自発的行動が必須であるため力ずくで直接実現することはできず、どれだけ脅しを実行に移そうとも選択の自由が中国側に残り続ける構図であった。

最後通牒については、本事例では使用されなかった。しかし先述のとおり、中国側はソ連の核威嚇を受けて真剣に核攻撃を懸念しており、特に8月にソ連が中国の核施設を攻撃した場合の反応を他国に聞いて回ったとの情報が伝わって以降、慌てて核攻撃に備えた各種対応措置をとっていることから[124]、切迫感は抱いていたようである。

相手側本土に対する核攻撃能力については存在した。ソ連は長射程ミサイルを含め大量の運搬手段を配備済みであり、隣国の全土が核攻撃圏内であった。

核戦力バランスについては、強要側が圧倒的に優位であった。中国は1964年に初の核実験を行い、核戦力構築に勤しんでいたが、1969年時点では依然として初歩的段階にとどまっていた。配備できていたのは爆撃機と準中距離弾道ミサイルのみで、より長射程のミサイルが配備されてモスクワを攻撃可能になり、十分な対ソ報復能力を持つのは1970年代半ばになってからであった[125]。したがって、国境紛争時にはソ連は核戦力バランスで圧倒的優位にあり、中国側の核・ミサイル戦力とそのほかの主要軍事施設のほとんどを第一撃によって破壊できる見込みであった[126]。

次は脅しの信憑性に関わる要素である。国内支持については存在した。当時のソ連トップであるブレジネフ・ソ連共産党書記長は同ポストに就任後着実に権力基盤を固め、当初目立ったコスイギン首相との意見対立も1969年ごろには収まっており、ソ連指導部内に深刻な不一致は存在しなかった[127]。

強要側の決意の強さ、予測不可能性、あるいは非合理性を示す過去の行動については、決意の強さを示す前例が存在した。1968年にソ連は独自に自由化を進めるチェコスロバキアに軍事介入し、同国指導部の変更と親ソ路線復帰を実現させた。そして、社会主義圏全体の利益が各国の主権に優先するという姿勢（いわゆるブレジネフ・ドクトリン）をとるようになった[128]。この行動はソ連が東側の国に軍事介入する意思を明確に示しており、中国は自国が同じ目に遭うのではないかと恐れていた[129]。予測不可能性や非合理性を示す前例は特に見当たらない。

通常戦力の行使についても双方が行っていた。先述のとおり、3月以降、中ソ間には繰り返し軍事衝突が発生した。中ソの通常戦力バランスは、兵員の数では中国が多いものの装備ではソ連優位という状況であったが、ソ連側は衝突後もさらに対中正面の兵力を増強した[130]。戦闘では双方とも損害を被っていたが、3月15日の戦闘以降はソ連側がイニシアティブをとった衝突も多く、ソ連側の軍事力行使意思を示していたといえる。

信憑性に関わる最後の要素である当事者の行動の統制については、本事例ではソ連が意図的な核使用を脅していたため、統制の度合いが高いほうが強要に資すると考えられる。ソ連側の行動で特に統制が乱れたような事態は見当たらないため、この要素についても強要側に有利な形で存在していたといえる。

次はプラスの誘因の使用である。ソ連は中国に対して特にアメを提示しておらず、この要素は不在であった。

最後は相手側の孤立である。当時中国には超大国の味方がおらず、中国は自身の孤立を認識していた[131]。米国は対中関係改善に動いており、中国も国境問題でソ連と交渉することが米国の対中接近を促進するとは考えていた[132]。しかし、米国が中ソ間の戦争に直接介入するという期待は非現実的であった[133]。したがって、相手側に支援を提供する第三者は不在であったといえる。

(4) 朝鮮半島危機 (2017〜2018)

①経緯

1990年代以降、北朝鮮の核開発をめぐり米朝は幾度も危機的対決を繰り返してきたが、北朝鮮の核開発を止めることはできなかった。北朝鮮はオバマ政権末期から頻繁に弾道ミサイルを発射しており、2017年1月のトランプ政権発足直後には様子見の休止期間があったものの、すぐに弾道ミサイル発射を再開した。これに対し、米側は3月に「すべての選択肢がテーブルの上にある」「戦略的忍耐は終わった」と表明し、圧力最大化戦略の下で北朝鮮の完全な非核化を追求する方針をまとめた[134]。

そして米朝はかつてなく両国間の核戦争の可能性が高まった対決へ突入した。トランプ大統領や米政府高官からは、米国の軍事力を強調し、北朝鮮が核・弾道ミサイル開発プログラムをすべて破棄するまで圧力をかけ続けると警告する発言が相次いだ。北朝鮮側も戦争の準備はできているとの脅しを繰り返し、ICBMを含む弾道ミサイル発射で応じた。米韓も対抗してミサイル発射訓練を行ったほか、米高官から対北朝鮮軍事力行使が検討されているとの発言が相次ぎ、米軍の爆撃機や艦艇が朝鮮半島周辺に展開した[135]。

8月以降には核威嚇がより直接的に用いられた。記者から北朝鮮の核能力へのコメントを求められたトランプ大統領は、「北朝鮮はこれ以上米国を脅さないほうがいい。世界がかつて見たことがない、炎と怒りに見舞われることになる」と述べた[136]。マティス国防長官も、北朝鮮は核兵器開発という「政権の終わりにつながる行動」をやめるべきとの声明を出した[137]。さらに北朝鮮がグアムへの弾道ミサイル包囲射撃を脅すと、トランプ大統領は、もしグアムに何かをすれば北朝鮮に誰も見たことがないことが起こると脅し返し、加えて、軍事的解決の用意は整っており、北朝鮮は賢く振る舞ったほうが良いとツイートした[138]。

しかし北朝鮮はひるまず、弾道ミサイル発射に加えて9月にはそれまでで最大規模の核実験を実施し、水爆実験と発表した[139]。同月開催された国連総会では、トランプ大統領が金正恩国務委員長を「ロケットマン」と呼び、「もし米国が自国や同盟国を守る必要に迫られた場合、北朝鮮を完全に破壊するしかなくなる」と述べた[140]。これに反発した金正恩国務委員長もトランプ大統領を「精神錯乱の米国の老いぼれ」と呼び、トランプ大統領個人に報いを受けさせるとの声明を出した[141]。9月から10月にかけて、米軍は韓国からの非戦闘員退避態勢の確認や訓練を行い、これを戦争の前触れと警戒する北朝鮮は米国が緊張を高めていると非難した。10月から11月には太平洋地域に3個空母打撃群が展開し、韓国には特殊部隊と対地巡航ミサイルを搭載した潜水艦が寄港していた[142]。

2017年末から翌年にかけて危機は最高潮を迎えた。11月下旬に北朝鮮が同年3回目のICBM試射を行い、米本土全域を攻撃可能と宣言した。また、12月に大規模米韓合同演習が行われると、北朝鮮メディアは米国との戦争が避けられなくなったと警告した。米側でも北朝鮮に対する予防戦争を容認する議論や、意図せざる戦争に突入する可能性を指摘する議論が多く出ており、トランプ政権が限定攻撃オプションに傾いているとも報じられた[143]。2018年初の演説で金正恩国務委員長は対米抑止力の確立を宣言し、「自身の机の上に核のボタンがある」と述べ、核をコントロールしていることを誇示した。これに対しトランプ大統領は、自分のほうが「もっと大きく強力」で実際に動く核のボタンを持っているとツイートして反応した[144]。2月に米国が制裁履行確保のための海上封鎖を検討していると報道されると、北朝鮮は海上封鎖を戦争とみなすと応じた[145]。

北朝鮮への強い警告を含む演説を国連で行うトランプ大統領（ロイター＝共同）

このような脅しと圧力の応酬が続く一方で、2018年には外交交渉も再開した。まずは北朝鮮と韓国の間に緊張緩和の動きが生まれ、1月以降の高官協議や使節団訪問を経て、4月には板門店で南北首脳会談が実現した[146]。3月に訪朝した韓国使節はその後すぐに訪米し、金正恩国務委員長からの手紙をトランプ大統領に届けた。韓国使節から金正恩国務委員長は非核化に真剣であると思われ、トランプ大統領との直接会談を提案したと聞くと、トランプ大統領は金正恩国務委員長との会談を即決した[147]。そして調整の紆余曲折を経た後、6月12日にシンガポールで米朝首脳会談が実現し、米国による「北朝鮮への安全の保証」の提供や北朝鮮による「朝鮮半島の完全な非核化」へのコミットメントの再確認などを内容とする共同声明が発表された。さらにトランプ大統領は記者会見で米韓演習の停止と将来的な在韓米軍撤退にまで言及した[148]。

しかし、米朝首脳会談での合意が北朝鮮の実際の非核化につながることはなかった。北朝鮮のいう朝鮮半島の非核化は米国の対韓拡大抑止の撤回を含んでおり、米国が要求する北朝鮮の一方的非核化ではなかった[149]。完全な非核化を包括的に進めることを志向する米国と、段階的な非核化措置とそれに応じた制裁解除などを求める北朝鮮の溝は深く、首脳会談の曖昧な合意を具体化する実務者協議はすぐに行き詰まった。それぞれが若干の姿勢の軟化を示しつつ、2019年2月にハノイで2回目の米朝首脳会談が開催され、6月には板門店で米朝首脳が面会したが、具体的な非核化プロセスが合意されることはなかった[150]。危機自体は収束したものの、北朝鮮の核兵器開発は依然として進行中のままである。

②分析

本事例では米朝が互いに核威嚇を突き付けあったが、以下では最初に明確に強要を用いた米国を強要側とする視点で分析する。米国の核強要は北朝鮮に非核化を受け入れさせることができず失敗に終わった。形態としては瀬戸際戦略とマッドマン・セオリー型の意図的核使用の脅しの双方が用いられた。核強要の成功に有利に働くと思われる要素については、以下で見るように本事例では多くが存在していた。にもかかわらず核強要が失敗に終わった理由については、後に比較分析の中で考察する。

まずは要求内容に関する要素から見ていく。本事例で米国が要求した完全な非核化は、北朝鮮の死活的利益を侵害する要求であった。敵対国に対して通常戦力で圧倒的不利にある北朝鮮にとって、核兵器は自身の生存を担保する資産であった[151]。したがって、核兵器の放棄は自国の生存を危険にさらす行為であり、簡単には受容できない要求であった。

利害バランスについても強要側に有利とはいえなかった。上述のとおり、北朝鮮にとっては死活的利害が絡む対決であったため、たとえ米国の死活的利害がかかっていても米国に有利な利害バランスにはならない。そして米国にとっての利害が、本稿の定義によるところの死活的であったかどうかも微妙である。北朝鮮が米本土を核攻撃可能になることを阻止するのは米国にとって重要であった[152]。特に北朝鮮の核兵器開発が今後も順調に進展した場合、米本土に対する脅威は増大する[153]。しかし本危機時点において、核弾頭の大気圏再突入能力の実証を欠く北朝鮮の初歩的なICBM能力の獲得が、米国の生存に関わる変化なのかは議論の余地があったであろう。いずれにせよ、本危機の中では政権の生存に直結する要求を突き付けられた北朝鮮側に有利な利害バランスが存在した。

追加要求がないとの保証は提供されていた。危機の中で米国は北朝鮮に対し、体制転換、体制崩壊、急速な南北統一、北朝鮮への進軍を意図していないとの「4つのノー」を表明しており[154]、非核化を超えた目的がないとのメッセージを送っていた。しかし、これが北朝鮮を安心させることはなかった。北朝鮮は米韓側の作戦計画をハッキングで入手しており、これらに自国指導部への攻撃が含まれていたため警戒していた[155]。また北朝鮮は、核開発断念を受け入れた結果、後に体制転換を仕掛けられたリビアの運命を教訓にしていたほか[156]、トランプ政権がイラン核合意を一方的に破棄していたこともあり、米国の約束を信じられる状況ではなかった[157]。

続いて、用いられた脅し・圧力に関する要素について見ていく。圧力の拒否と懲罰の別については、拒否型の圧力が用いられていた。先述のとおり米国は危機の初期からあらゆる選択肢を排除しないとの姿勢を強調しており、非核化の要求をのまない場合にはあらゆる形の軍事力行使があり得ると示唆していた。後にはブラッディ・ノーズ作戦として北朝鮮の核戦力に対する限定攻撃の検討も報じられており、これらは実行されれば北朝鮮の核能力を直接的に奪う形の脅しであった。米国はこれらの脅しに核使用を直接結びつけていたわけではなかったが、核使用の可能性が排除されているわけでもなかった。米側は基本的には圧倒的に優位な通常戦力を用いると思われたが、地下施設を含む北朝鮮の核能力を攻撃で排除する場合や全面戦争にエスカレートした場合など、上記の脅しを実行に移す際に核兵器を使用することは可能であった[158]。

最後通牒については用いられなかった。北朝鮮側がほかの理由から切迫感を感じていたかどうかは情報がなく不明である。

脅しの深刻さに関連する要素については、強要側は相手国本土を攻撃可能であり、核戦力バランスでも圧倒的に優位であった。当時の北朝鮮の核戦力は弾頭が数十発程度と推測され、地域諸国に対するミサイル攻撃は可能なものの、米本土に到達可能なICBMは弾頭の大気圏再突入能力をまだ実証していなかった[159]。したがって、弾頭数でも攻撃能力でも米側が圧倒的に優位であった。ただし、第一撃による武装解除については、北朝鮮の既知の核兵器と関連施設の大半は破壊可能なものの完全排除は不可能との結論がオバマ政権末期の検討で出ており、完全排除には地上部隊による侵攻が必要と考えられた[160]。

次は脅しの信憑性に関わる要素である。強要側の国内支持については、強い国内支持が存在するとはいえなかった。トランプ大統領の支持率を見ると、就任からシンガポールでの米朝首脳会談が開かれた2018年6月までのほとんどの期間で30%台と、高いとはいえない状況であった。党派別に見ると、共和党支持者の支持率がおおむね80%以上を維持したのに対し民主党支持者の支持率はおおむね10%以下にとどまり、党派間の分断が非常に激しかった[161]。対北朝鮮政策についての世論調査を見ても、危機の真っただ中であった2017年10〜11月の調査で不支持のほうが高く、同様に党派間での意見の分断が明確に表れていた[162]。

評判を形成し得る過去の行動については、決意の強さや予測不可能性を示すととらえられる前例が存在した。それは、北朝鮮との対決開始と並行してのトランプ政権による軍事力行使となった、2017年4月のシリア空爆である。トランプ大統領は当初、シリアの化学兵器使用への軍事的対応に慎重であった。しかし、被害者の子供の写真を見て感情的になり、空爆実施を決定した[163]。この空爆は国際法上の根拠が曖昧であったが、トランプ政権がそうしたことを気にしない前例となった[164]。

通常戦力の実際の行使については発生しなかった。多くの演習やミサイル発射のテストとデモンストレーションは行われたが、交戦に至らない威嚇にとどまった。

関係当事者の行動の統制については、強要側で統制を失った事態が生じた。

本事例で米国は意図的核使用の威嚇と瀬戸際戦略の双方を用いており、統制喪失リスクは前者にとってはマイナスであるが、後者にとってはプラスであった。トランプ大統領が意図的に予測不可能性を利用しようとしていたこと[165]、周囲と調整しないツイッターでの発信や頻繁に露見した政権内の意思統一不足などが[166]、全体としてトランプ政権の統制に疑念を抱かせる状況であった。加えて、2017年9月の在韓米軍関係者への偽の退避指示メッセージ発信事件と、翌年1月のハワイにおけるミサイル警報誤発信という、意図せざるエスカレーションを引き起こしかねない事案も生じた[167]。

脅しに関する要素の次は、プラスの誘因である。シンガポールでの首脳会談において、米国は北朝鮮が求めた米韓演習の中止を受け入れており[168]、プラスの誘因が提供された。

最後に、相手側を支援する第三者の有無である。北朝鮮には中国という支援者が存在するものの、米国との核対決においてどこまで頼れる存在であったかは疑問である。中朝間の友好協力相互援助条約には、締約国が他国に攻撃された場合の軍事支援提供を定めた自動介入条項がある。しかし実際に中国が介入するかどうかは不透明で、特に北朝鮮側が原因で生じた事態に介入する義務はないとの解釈が中国側にあり、これを北朝鮮側も理解している[169]。したがって、支援者の不在という条件は限定的に満たされていたといえる。

(5) ウクライナ戦争 (2022〜)

①経緯

2014年、ウクライナで民衆の抗議行動によって親露政権が崩壊した。これを西側が支援したクーデターと見たロシアは、クリミアのロシア系住民保護などを目的に民間軍事会社と所属を隠した露軍部隊で同地を確保し、住民投票の体をとったうえで「併合」した。さらにウクライナ東部で親露分離独立勢力を組織して支配地域を広げ、鎮圧しようとするウクライナ政府との戦闘が続いた[170]。ロシアは2021年10月以降、対ウクライナ国境地域に露軍部隊を大規模に集結させ、2022年2月にはウクライナ東部の親露派支配地域を独立国として承認した[171]。

そして2022年2月24日、国家承認した親露派地域の要請に基づく住民保護とウクライナの「非軍事化」および「非ナチ化」を掲げ、ロシアはウクライナへの侵攻を開始した。露軍は当初電撃戦を追求し、東と南からの進軍に加え、北部からの進軍と空挺部隊投入による首都キーウの迅速な制圧を試みたが失敗した。露軍はウクライナ東部と南部で占領地を徐々に広げたが、西側諸国の軍事支援を得たウクライナ軍が頑強に抵抗し続け、9月以降は反撃に出て露軍占領地の一部を奪還した。ロシアは占領するウクライナ東部・南部4州を9月末に「併合」し、さらに10月以降は民間施設も含めてウクライナ全土に大規模なミサイルおよびドローン攻撃を実施するようになった[172]。2023年1月にはロシアが攻勢に出たものの失敗に終わり、その後は局地的な戦闘と長射程兵器による攻撃の応酬が続いた。ウクライナ側は準備を続けてきた反攻を6月に開始したが、露軍の防衛線で激しい抵抗に遭い進撃のペースは遅いままに終わり、2023年末時点でも消耗戦が続いている[173]。

こうした戦闘の展開と並行して、ロシアは核威嚇を繰り返している。侵攻前の2月19日には弾道ミサイル実射を含む核演習が行われた[174]。侵攻当日のプーチン大統領による演説では、ウクライナでの事態への外部からの干渉は歴史上見たことがない結果を招くと警告され、27日には核部隊の警戒態勢強化が指示された[175]。3月にはラヴロフ外相が第3次世界大戦は核戦争になると発言し、さらにメドヴェージェフ安全保障会議副議長も米国がロシアの破壊を試み続けるのであれば核爆発を伴うディストピアに行き着きかねないと警告した[176]。さらに両氏は、米国によるウクライナへの武器供与などの軍事支援がロシアとの直接衝突と核戦争の危険を冒している旨を警告する発言も繰り返している[177]。また、9月の演説でプーチン大統領が、ロシアの領土の一体性に対し脅威が及んだ場合、すべての利用可能な手段を使用すると述べたように、「併合」を宣言したウクライナ東部・南部4州を含む領域へのウクライナ軍の反攻と、それに対する西側の支援を牽制する威嚇も繰り返されている[178]。これらに加えて核演習や弾道ミサイルの発射試験なども複数実施されており[179]、2022年2月以降2023年末に至るまでほぼ毎月、ロシアは核威嚇とみなせる何らかの言動をとっている。

ロシアはウクライナや西側との交渉に応じる姿勢をとってはいるが、「新しい領土的現実」として4州の「併合」を認めることが条件と主張している。ウクライナ側は領土的一体性の回復と露軍の撤退などを和平の条件としており、立場が真っ向から対立している[180]。

米国およびほかのNATO諸国は飛行禁止区域の設定などの直接介入は避けたものの[181]、ロシアの度重なる威嚇にもかかわらず、対ウクライナ支援を続けている。ウクライナへの武器供与は量と質の両面で段階的に拡大され、ウクライナの軍事抵抗と反攻を支えている。ロシアに対しては広範な金融・経済制裁も実施している。また、米国は欧州への展開兵力を約2万人増強して約10万人規模とし、NATOも東部加盟国地域への部隊展開を強化するなど、NATO領域内の防衛体制も強化している[182]。ロシアの核威嚇に対しては、ロシアによる核兵器使用は深刻な結果と対応を招くことになるとの警告も繰り返している[183]。

②分析

ウクライナ戦争は現在進行中の事例であるため、本稿での分析は2023年末までの展開に基づく暫定的なものとなる。また、分析の対象についても整理が必要である。第1に、ウクライナにおけるロシアの核威嚇には抑止と強要双方の側面があるが、本稿では強要に注目する。侵攻直前に発せられた西側の介入への牽制や、特定の兵器の供給や使用法の牽制など[184]、何かを未然に防ごうとする威嚇は抑止とみなせる。しかし、すでに進行中の軍事支援やウクライナ側の反攻に対する牽制は、現状を変える形で相手の行動を変えようとした強要に該当する。本稿の分析対象は後者である。第2に、ロシアの核強要の対象には米国、ほかのNATO諸国、ウクライナがあるが、本稿は対米核強要の視点で分析する。これは、ロシアの核威嚇の主なターゲットが米国であり、また本稿が核保有国同士の核強要を考察範囲としているためである。

以上の視点に基づくと、ロシアの対米核強要はウクライナに対する軍事支援とロシア打倒の試みの停止を要求するもので[185]、本稿執筆時点では成功していない。形態としては瀬戸際戦略であり、支援の提供・紛争への関与が米露直接衝突、さらには核戦争に発展しかねない危険を圧力に利用している。本事例では核強要に有利に働くと思われる要素が比較的多く存在しているが、ロシアの核強要は失敗している。その理由については比較分析の中で考察するが、以下ではその前提として本事例での個々の要素の存否を確認する。

まずは要求内容である。ロシアの要求は米国の死活的利害を回避している。米国にとってウクライナ戦争はNATOの隣接地域における戦争であり、また明確な侵略戦争の帰結は他地域での現状への挑戦にも影響し得ることから、戦略的利害が関わる問題である。しかし、米本土への脅威を左右する問題ではない。

他方、ロシアにとっては自身への脅威に直接関わる問題である。ロシアは歴史的経験ゆえに西方からの侵略の脅威に敏感であり、ウクライナの欧米傾倒とNATOとの協力深化は自国の安全保障に対する脅威と認識されたと指摘されている[186]。また、旧ソ連圏での民主化革命の成功は、ロシア自身の政治体制を国内から転覆する試みを惹起しかねないとの意味でも、ウクライナにおける親欧米政権の存在がプーチン政権に脅威視されたとの議論もある[187]。加えて、ウクライナ戦争での敗北はプーチン政権の正当性を大きく損なうであろう点でも、この戦争が政権の生存に直接関わる問題になっているといえる[188]。したがって、本稿の基準に照らすとロシアにとっての利害は死活的であり、米国に対して利害バランスで優位にあるといえる。

追加的要求に対する保証については提供されていない。当初はウクライナの「非軍事化」と「非ナチ化」を前面に押し出していたロシアは、キーウ制圧に失敗して以降、ウクライナ東部・南部の確保を重視する姿勢に転換し、ウクライナとそれを支援する西側にこの領土的現実を受け入れるよう迫っている[189]。しかし、2022年末時点でもメドヴェージェフ安全保障会議副議長はウクライナの「ファシスト政権」を排除し、完全に「非軍事化」するまで戦争を続けると表明しており[190]、さらにロシアが西側との全面衝突という文脈を強調していることもあり[191]、追加的な要求や対決の見込みを低下させるような努力は見られない。

次は、脅し・圧力に関する要素である。ロシアの対米強要における圧力の種類は、拒否と考えることができる。露軍地上部隊による侵攻と領域支配、そしてウクライナ軍への損害付与の継続は、ウクライナの軍事的抵抗・反攻を支援してロシアを敗退させようとする試みを直接打ち消す構図にある。

この拒否の実現には核威嚇も直接的に関わっている。先述のとおり、ロシアは米国が支援するウクライナ側の反攻を牽制し、「併合」したウクライナ領土奪還の試みはロシアの領土的一体性を棄損するため、核使用の要件を満たし得るとの警告を繰り返している。この文脈では特に、ロシアが戦場での露軍の敗北を避けるために戦術核兵器を使用する可能性が懸念されている[192]。

最後通牒については用いられていない。ロシア側は頻繁に威嚇を繰り返しているものの、特に米国に対して要求の受諾期限を設定してはいない。

次は脅しの深刻さに関わる要素である。第1に、相手国本土への核攻撃能力については、ロシアは米国攻撃能力を保有している。第2に、核戦力バランスについては、弾頭数ではロシア側が若干の数的優位にあるものの、基本的には米露間の核戦力は均衡しており、ロシア側に有利とはいえない[193]。

続いて、脅しの信憑性に関わる要素について見ていく。まずは強要側の国内支持である。ロシアの世論調査を見ると、プーチン大統領の支持率が70%台後半から80%台、ウクライナ戦争への支持も平均して75%以上をそれぞれ維持しており、強い支持が存在している[194]。政権を支えるエリート層については、露軍の劣勢を受けて意見の分断や不満が表面化している[195]。エリート内での権力闘争に加え、2023年6月にはプリゴージン代表率いるワグネルの反乱が発生するなど、足並みの乱れも目立つ[196]。しかし、意見の違いはあってもエリートはウクライナ戦争に勝たなければならないという点で一致しており、プーチン大統領の地位を脅かすような国内脅威は存在しない[197]。総じて、ロシア側の国内支持は強いといえる。

評判を形成し得る過去の行動については、決意の強さを示す前例が存在した。2014年のクリミア半島の制圧では露軍の参加を隠す努力が行われており、リスクやコストを回避する意図が見てとれる行動であった。しかしその後のウクライナ東部での作戦では、組織した現地部隊のみならず露軍を直接投入しており、自国の関与を隠さなくなっていた[198]。これは、目的達成のためにリスクやコストを受容する決意を示した先例とみなすことができる。また、ウクライナ戦争は長期にわたって継続しているため、戦争後段における核威嚇の信憑性については、前段における行動が前例として作用する余地がある。ウクライナ戦争においてロシアは多大な損害を被りながら戦争を続けており、この事実もロシアの強い決意を示す事象といえる。非合理性や予測困難性については、むしろウクライナ戦争前にはプーチン政権は合理的計算に基づき行動するとみられていた[199]。

通常戦力の行使については、ロシアが大規模に実行している。本事例は通常戦争のさなかにおける核強要の事例であり、行使された通常戦力の規模は今回取り上げた事例の中で最も大きい。しかし、あくまでウクライナに対して行使されているのみで、ロシアと米国（あるいはNATO）の直接衝突は生じていない。ただし以下で述べるとおり、英軍機に対するミサイル発射事案は発生している。

当事者の行動の統制については、意思決定者の統制を離れた事態が少なくとも2件発生した。1つは2022年9月に露軍戦闘機が英軍偵察機に向けてミサイルを発射した事案である。当初は機械的故障による事故と発表されたが、後に露軍パイロットが管制官の指示を誤解して意図的にミサイルを発射したと報じられた。1発目は適切に誘導されず、2発目は飛翔せずに落下しただけであったため英軍機に被害はなかったが、NATOとロシアの直接衝突につながりかねない事態であった[200]。統制の不備を示すもう1つの事案は、2023年6月のワグネルの反乱である。相当の戦闘能力を持つ民間軍事会社が露軍と交戦しながらモスクワへ向けて進軍する事態はロシアの内部統制に強い疑念を抱かせるものであった。ワグネル部隊の一部はロシアの核兵器貯蔵施設に接近していたとの報道もあり[201]、展開次第では不測の事態を引き起こしかねなかった。ロシアの核強要は瀬戸際戦略であり、こうした統制の乱れを示す事案は事態の制御喪失の恐怖につながり得るため、強要にプラスに働く可能性があった。

次の要素はプラスの誘因である。ロシアは特にアメを提供せずにムチに依存した強要を用いており、この要素は満たせていない。

最後に、相手側を支援する第三者の不在である。本事例は欧州が舞台であり、米国はNATO諸国と協力して対処している。したがって米国は孤立しておらず、本要素も満たせていない。

(6) 比較

核強要に有利に働くと思われる要素の各事例における分布をまとめたのが表2である。事例間の比較からはいくつかのことがわかる。

2つの成功事例では異なる形の核強要が使用されており、多くの要素が強要側有利に存在したものの一部の分布が異なった。キューバ危機で米国が用いたのは瀬戸際戦略であり、米ソどちらも望まない全面戦争という破滅に至りかねないエスカレーションのリスクが操作された。事例の経緯からして、特に重要であった要素は意思決定者の統制を離れた事案の発生であり、その中で実際に軍事力が行使されていたことであった。後に危機を振り返ったフルシチョフ首相は、現地部隊が勝手に米偵察機を撃墜したことで、ミサイル撤去を最終的に決心したと述べている[202]。エスカレーションを脅すうえでは、力ずくでのミサイル排除の構えを見せた拒否型の圧力と、切迫感を抱かせた最後通牒も効果的であったと思われる。そしてプラスの誘因の使用も、フルシチョフ首相が成果を主張できるものを提供することで、要求受け入れを容易にする効果があった。

これに対し、中ソ国境紛争ではソ連は意図的な核使用の威嚇を用いた。これが成功し得たのは、中国の核戦力が初歩的段階にあり、第一撃による武装解除を成功裡に実施できる可能性があったという核戦力バランスが大きいであろう。また、チェコスロバキアへの軍事介入という前例も中国側に恐怖を抱かせており、脅しの信憑性についての認識に影響していたようである。中国が国際的に孤立し、助けを求められる同盟国が存在しなかったという状況も、これらの要素の効果を強めていたと思われる。そして忘れてはならないのが、本事例での直接の要求は国境交渉の席に着くという、かなり小さな要求であったということである。もちろん、その先には交渉の場でソ連側の要求をのめとの追加的要求が予測できる状況であったが、とりあえず交渉を受け入れさ

表2　各事例における核強要に有利に働くと思われる要素の有無

要素＼事例	第1次ベルリン危機 強要側：ソ連 相手側：米国 形態：瀬戸際戦略 結果：失敗	第2次ベルリン危機 強要側：ソ連 相手側：米国 形態：瀬戸際戦略 結果：失敗	キューバ危機 強要側：米国 相手側：ソ連 形態：瀬戸際戦略 結果：成功	中ソ国境紛争 強要側：ソ連 相手側：中国 形態：意図的核使用の威嚇 結果：成功	朝鮮半島危機 強要側：米国 相手側：北朝鮮 形態：意図的核使用の威嚇／瀬戸際戦略 結果：失敗	ウクライナ戦争 強要側：ロシア 相手側：米国 形態：瀬戸際戦略 結果：失敗
強要側の要求内容が相手側の死活的利害を回避	○	○	○	○	×	○
利害バランスで強要側が優位	×	×	×	×	×	○
強要側がさらなる追加要求はないとの保証を提供	×	×	×	×	○	×
強要側が拒否的圧力を使用	○	○	○	×	○	○
強要側が最後通牒を使用	○	○	○	×	×	×
強要側が相手国本土を核攻撃可能	×	○	○	○	○	○
核戦力バランスで強要側が優位	×	×	○	○	○	×
強要側に強い国内支持が存在	○	×	△[1]	○	×	○
強要側の決意の強さを示す過去の行動が存在	×	×	△[2]	○	○	○
強要側の予測不可能性・非合理性を示す過去の行動が存在	×	×	×	×	○	×
当事者が通常戦力を実際に行使	×	×	○	○	×	○
当事者による関係国内外アクターの統制程度が戦略と一致[3]	×	×	○	○	×／○[4]	○
強要側がプラスの誘因を提供	×	×	○	×	○	×
相手側を支援する第三者が不在	×	×	×	○	△[5]	×

1　支持が部分的。　2　決意の強さと弱さのどちらを示すともとらえられる先例が存在。
3　意図的核使用の威嚇の場合は統制欠如事案が不在であること。瀬戸際戦略の場合は統制欠如事案が存在すること。
4　意図的核使用の威嚇と瀬戸際戦略の双方が使用され、統制欠如事案が発生。　5　支援の程度が不透明。
（出所）執筆者作成。

えすれば、本質的事項で妥協せずとも危機的状況からは抜け出すことが可能であった[203]。本事例ではプラスの誘因が提供されていなかったが、要求がかなり限定的であったことがアメを不必要にしたと思われる。

失敗事例については、ベルリン危機では要素の多くが強要側に不利な形になっており、結果が理解しやすい。当事者が共通で時期も近いキューバ危機と比べると、特に目立つのが脅しの深刻さと信憑性に関わる要素の欠如である。第1次危機ではそもそもソ連に米本土への核攻撃能力がなく、米側がかなり有利な核戦力バランスを得ていた。第2次危機ではソ連も米本土への核投射能力を保有していたが、脅しの信憑性を支え得る要素がすべて欠けていた。ソ連の戦略が瀬戸際戦略であったことを踏まえると、通常戦力レベルの衝突を含む、事態の制御を失う恐怖を掻き立てるような事態が生じなかったことが、その失敗につながっていると思われる。最後通牒は用いられたが、期限が半年後であったことなどから、米側に焦りを抱かせることができなかった。

朝鮮半島危機については、要素の大半が強要側に有利に存在していたにもかかわらず強要が失敗している。これは、不在であった変数の影響が大きいことを示唆している。その中でも特に重要と思われるのが、要求内容が相手の死活的利益を侵していたことである。北朝鮮の生存に直接的に関わる非核化を要求したことで、北朝鮮の要求受け入れハードルは相当高まることになった。もちろん、要求が限定的であったベルリン危機やウクライナ戦争でも強要が失敗していることからわかるとおり、要求が限定的でさえあればよいというわけではないが、要求の重さが強要失敗に大きく影響していることは間違いないであろう。

本事例では瀬戸際戦略と意図的な核使用の威嚇の双方が用いられたが、瀬戸際戦略の成功例であるキューバ危機と比較すると、キューバ危機では存在した実際の軍事力行使と最後通牒が本事例では欠けていた。朝鮮半島危機でも非戦闘員退避指示の偽メッセージ発信などの事故は発生したが、米朝間で軍事力が実際に行使される事態は生じなかった。また、最後通牒を発して期限を切るということも行われなかった。結果として、北朝鮮は事態の制御を失う恐怖や切迫感を十分に強く感じなかったことになる。このことは、瀬戸際戦略での破滅への接近は、相当程度危険な領域に踏み込む必要があることを示している。

意図的核使用の威嚇の成功例である中ソ国境紛争と比較すると、朝鮮半島危機では強要側に強い国内支持がなかった、通常戦力が行使されなかった、統制の乱れを示す事態が生じた、相手側が完全に孤立していなかった、という違いがある。最初の3つは脅しの信憑性に関わる要素であり、これらが欠けていたことで核を含め軍事力を意図的に行使するとの脅しが十分に信じられなかった可能性がある。中国という支援者の存在が北朝鮮の計算と意思決定に与えた影響は不明であるが、リソースの供給者や外交上の仲介者としての期待があった可能性はある。

また、両事例の核戦力バランスは強要側優位で同じであったが、その中身の違いも影響した可能性がある。中ソ国境紛争ではソ連は中国に対して第一撃による核戦力の武装解除を仕掛けることが可能であり、中国側の報復能力も極めて限定的であった。これに対し朝鮮半島危機では、米国にとって北朝鮮に対する第一撃による武装解除はすでに成功の可能性が低い試みになっており、さらに北朝鮮は米本土は無理でも周辺国やグアムなどへの報復攻撃が可能であった[204]。この点も、北朝鮮が米国の脅しに抵抗できると考えた理由であったかもしれない。

ウクライナ戦争についても、要素の比較的多くが強要側有利に存在していながら核強要が失敗している。その理由を考察するうえでは、同じ瀬戸際戦略の成功例であるキューバ危機との比較が有用である。両事例間の違いを見ると、ウクライナ戦争では動機バランスが強要側優位で国内支持や決意の強さを示す前例も存在する代わりに、核戦力バランス上の優位がなく、最後通牒とプラスの誘因も用いられていない。核戦力バランスについては、キューバ危機でも強要のターゲットであるソ連に報復能力が存在し、米ソとも核戦争を恐れていたため、大きな違いではないかもしれない。そうすると、両事例の主な差異は切迫感とプラスの誘因の欠如にあると考えられる。切迫感については、分析で取り上げた最後通牒の不使用に加え、本事例の構図が米露の直接対決ではなく、米国の関与が間接的にとどまっていることも影響していると思われる。キューバ危機は米ソの直接対決であり、どのような衝突も核戦争への引き金になりかねないという高い緊張感に包まれていた。これに対し、ウクライナ戦争への米国の関与は軍事支援を通じた間接的なもので、米露の直接衝突と核戦争に至るにはそれなりの道程があり、エスカレーションの制御を図る余地が残る。ロシアの大々的な通常戦力行使も、米国に対するものではない。こうした構図が、ロシアに動機バランス上の優位があり、英軍機へのミサイル発射という危険な事案が生じていながら、ロシアの瀬戸際戦略が十分な恐怖をつくり出せていない背景にあると考えられる。そしてプラスの誘因についてもロシア側は提供していないが、ウクライナ戦争が明確な侵略であるという経緯を踏まえると、米国が政治的な取引に応じること自体のコストも大きくなる。ロシアは自身の戦争目的を諦めることなしに、相手側に対する十分なアメを用意することがそもそも困難ともいえる。

おわりに

本稿では、核強要の有効性と、その成功条件について考察することを目的に、過去の核強要事例の比較分析を行った。まず第1節では概念と先行研究を整理し、想定されている核強要のメカニズムと有効性に関する議論を確認した。第2節では分析枠組みを説明した。まず事例群として、意図的に核強要が用いられた事例が曖昧なものを含めて21個存在することを確認し、その中から実際に分析する事例として、核保有国同士の対決における核強要の成功例であるキューバ危機と中ソ国境紛争、失敗例であるベルリン危機、2017〜2018年の朝鮮半島危機、ウクライナ戦争を取り上げることを説明した。続いて、先行研究に基づき核強要に有利に働くと思われる要素を整理した。第3節ではこれらの要素が各事例でどのように分布していたかを確認し、成功例と失敗例の違いを考察した。

核保有国間の意図的な核強要では、成功度が高い事例がそもそも2個しか存在しないため、核強要の成功条件を確定的に述べることはできない。しかし、もし両事例に存在した強要に有利に働くと思われる要素を成功条件ととらえるならば、それは以下のとおりとなる。まず両事例に共通する条件として、要求内容に関して相手側の死活的利害を回避していること、脅しの深刻さに関して強要側が相手側本国を核攻撃可能で核戦力バランスでも優位にあること、脅しの信憑性に関して通常戦力が実際に行使され、関係アクターの行動の統制程度が戦略と一致していること（意図的核使用の威嚇の場合は統制がとれていること、瀬戸際戦略の場合は統制を失っていること）が挙げられる。これらに加えて、瀬戸際戦略の場合は脅しとして拒否型の圧力が使用され、切迫感を与える最後通牒が用いられていること、脅しに加えてプラスの誘因が用いられていることも条件となる。もう一方の意図的核使用の威嚇の場合は、上記の共通条件に加えて、脅しの信憑性に関して強い国内支持が存在し、さらに決意の強さを示す先例が存在すること、相手側が孤立していることも条件となる。また核戦力バランスの優位性についても、第一撃による相手側核戦力の武装解除が現実的であり、相手側の報復能力がほぼ存在しないというレベルの圧倒的優位性であることが必要になる。

これらが成功条件といえるかどうかを厳密に検証するには、さまざまな変数の組み合わせを持つより多数の事例と比較することが必要になる。したがって、本稿での限定的な比較では上記の条件がすべて重要であるのか、一部のみが重要であるのかは判断できない。この点を認めたうえで、事例の経緯および本稿で取り上げた失敗例との比較を踏まえると、以上の条件のうち、要求内容が相手側の死活的利害を回避していること、瀬戸際戦略については通常戦力が実際に行使されていること、意図的核使用の威嚇については第一撃による相手側核戦力の武装解除が可能なレベルの圧倒的な核戦力バランス上の優位を持っていることが、核強要の成功にとって特に重要な条件である可能性が比較的高い。瀬戸際戦略における通常戦力の行使については規模や烈度よりも、当事者が直接関わる形で発生し、統制が欠如した事案につながっていることが重要と思われる。いずれにせよ、本稿の結論はさらなる検証が必要である。

また、本稿で分析したのはあくまで核保有国間の意図的な核強要であり、非核保有国に対する核強要や、意図的な核威嚇を伴わない、核保有自体がもたらす強要効果については考察していない。先行研究にはこれらの点を考察しているものがあることは本稿でも触れたところであるが、さらなる分析が求められている状況にある。

こうした限界がありつつも、本稿には2つの意義がある。第1に、知見の蓄積が不十分である核強要の成否に関する因果関係について、新たな考察を加えた。特に、強要一般についての先行研究を踏まえて幅広い要素を考察に含め、瀬戸際戦略と意図的な核使用の威嚇という異なるタイプの脅しを用いる核強要を区別することで、先行研究とは異なる角度からの分析を提供した。第2に、最新の核強要事例である2017〜2018年の朝鮮半島危機とウクライナ戦争を分析した。両事例についての研究はまだ少なく、その構図・展開の核強要の視点からの整理と、核強要の失敗理由の考察は、事例の理解に貢献する知見となる。

総じて、核強要はリスクが大きく、成功させることが難しい戦略である。成功条件は複数の要素の組み合わせと見込まれ、瀬戸際戦略の場合はかなり危険な領域に踏み込まなければ十分な恐怖をつくり出せず、意図的な核使用を脅す場合には第一撃による武装解除が現実的となるレベルの核戦力上の圧倒的優位が必要と思われるなど、条件を満たすことは容易ではない。しかし、現に国家は核強要を用いてきている。冷戦期（「第一の核時代」）ほどの頻度ではないが、冷戦後（「第二の核時代」）でもそれは同様であり、関わる国にも広がりが見える。そしてウクライナ戦争において核大国間の核強要が久方ぶりに再登場し、新しい大国間競争の中でも核強要が用いられる可能性を顕在化させた。核強要を正しく恐れるためにも、実証研究を積み重ねてさらに理解を深めることが必要であろう。

1) 強制外交（coercive diplomacy）や単に強制（coercion）と呼ばれることもある。どの言葉を使うか、またこれらの言葉が意味する範囲をどう設定するかは論者によってまちまちであり、混乱を招きやすい状況にある。用語の使われ方については、以下を参照。大西健「強要・強制外交——その概念と特徴」防衛研究所（2019年3月）。
2) Thomas C. Schelling, *Arms and Influence* (New Haven: Yale University Press, 1966), 69-72; Gary Schaub Jr., “Compellence: Resuscitating the Concept,” in *Strategic Coercion: Concepts and Cases*, ed. Lawrence Freedman (Oxford: Oxford University Press, 1998), 37-47; David E. Johnson, Karl P. Mueller, and William H. Taft V, *Conventional Coercion across the Spectrum of Operations: The Utility of U.S. Military Forces in the Emerging Security Environment* (Santa Monica: RAND, 2002), 7-14. 実際の軍事力行使の扱いは論者によって立場が異なり、例えばシャウブは強要も脅しのみを用いるとしている。この論点についても以下を参照。大西「強要・強制外交」。
3) Schelling, *Arms and Influence*, 79-80; Alexander L. George, “Coercive Diplomacy: Definition and Characteristics,” in *The Limits of Coercive Diplomacy*, 2nd ed., ed. Alexander L. George and William E. Simons (Boulder: Westview Press, 1994), 10-11.
4) Schelling, *Arms and Influence*; Alexander L. George, David K. Hall, and William E. Simons, *The Limits of Coercive Diplomacy: Laos, Cuba, Vietnam* (Boston: Little, Brown, 1971).
5) 強要を含む核強制に関する研究の最近のレビューとしては以下がある。Walter C. Ladwig III, “Nuclear Coercion: Evaluating Insights from Academic Scholarship,” in *The Sheathed Sword: From Nuclear Brink to No First Use*, ed. Prakash Menon and Aditya Ramanathan (New Delhi: Bloomsbury, 2022).
6) Robert A. Pape, *Bombing to Win: Air Power and Coercion in War* (Ithaca: Cornell University Press, 1996), 13-16; Johnson et al., *Conventional Coercion across the Spectrum of Operations*, 15-18.
7) James D. Fearon, “Domestic Political Audiences and the Escalation of International Disputes,” *American Political Science Review* 88, no. 3 (September 1994): 578.
8) Matthew Fuhrmann, “After Armageddon: Pondering the Potential Political Consequences of Third Use,” in *Should We Let the Bomb Spread?* ed. Henry D. Sokolski (Carlisle: U.S. Army War College Press, 2016).
9) Schelling, *Arms and Influence*, 36-43; Roseanne W. McManus, “Revisiting the Madman Theory: Evaluating the Impact of Different Forms of Perceived Madness in Coercive Bargaining,” *Security Studies* 28, no. 5 (2019).
10) Roseanne W. McManus, “Crazy Like a Fox? Are Leaders with Reputations for Madness More Successful at International Coercion?,” *British Journal of Political*

Science 51, no. 1 (2021); Ibid., Corrigendum, *British Journal of Political Science* 51, no. 1 (2021); Joshua A. Schwartz, "Madman or Mad Genius? The International Benefits and Domestic Costs of the Madman Strategy," *Security Studies* 32, no. 2 (2023).

11) Schelling, *Arms and Influence*, 90-125; Todd S. Sechser and Matthew Fuhrmann, *Nuclear Weapons and Coercive Diplomacy* (Cambridge: Cambridge University Press, 2017), 38-41.

12) Reid B. C. Pauly and Rose McDermott, "The Psychology of Nuclear Brinkmanship," *International Security* 47, no. 3 (Winter 2022/23).

13) Richard Ned Lebow and Janice Gross Stein, *We All Lost the Cold War* (Princeton: Princeton University Press, 1994), 361-364.

14) Todd S. Sechser and Matthew Fuhrmann, "Crisis Bargaining and Nuclear Blackmail," *International Organization* 67, no. 1 (January 2013); Sechser and Fuhrmann, *Nuclear Weapons and Coercive Diplomacy.*

15) James H. Lebovic, *The False Promise of Superiority: The United States and Nuclear Deterrence after the Cold War* (New York: Oxford University Press, 2023).

16) Richard K. Betts, *Nuclear Blackmail and Nuclear Balance* (Washington, D.C.: Brookings Institution, 1987).

17) Kyle Beardsley and Victor Asal, "Winning with the Bomb," *Journal of Conflict Resolution* 53, no. 2 (April 2009).

18) Matthew Kroenig, *The Logic of American Nuclear Strategy: Why Strategic Superiority Matters* (New York: Oxford University Press, 2018).

19) Nicholas D. Anderson, Alexandre Debs, and Nuno P. Monteiro, "General Nuclear Compellence: The State, Allies, and Adversaries," *Strategic Studies Quarterly* 13, no. 3 (Fall 2019).

20) Betts, *Nuclear Blackmail and Nuclear Balance*, 18-19.

21) Ibid., 19-20.

22) Mark S. Bell and Julia Macdonald, "How to Think about Nuclear Crises," *Texas National Security Review* 2, no. 2 (February 2019).

23) Schelling, *Arms and Influence*, 105-116.

24) Ibid., 176-184; Robert Powell, "The Theoretical Foundations of Strategic Nuclear Deterrence," *Political Science Quarterly* 100, no. 1 (Spring 1985): 80-83.

25) E.g., Herman Kahn, *On Escalation: Metaphors and Scenarios* (New York: Frederick A. Praeger, 1965); Robert Jervis, *The Illogic of American Nuclear Strategy* (Ithaca: Cornell University Press, 1985); Jeffrey A. Larsen and Kerry M. Kartchner, eds., *On Limited Nuclear War in the 21st Century* (Stanford: Stanford University Press, 2014); Jasen J. Castillo, "Deliberate Escalation: Nuclear Strategies to Deter or to Stop Conventional Attacks," in *Coercion: The Power to Hurt in International*

Politics, ed., Kelly M. Greenhill and Peter Krause (New York: Oxford University Press, 2018).

26) Sechser and Fuhrmann, *Nuclear Weapons and Coercive Diplomacy*, 125-129.

27) Schelling, *Arms and Influence*, 72-73.

28) E.g., Alexander L. George, "Theory and Practice," in George and Simons, *The Limits of Coercive Diplomacy*, 15; Phil Haun, *Coercion, Survival, and War: Why Weak States Resist the United States* (Stanford: Stanford University Press, 2015).

29) E.g., Alexander L. George and William E. Simons, "Findings and Conclusions," in George and Simons, *The Limits of Coercive Diplomacy*, 281-282, 287; Robert J. Art, "Coercive Diplomacy: What Do We Know?," in *The United States and Coercive Diplomacy*, ed. Robert J. Art and Patrick M. Cronin (Washington, D.C.: United States Institute of Peace Press, 2003), 372, 383.

30) この整理については Daryl G. Press, *Calculating Credibility: How Leaders Assess Military Threats* (Ithaca: Cornell University Press, 2005), 25-26 を参考にした。

31) E.g., Schelling, *Arms and Influence*, 74-75; Todd S. Sechser, "Reputations and Signaling in Coercive Bargaining," *Journal of Conflict Resolution* 62, no. 2 (2018).

32) Lawrence Freedman, "Strategic Coercion," in Freedman, *Strategic Coercion*, 29-30; Johnson et al., *Conventional Coercion across the Spectrum of Operations*, 16-17.

33) E.g., Pape, *Bombing to Win*; Art, "Coercive Diplomacy," 399-401.

34) George, "Theory and Practice," 18.

35) E.g., Peter Viggo Jakobsen, *Western Use of Coercive Diplomacy after the Cold War: A Challenge for Theory and Practice* (Hampshire: Macmillan, 1998); Tim Sweijs, *The Use and Utility of Ultimata in Coercive Diplomacy* (Cham: Palgrave Macmillan, 2023).

36) Kroenig, *The Logic of American Nuclear Strategy*.

37) 以下で取り上げる要素のほかに、観衆コストも既存研究で広く議論されている要素である。しかし本稿で取り上げる事例はすべて公開された核威嚇を用いているため、観衆コストの影響は検証できない。そのため本稿ではほかの要素に注目する。

38) E.g., George and Simons, "Findings and Conclusions," 284; Barry M. Blechman and Tamara Cofman Wittes, "Defining Moment: The Threat and Use of Force in American Foreign Policy," *Political Science Quarterly* 114, no. 1 (Spring 1999).

39) Jessica L. P. Weeks, *Dictators at War and Peace* (Ithaca: Cornell University Press, 2014).

40) Shiping Tang, "Reputation, Cult of Reputation, and International Conflict," *Security Studies* 14, no. 1 (January-March 2005).

41) E.g., Jonathan Mercer, *Reputation and International Politics* (Ithaca: Cornell University Press, 1996); Press, *Calculating Credibility*.

42) E.g., George, "Coercive Diplomacy," 10; Daniel Byman and Matthew Waxman,

The Dynamics of Coercion: American Foreign Policy and the Limits of Military Might (Cambridge: Cambridge University Press, 2002), 3-4.

43) E.g., George and Simons, "Findings and Conclusions," 283; Art, "Coercive Diplomacy," 371, 383-385.

44) E.g., George, "Theory and Practice," 16-17; Art, "Coercive Diplomacy," 388-389, 393-399.

45) E.g., George and Simons, "Findings and Conclusions," 273-274; Alexander B. Downes, "Step Aside or Face the Consequences: Explaining the Success and Failure of Compellent Threats to Remove Foreign Leaders," in Greenhill and Krause, *Coercion*.

46) Byman and Waxman, *The Dynamics of Coercion*, 37-38.

47) Robert M. Slusser, "The Berlin Crises of 1958-59 and 1961," in *Force without War*, ed. Barry M. Blechman and Stephen S. Kaplan (Washington, D.C.: Brookings Institution, 1978), 344-347; Vladislav M. Zubok, "Khrushchev and the Berlin Crisis (1958-1962)," Woodrow Wilson International Center for Scholars (May 1993), 7-9; Michael D. Cohen, *When Proliferation Causes Peace: The Psychology of Nuclear Crises* (Washington, D.C.: Georgetown University Press, 2017), 77-79.

48) "U.S. Replies to Soviet Note on Berlin," *Department of State Bulletin* 15, no. 1021 (January 1959): 81-89.

49) Alexander L. George and Richard Smoke, *Deterrence in American Foreign Policy: Theory and Practice* (New York: Columbia University Press, 1974), 396; Press, *Calculating Credibility*, 81-82.

50) Matthias Uhl and Vladimir I. Ivkin, "'Operation Atom': The Soviet Union's Stationing of Nuclear Missiles in the German Democratic Republic, 1959," *Cold War International History Project Bulletin*, no. 12/13 (Fall/Winter 2001): 301-303; Aleksandr Fursenko and Timothy Naftali, *Khrushchev's Cold War: The Inside Story of an American Adversary* (New York: W. W. Norton, 2006), 194, 208-209, 211.

51) Slusser, "The Berlin Crises of 1958-59 and 1961," 367; Betts, *Nuclear Blackmail and Nuclear Balance*, 85.

52) William Taubman, *Khrushchev: The Man and His Era* (New York: W. W. Norton, 2003), 407, 414, 417; Sechser and Fuhrmann, *Nuclear Weapons and Coercive Diplomacy*, 134-135.

53) William Burr, "Avoiding the Slippery Slope: The Eisenhower Administration and the Berlin Crisis, November 1958-January 1959," *Diplomatic History* 18, no. 2 (Spring 1994): 198; Fursenko and Naftali, *Khrushchev's Cold War*, 219.

54) Slusser, "The Berlin Crises of 1958-59 and 1961," 367-369, 377; Burr, "Avoiding the Slippery Slope," 201-202; ドワイト・D・アイゼンハワー（仲晃、佐々木謙一、渡辺靖訳）『アイゼンハワー回顧録 2――平和への戦い　1956-1961』（みすず書房、

2000年）299-300頁。

55) Betts, *Nuclear Blackmail and Nuclear Balance*, 86; Sechser and Fuhrmann, *Nuclear Weapons and Coercive Diplomacy*, 135.

56) Slusser, "The Berlin Crises of 1958-59 and 1961," 367, 371, 373; Taubman, *Khrushchev*, 408-409; Press, *Calculating Credibility*, 82.

57) Uhl and Ivkin, "'Operation Atom,'" 303; Sechser and Fuhrmann, *Nuclear Weapons and Coercive Diplomacy*, 136.

58) アイゼンハワー『アイゼンハワー回顧録2』302-304頁；Taubman, *Khrushchev*, 400-403, 408-411; Fursenko and Naftali, *Khrushchev's Cold War*, 219-222.

59) Slusser, "The Berlin Crises of 1958-59 and 1961," 377-378; Taubman, *Khrushchev*, 412-416.

60) アイゼンハワー『アイゼンハワー回顧録2』356-359頁；Fursenko and Naftali, *Khrushchev's Cold War*, 225-227.

61) アイゼンハワー『アイゼンハワー回顧録2』392-394頁；Taubman, *Khrushchev*, 438.

62) Fursenko and Naftali, *Khrushchev's Cold War*, chap. 11; Taubman, *Khrushchev*, 445-446, 455-468.

63) Slusser, "The Berlin Crises of 1958-59 and 1961," 400-402; Fursenko and Naftali, *Khrushchev's Cold War*, 354; フレデリック・ケンプ（宮下嶺夫訳）『ベルリン危機1961――ケネディとフルシチョフの冷戦　上巻』（白水社、2014年）40-41、178-181、227-231頁。

64) Slusser, "The Berlin Crises of 1958-59 and 1961," 412-413; Taubman, *Khrushchev*, 499-500; ケンプ『ベルリン危機1961　上巻』330-346頁。

65) Slusser, "The Berlin Crises of 1958-59 and 1961," 429; フレデリック・ケンプ（宮下嶺夫訳）『ベルリン危機1961――ケネディとフルシチョフの冷戦　下巻』（白水社、2014年）125-126頁；Sechser and Fuhrmann, *Nuclear Weapons and Coercive Diplomacy*, 137-138.

66) Slusser, "The Berlin Crises of 1958-59 and 1961," 423-424, 427, 429; Fursenko and Naftali, *Khrushchev's Cold War*, 377-386; ケンプ『ベルリン危機1961　下巻』14-15章。

67) Slusser, "The Berlin Crises of 1958-59 and 1961," 420; ケンプ『ベルリン危機1961　上巻』95頁。

68) Slusser, "The Berlin Crises of 1958-59 and 1961," 421-422, 430-431; Fursenko and Naftali, *Khrushchev's Cold War*, 371-372, 376-377; ケンプ『ベルリン危機1961　下巻』130-133、188頁；Cohen, *When Proliferation Causes Peace*, 95.

69) Fursenko and Naftali, *Khrushchev's Cold War*, 409-410; ケンプ『ベルリン危機1961　下巻』206-209頁。

70) Sechser and Fuhrmann, *Nuclear Weapons and Coercive Diplomacy*, 139.

71) Fursenko and Naftali, *Khrushchev's Cold War*, 386-394, 398.

72) Fursenko and Naftali, *Khrushchev's Cold War*, 397-400; ケンプ『ベルリン危機 1961　下巻』162、194-197 頁。

73) Fursenko and Naftali, *Khrushchev's Cold War*, 401-404; ケンプ『ベルリン危機 1961　上巻』13-19 頁；ケンプ『ベルリン危機 1961　下巻』18 章。

74) Slusser, "The Berlin Crises of 1958-59 and 1961," 420; Danielle L. Lupton, *Reputation for Resolve: How Leaders Signal Determination in International Politics* (Ithaca: Cornell University Press, 2020), 103.

75) Press, *Calculating Credibility*, 83.

76) Ibid.

77) アイゼンハワー『アイゼンハワー回顧録 2』296-297 頁；ケンプ『ベルリン危機 1961　上巻』352 頁。

78) "U.S. Replies to Soviet Note on Berlin," 80; Press, *Calculating Credibility*, 84; ケンプ『ベルリン危機 1961　上巻』96 頁。

79) George and Smoke, *Deterrence in American Foreign Policy*, 402-403, 410; Fursenko and Naftali, *Khrushchev's Cold War*, 210, 215-216, 384, 394; ケンプ『ベルリン危機 1961　下巻』122 頁。

80) Fursenko and Naftali, *Khrushchev's Cold War*, 243.

81) Press, *Calculating Credibility*, 86-91.

82) Ibid.; Mark Trachtenberg, *History and Strategy* (Princeton: Princeton University Press, 1991), 192-193; Fursenko and Naftali, *Khrushchev's Cold War*, 370-371.

83) Nikolai Barsukov, "The Rise to Power," in *Nikita Khrushchev*, ed. William Taubman, Sergei Khrushchev, and Abbott Gleason (New Haven: Yale University Press, 2000), 55-59; Taubman, *Khrushchev*, 310-324, 361-364.

84) Slusser, "The Berlin Crises of 1958-59 and 1961," 387-390; James G. Richter, *Khrushchev's Double Bind: International Pressures and Domestic Coalition Politics* (Baltimore: Johns Hopkins University Press, 1994), chap. 6.

85) Slusser, "The Berlin Crises of 1958-59 and 1961," 345.

86) さらなる理由としてベルリン問題を解決するための圧力とする意図があったとの指摘もある。Fursenko and Naftali, *Khrushchev's Cold War*, 431, 435-443; Taubman, *Khrushchev*, 534-546; マーティン・J・シャーウィン（三浦元博訳）『キューバ・ミサイル危機——広島･長崎から核戦争の瀬戸際へ　1945-62　上巻』（白水社、2022 年）18-19 章。

87) Taubman, *Khrushchev*, 549-551; シャーウィン『キューバ・ミサイル危機　上巻』256-258、267 頁。

88) Fursenko and Naftali, *Khrushchev's Cold War*, 452-454; Taubman, *Khrushchev*, 553-557.

89) "Radio and Television Address to the American People on the Soviet Arms Build-Up in Cuba, 22 October 1962," John F. Kennedy Presidential Library and

Museum website.

90) Fursenko and Naftali, *Khrushchev's Cold War*, 468-474; Taubman, *Khrushchev*, 560-562.

91) "Chairman Khrushchev's Letter to President Kennedy, October 23, 1962," John F. Kennedy Presidential Library and Museum website; "Letter from Chairman Khrushchev to President Kennedy, October 24, 1962," John F. Kennedy Presidential Library and Museum website.

92) Taubman, *Khrushchev*, 564-565; マーティン・J・シャーウィン（三浦元博訳）『キューバ・ミサイル危機――広島・長崎から核戦争の瀬戸際へ　1945-62　下巻』（白水社、2022年）168-169、180-182頁。

93) "Letter from President Kennedy to Chairman Khrushchev, October 25, 1962," John F. Kennedy Presidential Library and Museum website.

94) Fursenko and Naftali, *Khrushchev's Cold War*, 483-486; Taubman, *Khrushchev*, 567-568.

95) "Department of State Telegram Transmitting Letter from Chairman Khrushchev to President Kennedy, October 26, 1962," John F. Kennedy Presidential Library and Museum website; "Letter from Chairman Khrushchev to President Kennedy, October 27, 1962," John F. Kennedy Presidential Library and Museum website.

96) Fursenko and Naftali, *Khrushchev's Cold War*, 489-490; Taubman, *Khrushchev*, 571-572.

97) Taubman, *Khrushchev*, 573-574; シャーウィン『キューバ・ミサイル危機　下巻』280-282頁。

98) Fursenko and Naftali, *Khrushchev's Cold War*, 490; Taubman, *Khrushchev*, 571-577; シャーウィン『キューバ・ミサイル危機　下巻』270-273、287-290頁。

99) Lebow and Stein, *We All Lost the Cold War*, 98; Lebovic, *The False Promise of Superiority*, 195.

100) Sergo Mikoyan, *The Soviet Cuban Missile Crisis: Castro, Mikoyan, Kennedy, Khrushchev, and the Missiles of November*, ed. Svetlana Savranskaya (Washington, D.C.: Woodrow Wilson Center Press, 2012), 154, 162-170; シャーウィン『キューバ・ミサイル危機　下巻』297頁。

101) Press, *Calculating Credibility*, 119-120.

102) Taubman, *Khrushchev*, 547; シャーウィン『キューバ・ミサイル危機　上巻』256-258頁；シャーウィン『キューバ・ミサイル危機　下巻』140頁。

103) Taubman, *Khrushchev*, 574-575; シャーウィン『キューバ・ミサイル危機　下巻』287-290頁。

104) Fursenko and Naftali, *Khrushchev's Cold War*, 429-430, 442; Robert S. Norris and Hans M. Kristensen, "The Cuban Missile Crisis: A Nuclear Order of Battle, October and November 1962," *Bulletin of the Atomic Scientists* 68, no. 6 (2012).

105) Press, *Calculating Credibility*, 121-127; Kroenig, *The Logic of American Nuclear Strategy*, 84-85.

106) Tom W. Smith, "Trends: The Cuban Missile Crisis and U.S. Public Opinion," *Public Opinion Quarterly* 67, no. 2 (Summer 2003): 269-271, 280, 283-285.

107) Taubman, *Khrushchev*, 492-496; ケンプ『ベルリン危機1961　上巻』248-250、286頁；Lupton, *Reputation for Resolve*, 119-120, 126.

108) Fursenko and Naftali, *Khrushchev's Cold War*, 412-413.

109) ケンプ『ベルリン危機1961　下巻』47-48、266-267頁；Lupton, *Reputation for Resolve*, 122-124, 126-130.

110) シャーウィン『キューバ・ミサイル危機　下巻』253頁。

111) シャーウィン『キューバ・ミサイル危機　上巻』3-4章。

112) トルコのミサイルを取引に使うとの発想は危機の初期から米側に存在していた。政権がこのアイデアをメディアに報じさせたところ、ソ連がそれに乗って米側への要求とした。Lebow and Stein, *We All Lost the Cold War*, 120-123, 140-141; シャーウィン『キューバ・ミサイル危機　下巻』199-200、288-290頁。

113) Michael S. Gerson, "The Sino-Soviet Border Conflict: Deterrence, Escalation, and the Threat of Nuclear War in 1969," CNA (November 2010), 11-14; 井出敬二『中露国境交渉史――国境紛争はいかに決着したのか?』(作品社、2017年) 32-43、80-86、99-110頁。

114) Gerson, "The Sino-Soviet Border Conflict," 10-11.

115) Arthur A. Cohen, "The Sino-Soviet Border Crisis of 1969," in *Avoiding War: Problems of Crisis Management*, ed. Alexander L. George (Boulder: Westview Press, 1991), 273-277; Yang Kuisong, "The Sino-Soviet Border Clash of 1969: From Zhenbao Island to Sino-American *Rapprochement*," *Cold War History* 1, no. 1 (August 2000): 25.

116) Gerson, "The Sino-Soviet Border Conflict," 23-26; Thomas Robinson, "The Sino-Soviet Border Conflicts of 1969: New Evidence Three Decades Later," in *Chinese Warfighting: The PLA Experience since 1949*, ed. Mark A. Ryan, David M. Finkelstein, and Michael A. McDevitt (Armonk: M. E. Sharpe, 2003).

117) Cohen, "The Sino-Soviet Border Crisis of 1969," 281-282; 井出『中露国境交渉史』120-121頁。

118) Thomas W. Robinson, "The Sino-Soviet Border Conflict," in *Diplomacy of Power: Soviet Armed Forces as a Political Instrument*, ed. Stephen S. Kaplan (Washington, D.C.: Brookings Institution, 1981), 279-280; Cohen, "The Sino-Soviet Border Crisis of 1969," 283-286; 井出『中露国境交渉史』121-123頁。

119) Harry Gelman, "The Soviet Far East Buildup and Soviet Risk-Taking against China," RAND (August 1982), 35; Sechser and Fuhrmann, *Nuclear Weapons and Coercive Diplomacy*, 212-213.

120) 以上の各行動については以下を参照。Gelman, "The Soviet Far East Buildup and Soviet Risk-Taking against China," 37-40; Betts, *Nuclear Blackmail and Nuclear Balance*, 80-81; Gerson, "The Sino-Soviet Border Conflict," 29, 32-36; Cohen, *When Proliferation Causes Peace*, 187-189; Sechser and Fuhrmann, *Nuclear Weapons and Coercive Diplomacy*, 212-214.

121) Kuisong, "The Sino-Soviet Border Clash of 1969," 35-41; John Wilson Lewis and Xue Litai, *Imagined Enemies: China Prepares for Uncertain War* (Stanford: Stanford University Press, 2006), 52-68.

122) Kuisong, "The Sino-Soviet Border Clash of 1969," 37-39; Gerson, "The Sino-Soviet Border Conflict," 46-49, 52; Elizabeth Wishnick, *Mending Fences: The Evolution of Moscow's China Policy from Brezhnev to Yeltsin* (Seattle: University of Washington Press, 2014), 36-38; 井出『中露国境交渉史』124-133 頁。

123) 井出『中露国境交渉史』171-174 頁。

124) Lorenz M. Lüthi, *The Sino-Soviet Split: Cold War in the Communist World* (Princeton: Princeton University Press, 2008), 342; Hyun-Binn Cho, "Nuclear Coercion, Crisis Bargaining, and the Sino-Soviet Border Conflict of 1969," *Security Studies* 30, no. 4 (2021): 559.

125) Robinson, "The Sino-Soviet Border Conflict," 293; Lyle J. Goldstein, "Do Nascent WMD Arsenals Deter? The Sino-Soviet Crisis of 1969," *Political Science Quarterly* 118, no. 1 (Spring 2003): 67-68; Lewis and Litai, *Imagined Enemies*, 69.

126) Robinson, "The Sino-Soviet Border Conflict," 291; Goldstein, "Do Nascent WMD Arsenals Deter?," 64-65.

127) Robinson, "The Sino-Soviet Border Conflict," 297-298; George W. Breslauer, *Khrushchev and Brezhnev as Leaders: Building Authority in Soviet Politics* (London: George Allen & Unwin, 1982), 194-199; William Tompson, *The Soviet Union under Brezhnev* (Oxon: Routledge, 2014), 15-17.

128) Matthew J. Ouimet, *The Rise and Fall of the Brezhnev Doctrine in Soviet Foreign Policy* (Chapel Hill: University of North Carolina Press, 2003), chaps. 1-3.

129) Robinson, "The Sino-Soviet Border Conflicts of 1969," 206; Lewis and Litai, *Imagined Enemies*, 48-49.

130) Robinson, "The Sino-Soviet Border Conflict," 269-273, 278-279; Sechser and Fuhrmann, *Nuclear Weapons and Coercive Diplomacy*, 211-213.

131) Betts, *Nuclear Blackmail and Nuclear Balance*, 79; Lüthi, *The Sino-Soviet Split*, 341.

132) Lewis and Litai, *Imagined Enemies*, 55, 57. 交渉復帰の動機としてこの要素を重視する議論もある。Cho, "Nuclear Coercion, Crisis Bargaining, and the Sino-Soviet Border Conflict of 1969."

133) Goldstein, "Do Nascent WMD Arsenals Deter?," 73-75.

134) Gabriel Dominguez, "'Strategic Patience' with North Korea Has Ended, Says

Tillerson," *Jane's Defence Weekly*, March 20, 2017; Van Jackson, *On the Brink: Trump, Kim, and the Threat of Nuclear War* (Cambridge: Cambridge University Press, 2019), 94-98, 101-104.

135) 新垣拓、切通亮、菊地茂雄「米国――トランプ新政権の安全保障政策」防衛研究所編『東アジア戦略概観 2018』(ジャパンタイムズ、2018 年) 175-176 頁 ; Jackson, *On the Brink*, 109-138; Mark E. Manyin, Mary Beth D. Nikitin, and Kirt Smith, "North Korea: A Chronology of Events from 2016 to 2020," Congressional Research Service (CRS) (May 2020), 11-14.

136) White House, "Remarks by President Trump before a Briefing on the Opioid Crisis," August 8, 2017.

137) Department of Defense, "Statement by Secretary of Defense Jim Mattis," August 9, 2017.

138) Jackson, *On the Brink*, 139-141; Manyin, Nikitin, and Smith, "North Korea," 14.

139) Alison Evans et al., "North Korea Bargains with Nuclear Diplomacy," *Jane's Intelligence Review*, October 18, 2017; Jackson, *On the Brink*, 143-145.

140) United Nations General Assembly, "Seventy-Second Session: 3rd Plenary Meeting," A/72/PV.3, September 19, 2017, 12.

141) New York Times, "Full Text of Kim Jong-un's Response to President Trump," *NYTimes.com Feed*, September 22, 2017.

142) 新垣、切通、菊地「米国」176-177 頁 ; Jackson, *On the Brink*, 149-150, 155.

143) Jackson, *On the Brink*, 157-166; Manyin, Nikitin, and Smith, "North Korea," 18; Spencer D. Bakich, "Signalling Capacity and Crisis Diplomacy: Explaining the Failure of 'Maximum Pressure' in the 2017 U.S.-North Korea Nuclear Crisis," *Journal of Strategic Studies* 45, no. 5 (2022): 708.

144) Jackson, *On the Brink*, 168-169; Manyin, Nikitin, and Smith, "North Korea," 19.

145) "N Korea Warns of 'Counteraction' over New US Sanctions," BBC Monitoring, February 25, 2018; Jackson, *On the Brink*, 173.

146) International Crisis Group (ICG), "Deep Freeze and Beyond: Making the Trump-Kim Summit a Success," ICG (June 2018), 3-4, 13; Jackson, *On the Brink*, 169-176.

147) Jackson, *On the Brink*, 176-179; ボブ・ウッドワード(伏見威蕃訳)『RAGE　怒り』(日経 BP 日本経済新聞出版本部、2020 年) 135-136 頁。

148) White House, "Joint Statement of President Donald J. Trump of the United States of America and Chairman Kim Jong Un of the Democratic People's Republic of Korea at the Singapore Summit," June 12, 2018; White House, "Press Conference by President Trump," June 12, 2018.

149) Jackson, *On the Brink*, 180; Edward Kwon, "Negotiations on the Denuclearisation of North Korea: A Critical Evaluation of Summit Diplomacy," *Asian Affairs* 53,

no. 3 (2022): 753-754.

150) Leon V. Sigal, "Paved with Good Intentions: Trump's Nuclear Diplomacy with North Korea," *Journal for Peace and Nuclear Disarmament* 3, no. 1 (2020); ジョン・ボルトン（梅原季哉監訳）『ジョン・ボルトン回顧録――トランプ大統領との 453 日』（朝日新聞出版、2020 年）11 章。

151) Jackson, *On the Brink*, 116, 122; Kelly A. Grieco, "Assessing the Singapore Summit: Two Years Later," *Strategic Studies Quarterly* 14, no. 3 (Fall 2020): 16.

152) ICG, "The Korean Peninsula Crisis (I): In the Line of Fire and Fury," ICG (January 2018), 14; Bakich, "Signalling Capacity and Crisis Diplomacy," 699.

153) Bruce W. Bennett et al., "Countering the Risks of North Korean Nuclear Weapons," RAND Corporation (April 2021).

154) U.S. Embassy and Consulate in the Netherlands, "Secretary Tillerson Addresses State Department Employees in Washington," May 3, 2017; Bakich, "Signalling Capacity and Crisis Diplomacy," 706.

155) Anna Fifield, "North Korean Hackers Stole U.S. and South Korean Wartime Plans, Seoul Lawmaker Says," *Washington Post.com*, October 10, 2017; Bakich, "Signalling Capacity and Crisis Diplomacy," 701, 710.

156) 礒﨑敦仁、澤田克己『新版　北朝鮮入門――金正恩体制の政治・経済・社会・国際関係』（東洋経済新報社、2017 年）4-5 頁；Jackson, *On the Brink*, 25, 183.

157) Jalel Ben Haj Rehaiem, "The Trump-Kim 'Ripeness' Paradox and the Problematic 'Precipitants,'" *North Korean Review* 18, no. 1 (Spring 2022): 64.

158) Daryl G. Press, "The Deliberate Employment of US Nuclear Weapons: Escalation Triggers on the Korean Peninsula," *Journal for Peace and Nuclear Disarmament* 5, no. S1 (2022).

159) ICG, "The Korean Peninsula Crisis (II): From Fire and Fury to Freeze-for-Freeze," ICG (January 2018), 1; Siegfried S. Hecker, Robert L. Carlin, and Elliot A. Serbin, "A Comprehensive History of North Korea's Nuclear Program: 2018 Update," Center for International Security and Cooperation, Stanford University (February 2019), 5-7.

160) ICG, "Deep Freeze and Beyond," 6; ボブ・ウッドワード（伏見威蕃訳）『FEAR　恐怖の男――トランプ政権の真実』（日本経済新聞出版社、2018 年）145-149 頁。

161) Jeffrey M. Jones, "Trump Job Approval at 45%, Tying Personal Best," Gallup (June 2018).

162) Pew Research Center, "Declining Confidence in Trump, Lower Job Ratings for Congressional Leaders: Deficit Concerns Plummet among Members of Both Parties," Pew Research Center (November 2017); Megan Brenan, "Trump Rated Best on Economy, Weaker on Other Issues," Gallup (November 2017).

163) マイケル・ウォルフ（関根光宏、藤田美菜子ほか訳）『炎と怒り――トランプ政権の内幕』(早川書房、2018年) 306-311頁;ウッドワード『FEAR　恐怖の男』216-227頁。

164) Jackson, *On the Brink*, 114-115.

165) James D. Boys, "The Unpredictability Factor: Nixon, Trump and the Application of the Madman Theory in US Grand Strategy," *Cambridge Review of International Affairs* 34, no. 3 (2021).

166) ICG, "The Korean Peninsula Crisis (II)," 8; Jalel ben Haj Rehaiem, "Trump's 'Madman' Game in North Korea and the Pakistan Model," *North Korean Review* 16, no. 1 (Spring 2020): 92.

167) Jackson, *On the Brink*, 149-150, 166.

168) ボルトン『ジョン・ボルトン回顧録』128-129頁。

169) 礒﨑、澤田『新版　北朝鮮入門』206-207頁;Oriana Skylar Mastro, "Why China Won't Rescue North Korea: What to Expect If Things Fall Apart," *Foreign Affairs* 97, no. 1 (January/February 2018): 60.

170) Cory Welt, "Ukraine: Background, Conflict with Russia, and U.S. Policy," CRS (October 2021), 2, 15-17; Amos C. Fox, "Comparative Proxy Strategies in the Russo-Ukrainian War," *Comparative Strategy* 42, no. 5 (2023): 609-610.

171) Andrew S. Bowen, "Russian Military Buildup along the Ukrainian Border," CRS (February 2022); 日本国際問題研究所「戦略年次報告2022――『ポスト冷戦』時代の終わりと米国主導の国際秩序の行方」日本国際問題研究所(2023年2月) 7頁。

172) 日本国際問題研究所「戦略年次報告2022」8頁;Andrew S. Bowen, "Russia's War in Ukraine: Military and Intelligence Aspects," CRS (September 2023), 3-17.

173) Bowen, "Russia's War in Ukraine," 19-29; "Inside Ukraine's Fumbled Campaign," *Washington Post*, December 10, 2023; "A Campaign of Incremental Gains," *Washington Post*, December 13, 2023.

174) Polina Nikolskaya, "Putin to Oversee Nuclear Drills as Ukraine Crisis Mounts," Reuters News, February 19, 2022; Tom Balmforth and Maria Kiselyova, "Putin Leads Sweeping Nuclear Exercises as Tensions Soar," Reuters News, February 19, 2022.

175) 「ウクライナ侵攻直前　プーチン大統領は何を語った?」NHK、2022年3月4日;"Russian Nuclear Forces Placed on High Alert after Putin Order – Interfax," Reuters News, February 28, 2022; Claire Mills, "Russia's Use of Nuclear Threats during the Ukraine Conflict," House of Commons Library (June 2023), 4.

176) Phil Stewart and Idrees Ali, "U.S. Delays ICBM Test-Launch in Bid to De-escalate Russia Nuclear Tensions," Reuters News, March 3, 2022; Guy Faulconbridge, "Putin Ally Warns of Nuclear Dystopia Due to United States," Reuters News, March 23, 2022.

177) E.g., Lidia Kelly and Ronald Popeski, "Russia's Lavrov: Do Not Underestimate Threat of Nuclear War," Reuters News, April 26, 2022; Guy Faulconbridge,

"Russia Warns West over Risk of Conflict with NATO," Reuters News, May 12, 2022; David Ljunggren and Gabrielle Tétrault-Farber, "Russia's Medvedev Says Arms Supplies to Kyiv Threaten Global Nuclear Catastrophe," Reuters News, February 27, 2023; Guy Faulconbridge and Kevin Liffey, "Western Arms for Ukraine Make 'Nuclear Apocalypse' More Likely: Russia's Medvedev," Reuters News, May 24, 2023.

178) E.g.,「プーチン大統領"予備役"部分的動員発表　なぜ?」NHK、2022年9月22日; Lidia Kelly, "Putin Ally Says West's Deliveries of New Weapons to Kyiv Will Lead to Global Catastrophe," Reuters News, January 22, 2023; Mills, "Russia's Use of Nuclear Threats during the Ukraine Conflict," 4; Andrew Osborn, "Russia's Medvedev: We'd Have to Use a Nuclear Weapon If Ukrainian Offensive Was a Success," Reuters News, July 30, 2023.

179) E.g., Mark Trevelyan, "Russia Tests Nuclear-Capable Missile That Putin Calls World's Best," Reuters News, April 21, 2022; Jonathan Landay, "Ukrainians Expect Tough Fight for Kherson; Russia Stages Nuclear War Games," Reuters News, October 27, 2022; Guy Faulconbridge, "Russian Nuclear Submarine Test Launches Bulava Intercontinental Missile," Reuters News, November 5, 2023.

180) E.g., Andrew Osborn and Caleb Davis, "Russia Accuses U.S. of Direct Ukraine War Role, but Says It's Open to Potential Talks," Reuters News, December 1, 2022; Guy Faulconbridge, "Putin Says Russia Ready to Negotiate over Ukraine, Kyiv Voices Doubts," Reuters News, December 26, 2022; Lidia Kelly, "What Is Zelenskiy's 10-Point Peace Plan?," Reuters News, December 28, 2022; "Putin Tells Erdogan: Ukraine Must Accept Loss of Territories for There to Be Dialogue," Reuters News, January 5, 2023.

181) Simon Lewis and Ingrid Melander, "NATO Rejects Ukraine No-Fly Zone, Unhappy Zelenskiy Says This Means More Bombing," Reuters News, March 5, 2022.

182) Paul Belkin, Rebecca M. Nelson, and Cory Welt, "Russia's War on Ukraine: U.S. Policy and the Role of Congress," CRS (January 2023); Cory Welt, "Russia's War against Ukraine: Overview of U.S. Assistance and Sanctions," CRS (December 2023); Christina L. Arabia, Andrew S. Bowen, and Cory Welt, "U.S. Security Assistance to Ukraine," CRS (January 2024); Kristin Archick, "Russia's War against Ukraine: European Union Responses and U.S.-EU Relations," CRS (January 2024).

183) E.g., "Kremlin Says Russia and U.S. Have 'Sporadic' Contact over Nuclear Weapons," Reuters News, September 26, 2022; Philip Blenkinsop, Sabine Siebold, and Phil Stewart, "We Will Not Be Intimidated by Russia's Nuclear Threats, NATO Tells Moscow," Reuters News, October 14, 2022.

184) E.g., Kevin Liffey, "Russia's Medvedev Says More U.S. Weapons Supplies Mean 'All of Ukraine Will Burn,'" Reuters News, February 4, 2023; "Russia's Putin Blasts UK Move to Send Ammo with Depleted Uranium to Ukraine," Reuters News, March 22, 2023.

185) E.g., Guy Faulconbridge, "Russia Warns United States against Sending More Arms to Ukraine," Reuters News, April 25, 2022; Guy Faulconbridge and Felix Light, "Putin Ally Warns NATO of Nuclear War If Russia Is Defeated in Ukraine," Reuters News, January 19, 2023; Andrew Osborn, "Putin Says Russia Positions Nuclear Bombs in Belarus as Warning to West," Reuters News, June 17, 2023.

186) Elias Götz and Jørgen Staun, "Why Russia Attacked Ukraine: Strategic Culture and Radicalized Narratives," *Contemporary Security Policy* 43, no. 3 (2022); Jozef Hrabina, "Post-Soviet Space Caught in Thucydides Trap: Grasping the Russian Zero-Sum Behavior," *Comparative Strategy* 42, no. 4 (2023).

187) Hrabina, "Post-Soviet Space Caught in Thucydides Trap."

188) Tatiana Stanovaya, "Divided in the Face of Defeat: The Schism Forming in the Russian Elite," Carnegie Endowment for International Peace (December 2022); Keir A. Lieber and Daryl G. Press, "The Return of Nuclear Escalation: How America's Adversaries Have Hijacked Its Old Deterrence Strategy," *Foreign Affairs* 102, no. 6 (November/December 2023): 52-54.

189) E.g., "Russia Says Ukraine Must Recognise 'Territorial Reality' for Peace – Interfax," Reuters News, July 14, 2022; "Putin Tells Erdogan."

190) David Ljunggren, "Only Russia's Nuclear Arms Preventing West from Declaring War – Putin Ally," Reuters News, December 26, 2022.

191) E.g., Guy Faulconbridge, "Russia Is Now Fighting NATO in Ukraine, Top Putin Ally Says," Reuters News, January 10, 2023; Guy Faulconbridge, "Putin Casts War as a Battle for Russia's Survival," Reuters News, February 26, 2023.

192) Bryan Frederick, Mark Cozad, and Alexandra Stark, *Escalation in the War in Ukraine: Lessons Learned and Risks for the Future* (Santa Monica: RAND Corporation, 2023), 54-56; Krista Langeland et al., "Building U.S. Responses to Russia's Threats to Use Nonstrategic Nuclear Weapons: A Game Theoretic Analysis of Brinkmanship," RAND Corporation (2023), 3.

193) Hans M. Kristensen and Matt Korda, "United States Nuclear Forces," in *SIPRI Yearbook 2022: Armaments, Disarmament and International Security* (Oxford: Oxford University Press, 2022); Hans M. Kristensen and Matt Korda, "Russian Nuclear Forces," in *SIPRI Yearbook 2022.*

194) Denis Volkov and Andrei Kolesnikov, "Alternate Reality: How Russian Society Learned to Stop Worrying about the War," Carnegie Endowment for International

Peace (November 2023), 2-3, 8-9.

195) "Defeats in Ukraine Stoke Crisis for Vladimir Putin," Reuters News, October 8, 2022; Stanovaya, "Divided in the Face of Defeat."

196) 長谷川雄之「ロシア・ウクライナ戦争とプーチン体制の生存戦略」飯田将史、新垣拓、長谷川雄之『中国安全保障レポート2024――中国、ロシア、米国が織りなす新たな戦略環境』（防衛研究所、2023年）33-34頁。

197) Frederick, Cozad, and Stark, *Escalation in the War in Ukraine*, 41; Tatiana Stanovaya, "Russia's Other War: The Administrators Versus the Revisionists," Carnegie Endowment for International Peace (October 2023).

198) Fox, "Comparative Proxy Strategies in the Russo-Ukrainian War," 609-610.

199) Jonas J. Driedger and Mikhail Polianskii, "Utility-Based Predictions of Military Escalation: Why Experts Forecasted Russia Would Not Invade Ukraine," *Contemporary Security Policy* 44, no. 4 (2023): 551-553.

200) Thomas Gibbons-Neff and Eric Schmitt, "Miscommunication Nearly Led to Russian Jet Shooting Down British Spy Plane, U.S. Officials Say," *NYTimes.com Feed*, April 13, 2023; Jonathan Beale, "Rogue Russian Pilot Tried to Shoot Down RAF Aircraft in 2022," BBC, September 14, 2023.

201) Mari Saito et al., "Wagner Fighters Neared Russian Nuclear Base during Revolt," Reuters News, July 11, 2023.

202) Taubman, *Khrushchev*, 571-572.

203) Cho, "Nuclear Coercion, Crisis Bargaining, and the Sino-Soviet Border Conflict of 1969," 576.

204) Kathleen J. McInnis et al., "The North Korean Nuclear Challenge: Military Options and Issues for Congress," CRS (November 2017), 15-20; ICG, "The Korean Peninsula Crisis (II)," 10.

評判による抑止と強要

前田 祐司

はじめに

抑止とは、自分にとって望ましくない行動をとろうとする相手に対して毅然と対処する意思と能力を伝達することで、相手がそのような行動を実行に移さないよう未然に思いとどまらせることである。また強要はそれとは反対に、自分にとって望ましい行動を相手がとるように強いることである[1]。武力行使に至ることなく威嚇によって目的達成を企図する抑止や強要の作用メカニズムは必然的に認識に依存するものであるから、相手方がどのようにこちらの意思と能力を評価しているかが脅しの信頼性において決定的に重要である。そのような相手方の認識は、現在時点でのこちらの宣言政策や軍事態勢のみならず、過去の行動実績によっても影響されうる。本稿では、他章での抑止および強要の議論に示唆を与えるものとして、過去の出来事に基づく「評判（reputation）」という概念を検討する。まず簡単に概念の定義と重要性について説明したうえで、これまでの先行研究を俯瞰し、今後の課題について考えることとしたい。

1. 評判の定義と意義

国際政治学における評判とは、ある行為主体の過去の行動に基づいて形成される、その主体の何らかの特徴に関する集合的認識である[2]。これは一般的な意味での漠然とした好感度のようなものではなく、国家間の交渉において重要な「決意（resolve）」や「能力（capability）」といった特定の変数に関する評判を指して用いられる。評判は客観的な事実ではなく認識の産物であり、ある者の評判はその者自身が所有するものではなく他者が抱くものであるという意味では間主観的である。遠い過去に根付いた評判が合理的な一般化の範疇を超えて持続する可能性もあるため、評判は正確であるとは限らない。とはいえ、他国の決意や能力についての評価は常に不透明性・不確実性がつきまとう困難な課題であるため、限られた情報の中でその国の過去の行動を1つの指標とすることは必ずしも抑止論における基本的な合理主義を逸脱するものではない。

ここに抑止と強要をめぐる国家間の交渉における評判という概念の重要性を見出すことができる。すなわち、国際危機において相対する国家は、互いの決意や能力について白紙ベースでシグナルを送り合うわけではない。その危機に至るまでの年月に蓄積された既存の認識に基づきバーゲニングが発生するのである。無論、これは過去の評判が必ずしも決定的要因であるということではない。重要なのは、現在時点で国家の送るシグナルが過去に形成された評判というレンズを通じて相手方に受け取られるということである。例えば、よく知られた確証バイアスや一貫性バイアスの影響に鑑みれば、ある国家の送るシグナルがその国の評判に沿うものであるか、あるいは反するものであるかによって、そのシグナルの有効性が一定でないことは想像に難くないであろう[3]。特に、懲罰的拡大核抑止の文脈などでは「米国がベルリンのためにロサンゼルスを犠牲にする覚悟を持っているか？」というような検証の難しい極端な政治的決意の問題となるため、拡大抑止を提供する国がどれほどのリスクを許容するのかを挑戦国が推し測るうえで、その国の過去の行動パターンに基づくイメージ、すなわち評判が大きな影響を及ぼす。こうした意味で、評判は抑止・強要の作用を分析するうえでの重要なコンテクストを提供する変数といえる。

2. 評判研究の変遷

評判に関する研究は、おおよそ3つの期間に整理することができる。古典抑止論の文脈における第1期（冷戦期〜1990年代）、古典的見解の見直しに特徴付けられる第2期（1990年代〜2000年代）、そして実証研究の積み上げが加速してきた第3期（2010年代〜）である。以下、その流れに沿って先行研究を概観する。

国際政治学における他の多くの理論や概念と同じく、評判に関する研究も現実の国際政治の時流を多分に反映したものであり、東西冷戦の文脈の中で特に重視されるようになったのは決意の評判（reputation for resolve）であった。その基本的なロジックは単純なものである。ある過去の危機においてXがYによる挑発に対して武力行使も辞さない強硬姿勢を示したとすれば、その前例によってXは強い決意を有するという評判が形成され、それ以降XはYのみならず第三者のZからも挑戦を受けにくくなる。逆に妥協的な対応を見せればそれは弱腰であると受け取られてしまい、将来的にさらなる挑戦を惹起するリスクを負うことになる。シェリングはこの論理に着目し、「実際に行動を起こすという評判は、そのために戦う価値のある数少ないものの1つである」とまで述べている[4]。

1962年のキューバ危機において、テレビ演説を通じて米国の決意を伝達するケネディ大統領（ゲッティ／共同通信イメージズ）

当時、軍事的に拮抗した米ソという超大国の間で相互確証破壊が所与の現実として受け入れられると、わずかな能力の差よりも、武力行使に踏み切るか否かという政治的決意の問題が前面に押し出されることとなった。例えばベトナム戦争に至る米国の意思決定過程において、ベトナムに介入しなければ米国の反共コミットメントの信頼性が失墜し、地域諸国が一挙に共産化してしまうという「ドミノ理論」が大きな影響力を持ったのは、決意の評判を守るために武力行使に踏み切った古典的な事例としてよく議論に挙がる。またベルリンやキューバでの危機においても、共倒れとなる核戦争のリスクを恐れずより強い決意を示した側が相手から譲歩を引き出すという「チキンゲーム」の様相を呈していた。こうした状況では、「決意が試されているととらえられるがために、しばしば小さな問題が大きくのしかかってくる」のである[5]。決意の評判は極めて直感的な論理であるがゆえに、冷戦期の議論ではなかば無批判に受け入れられてしまいがちであった。

しかし冷戦の終結とともに、そうした見解に疑問が投げかけられることになる。例えばマーサーは、評判の形成過程における認知バイアスの影響に着目し、自らにとって望ましい決意の評判を獲得することはできないし、そのために戦うのも無駄であると厳しく批判した[6]。特に重要なのは拡大抑止の文脈における根本的帰属錯誤の影響である。すなわち、人間は自分が望ましい行動を取るのは自分の内在的性格が良いからであり、自分が望ましくない行動を取るのはその状況下でやむを得なかったことであると考える傾向にある。対して、他者が望ましい行動を取るのは外的要因（あるいは自分の働きかけ）によるものであり、逆に望ましくない行動を取るのはその者の内在的性格が悪いからであると思い込みがちである。例えばXがZに拡大抑止を提供している場合、Zは自分にとって望ましいXの行動（XがZを守るために行う政策）が外的要因（XにとってのZの経済的価値など）によるものであると考えるため、Xは内在的に強い決意を有するという評判を得ることができない。逆に、XがZを守らないというZにとって望ましくない行動を取った場合は、Zはその原因がXの内面的な弱さにあるとみなす。つまり、いずれにしてもXは決意が弱いという悪い評判を押し付けられることはあっても、決意が強いという良い評判を得ることはできない、ということになる。

また、こうした心理学的アプローチとは異なるリアリスト的観点からプレスは、ある国家が他国の行動を予測するうえで決定的な要因は、その時点でのパワーバランスと、その特定の状況における係争利害であり、その国の過去の行動やそれに付随する評判ではないと論じた[7]。言い換えれば、脅しの信頼性とはその時々の状況（situation）によって決まるのであり行為者の気質（disposition）によるものではない、という主張である。タンはこれらの批判的研究を総合し、過去の行動に基づいて将来予測が行われることはないため、政治指導者らが自らの決意の評判について懸念するのは非合理な「カルト」に過ぎないと言い切っている[8]。

この時期には、これらの批判に応えるかたちで評判の概念的・理論的整理を試みたヒュースや、マーサーの論理展開に疑問を投げかけたコープランドなど、理論的な議論が活性化した[9]。例えば上述のマーサーの論理展開では、評判の形成過程においてZがいかに「自分」と「他者」を定義するかによって、導かれる結論が異なってくる。マーサーはZがXを「他者」として認知するものと想定しているが、その確たる根拠は提示されていない。例えばXとZが長期の同盟関係にある場合、Zが同盟国であるXを同じチームの一員たる「味方」として認識し、仮想敵国のYを「他者」として認識すれば、XはZの認知バイアスの悪影響を逃れて決意の評判を獲得することができるかもしれない。

こうした理論的争点が浮き彫りになる一方で、実証面でも研究者らの見解は一致を見なかった。評判の肯定論者も否定論者も、それぞれ一見すれば妥当な歴史的事例を援用し、どちらの見解も他方を完全に否定するには至らなかった。この時期の議論の問題点としては、そもそも評判という複雑かつ多面的な変数について包括的に肯定することも否定することも困難であるということが指摘できる。国際政治において評判が存在するのか、あるいは意味のある影響を及ぼすのか否かという根本的な問いに答えるには、それをより細分化した形で、評判が「どのような条件下で」影響を持つのかという問いに取り組む必要がある[10]。

主に2010年代以降、この問題意識に基づく実証研究が盛んになってきた。方法論的には、上述のマーサーやプレスのように、伝統的に定性的な事例研究が主流である。評判という概念の性質を考えれば、一次資料・二次資料に依って時の政策立案者らの認識を精査する手法が用いられるのは自然であろう。例えばヤヒマイロは、そうした外交史的なアプローチでカーター政権、レーガン政権、クリントン政権がそれぞれ自らの決意の評判をいかに意識して政策決定を行ったかを詳細に分析した[11]。またハーヴェイとミトンは上述のマーサーやプレスの議論を批判したうえで、米国が1990年代から2000年代にかけて東欧および中東での紛争を通じて獲得した決意の評判が、2010年代のシリアに対する抑止と強要に影響を及ぼしたものと論じている[12]。さらにラプトンは、冷戦期のフルシチョフ首相に対するアイゼンハワー大統領とケネディ大統領の関係を事例とし、国家の指導者らの言動によって個人レベルでの決意の評判が得られる（あるいは失われる）と結論している[13]。

しかし評判研究の方法論は事例研究にとどまることなく着実に多様化し、因果推論の基準もより厳格になりつつある。例えばチャンは、中国が周辺諸国への強制を試みるうえで決意の評判に関する懸念が多大な影響を及ぼしているものと結論しているが、資料分析だけでなく政策担当者らへのインタビューを重ねて論拠としている[14]。またウェイジガーとヤヒマイロは、定量分析によって決意の評判の影響を初めて確認した[15]。国際政治学の定量分析で一般的に利用されている「国家間軍事紛争データセット（Militarized Interstate Disputes: MIDs）」を用い、過去の危機で強硬姿勢を示した国がそれ以降挑戦を受けにくくなるというシンプルな仮説が統計的に有意であることを示している。状況が異なれば利害や決意も変わるため評判は意味を成さないという上述のプレスの見解とは異なり、過去の行動がその文脈を離れて一般化され、評判としての影響力を持つという根拠を提供する結果である。またセクサーは強要の事例のみを抽出した独自のデータセット（Militarized Compellent Threats: MCT）を用い、国家は将来的にさらなる挑戦を受ける可能性が高いと判断した場合に、決意の評判を守るため強硬姿勢を選ぶ傾向にあると論じる[16]。

さらに政治学全体の潮流を反映する形で、評判の形成過程におけるミクロ基礎を明らかにすることを目的とした心理学的な実験手法も盛んになりつつある[17]。評判という研究分野における実験手法のポテンシャルは比較的早い段階から認知されており、例えばティングレーとウォルターは被験者のペアを反復的抑止ゲームに参加させ、決意の評判が徐々に形成されていくことを確認した[18]。決意に関する基盤的研究を行ったカーツァーは、評判に関する懸念が武力行使に関する意思決定を硬化させる効果を持つという実験結果を得ている[19]。また上述のラプトンも事例研究と実験を組み合わせたリサーチデザインを採用し、政治指導者が就任初期に発する声明によってその人物の決意の期待値が設定され、その後の実際の行動と相互作用してアップデートされていくというモデルを実験的に確認してから歴史的な事例研究に応用するという手法を取っている。最後に、単純なサーベイ実験にとどまらない例として、ゴールドフィンらはコンジョイント分析を利用して特定の国内政策が外交政策に波及する評判を形成し得るという可能性を示唆する[20]。

3. 評判研究の課題と展望

こうした近年の研究の積み重ねが示唆するところでは、抑止と強要をめぐる国家間のダイナミクスにおいて評判が重要な影響を及ぼし得るという肯定論の方が有力となっているというのが妥当であろう。近年の評判研究の根底にある問題意識についてすでに上で述べたとおり、評判について肯定するか否定するかという単純二元論的な問いはもはや訴求力を失っている。しかし、近年の評判研究が意図的に切り口を限定して分析を行っていることの代償として、評判という複雑な概念の総体が見えにくくなっていることもたしかであり、理論的な適用範囲を明確にした地道な研究の蓄積を続けていくことが求められている。以下では、評判に関する大きな論点の現状を検討する。

まず、評判の存する主体が国家か個人かという問題は根強い。これは各研究で用いられる方法論とある程度相関しており、定量研究ではデータセットの分析単位となっている国家を対象とするのに対して、事例研究では政治指導者を対象とする傾向にある。もっとも、これらの研究は相互に矛盾するわけではなく、国家の評判と指導者個人の評判が併存しているという見方は当然可能である。例えばラプトンは明示的に個人レベルでの評判の分析を行っているが、国家レベルの評判についても否定していない[21]。米国を例にとれば、必要であれば武力行使も辞さないという国家レベルの決意の評判とは別に、個人レベルで時の大統領の決意の評判にバラつきが生じたとしても不自然ではないだろう。国家と個人の2つのレベルで評判が併存しているとすれば、両者がどのように相互作用を及ぼすのかより明示的に議論されていく必要がある[22]。

また、評判の持続期間についても不明な点が多い。端緒となった過去の出来事から時間が経過するにつれて評判が弱まっていくものと想定するのが一般的であるが、単純に線形的に弱まっていくのか、あるいは何らかの曲線を描いて弱まっていくのかは定かでない。また、重要な分析対象となる大国およびその指導者らは、大きな国際危機には至らずとも、絶えず何らかの外交政策に従事している。とすれば、継続的なプロセスとして評判がどのようにアップデートされていくかも重要な論点となる。上で述べたように、白紙ベースで認識が更新されていくのは現実的な想定とはいえず、過去の評判と現在の出来事の間でいかなる相互作用が発生するのかも今後の研究で積極的に議論されていくべきであろう。

最後に、何に関する評判かという問題もある。1990年代に決意の評判が注目を集める一方で能力の評判（reputation for capability）については研究が進んでいないことが指摘されていたが、これは今日でもほぼ同様に当てはまる[23]。政治的意思と軍事的能力が威嚇による強制の両輪であるとすれば、決意だけでなく能力に関する評判も劣らず重要であろうし、軍事力が決意と同じく極めて測定の難しい変数であることに鑑みれば、実際の軍事力の試金石となる戦争を通じて能力の評判が形成されるという仮説は容易に成り立つ。特に、定量比較が可能な軍事予算額や軍事アセットの数などとは異なり、平時には直接観測することができない軍の組織効率や戦略・戦術の質といった軍事力のソフト面については、実際の戦時のパフォーマンスが認識に与える影響は大きいと考えられる。例えば西側諸国が抱くロシア軍の能力に関する認識は、ウクライナ侵攻から約2年（本稿執筆時点）を経て消耗戦の様相を呈するに至り、大きく変化してきているのではないだろうか。それは、（西側がウクライナを支援しているにせよ）ロシアがウクライナに対して優勢な物量を有しているにもかかわらず、そのアセットを効果的に運用して戦略目標を達成するという質的なスキルの面で疑義が生じているからである。このように、政治的決意という1つの側面に縛られず、他の種類の評判についても理解を深めていく必要がある[24]。

以上見てきたように、国際政治学における評判の研究は過去30年ほどで著しい進歩を見せている。振り返ってみれば、評判研究の発展は核抑止論の盛衰と一定の相関を示している。元より評判の研究は、「核兵器の長い影」の下で行われる抑止の信頼性に係る議論に資するものとして発展してきた経緯があったが、冷戦終結後の1990年代から評判について疑問視する見解が登場してきたのも、ちょうど核抑止から核（不）拡散へと人々の関心が移っていった時期に合致する。そして今日、ふたたび核兵器の存在感が高まりつつあることに鑑みれば、近年の評判研究の隆盛は核抑止論への回帰の1つの側面としてとらえることもできよう。しかし冷戦期に比べて核兵器を保有する主要なプレイヤーの数が増え、その地理的・技術的文脈も多様化するにつれ、我々の評判についての理解も複雑化を迫られる。すなわち、理論的・政策的な共通理解に基づいた冷戦期の米ソ2国間関係における核抑止の信頼性に資する決意の評判、という限定的な評判の理解の仕方は今日では不十分である。どの行為者（国家・個人・あるいはそれ以外）の、何の評判（決意・能力・あるいはそれ以外）が、いかなる条件と文脈（核・通常、直接・拡大などさまざまな種類の抑止と強要）において影響を及ぼしてくるのか、よりニュアンスに富んだ評判の理解が課題となっているのである。国際政治における評判は、「核時代の新たな地平」を見据えるうえで不可欠な問いを投げかけているものといえよう。

1) Thomas C. Schelling, *The Strategy of Conflict* (Cambridge: Harvard University Press, 1960).
2) 概念の定義については先行研究の中で細かなバリエーションはあるものの、重要な特徴についてはほぼコンセンサスがあるため、ここでは最大公約数的な定義を提示している。なお、よく混同される概念として地位（status）や威信（prestige）があるが、それらは特定の変数あるいは分野に限定されない国家間の総合的な序列を指して用いられることが多い。ここでは紙幅の都合上、詳細な概念的議論には踏み込まないため下記文献を参照されたい。Jonathan Mercer, *Reputation and International Politics* (Ithaca: Cornell University Press, 1996); Deborah W. Larson, T. V. Paul, and William C. Wohlforth, "Status and World Order," in *Status in World Politics* (Cambridge: Cambridge University Press, 2014), 3-29; Allan Dafoe, Jonathan Renshon, and Paul Huth, "Reputation and Status as Motives for War," *Annual Review of Political Science* 17 (2014): 371-393; Jonathan Renshon, *Fighting for Status: Hierarchy and Conflict in World Politics* (Princeton: Princeton University Press, 2017); Keren Yarhi-Milo, *Who Fights for Reputation: The Psychology of Leaders in International Conflict* (Princeton: Princeton University Press, 2018); Danielle L. Lupton, *Reputation for Resolve: How Leaders Signal Determination in International Politics* (Ithaca: Cornell University Press, 2020).
3) Robert Jervis, *Perception and Misperception in International Politics* (Princeton: Princeton University Press, 1976); Robert Jervis, Richard N. Lebow, and Janice G. Stein, *Psychology and Deterrence* (Baltimore: Johns Hopkins University Press, 1989).
4) Thomas C. Schelling, *Arms and Influence* (New Haven: Yale University Press, 1966), 124.
5) Robert Jervis, *The Meaning of the Nuclear Revolution: Statecraft and the Prospect of Armageddon* (Ithaca: Cornell University Press, 1989), 39.
6) Mercer, *Reputation in International Politics*.
7) Daryl G. Press, *Calculating Credibility: How Leaders Assess Military Threats* (Ithaca: Cornell University Press, 2005).
8) Shiping Tang, "Reputation, Cult of Reputation, and International Conflict," *Security Studies* 14, no. 1 (January 2005): 34-62.
9) Paul K. Huth, "Reputations and Deterrence: A Theoretical and Empirical Assessment," *Security Studies* 7, no. 1 (September, 1997): 72-99; Dale C. Copeland, "Do Reputations Matter?," *Security Studies* 7, no. 1 (September 1997): 33-71.
10) Robert Jervis, Keren Yarhi-Milo, and Don Casler, "Redefining the Debate over Reputation and Credibility in International Security: Promises and Limits of New Scholarship," *World Politics* 73, no. 1 (January 2021): 167-203.

11) Keren Yarhi-Milo, *Who Fights for Reputation.*

12) Frank P. Harvey and John Mitton, *Fighting for Credibility: US Reputation and International Politics* (Toronto: University of Toronto Press, 2017).

13) Lupton, *Reputation for Resolve.*

14) Ketian Zhang, "Cautious Bully: Reputation, Resolve, and Beijing's Use of Coercion in the South China Sea," *International Security* 44, no. 1 (2019): 117-159.

15) Alex Weisiger and Keren Yarhi-Milo, "Revisiting Reputation: How Past Actions Matter in International Politics," *International Organization* 69, no. 2 (2015): 473-495.

16) Todd S. Sechser, "Reputations and Signaling in Coercive Bargaining," *Journal of Conflict Resolution* 62, no. 2 (February, 2018): 318-345.

17) E. Hafner-Burton, D. Hughes, and D. Victor, "The Cognitive Revolution and the Political Psychology of Elite Decision Making," *Perspectives on Politics* 11, no. 2 (2013): 368-386; Susan D. Hyde, "Experiments in International Relations: Lab, Survey, and Field," *Annual Review of Political Science* 18 (2015): 403-424; Joshua D. Kertzer and Jonathan Renshon, "Experiments and Surveys on Political Elites," *Annual Review of Political Science* 25 (2022): 529-550.

18) Dustin H. Tingley and Barbara F. Walter, "The Effect of Repeated Play on Reputation Building: An Experimental Approach," *International Organization* 65, no. 2 (April 2011): 343-365.

19) Joshua D. Kertzer, *Resolve in International Politics* (Princeton: Princeton University Press, 2016).

20) Michael A. Goldfien, Michael F. Joseph, and Roseanne W. McManus, "The Domestic Sources of International Reputation," *American Political Science Review* 117, no. 2 (2023), 609-628. コンジョイント分析は、処置群と対照群の差から単一の独立変数の因果効果を求める通常の実験とは異なり、複数の独立変数をランダムに変動させて組み合わせた「プロフィール」を被験者に比較選択させることで各独立変数の個別の因果効果および相互作用を同時に求めることができる実験手法である。元々マーケティング研究の分野で発展した手法だが、近年政治学での応用が進んでいる。Jens Hainmueller, Daniel J. Hopkins, and Teppei Yamamoto, "Causal Inference in Conjoint Analysis: Understanding Multidimensional Choices via Stated Preference Experiments," *Political Analysis* 22, no. 1 (Winter 2014): 1-30; Kirk Bansak et al., "Beyond the Breaking Point? Survey Satisficing in Conjoint Experiments," *Political Science Research and Methods* 9, no. 1 (January 2021): 53-71.

21) Lupton, *Reputation for Resolve.*

22) Cathy Xuanxuan Wu and Scott Wolford, "Leaders, States, and Reputations,"

Journal of Conflict Resolution 62, no. 10 (November 2018): 2087-2117; Jervis et al., "Redefining the Debate." さらに踏み込めば、国家と個人のみならず、政党などの国内組織や非国家主体も評判を有する主体たりうるという指摘も可能であろう。これまでの研究で国家と個人が注目を集めてきた理由としては、軍事力を含むあらゆる類の資源を大量に動員する力を持つ主権国家と、その意思決定を担う政治指導者らが伝統的に最も影響力のある行為主体であるという点や、他のタイプの主体に関する単純なデータ不足などの方法論的要因が考えられる。

23) Huth, "Reputations and Deterrence"; Jervis et al., "Redefining the Debate." 数少ない例外として、Elli Lieberman, "The Rational Deterrence Theory Debate: Is the Dependent Variable Elusive?," *Security Studies* 3, no. 3 (March 1994): 384-427; "What Makes Deterrence Work?: Lessons from the Egyptian-Israeli Enduring Rivalry," *Security Studies* 4, no. 4 (June 1995): 851-910.

24) 第2章では核強要の文脈で、非合理で行動が予測不可能なマッドマンとしての評判についても触れられているので参照されたい。ほかにも、同盟国として信頼が置けるか否かという忠実さに関する評判などについても研究の例がある。Douglas M. Gibler, "The Costs of Reneging: Reputation and Alliance Formation," *Journal of Conflict Resolution* 52, no. 3 (June 2008): 426-454; Gregory D. Miller, *The Shadow of the Past: Reputation and Military Alliances before the First World War* (Ithaca: Cornell University Press, 2011); Iain D. Henry, "What Allies Want: Reconsidering Loyalty, Reliability, and Alliance Interdependence," *International Security* 44, no. 4 (April 2020): 45-83.

第3章

新領域と核兵器システム

——核抑止・軍備管理への意味合い——

有江 浩一

航空自衛隊の宇宙作戦部隊訓練の様子（共同）

はじめに

近年、宇宙・サイバー・電磁波などのいわゆる「新領域」での活動が陸・海・空の伝統的な領域での戦いに影響を及ぼしつつあり、また人工知能（artificial intelligence: AI）や量子技術といった新興技術（emerging technologies）が新領域での活動に導入されつつある。これらの新領域での活動や新興技術の影響は核の領域にも及ぼうとしており、核保有国の核兵器システムは従前からのミッションである陸・海・空領域での攻撃の抑止に加えて、新領域での攻撃をいかに抑止していくのかという新たな課題に直面している[1]。

このような課題に取り組む安全保障研究として、「領域横断的抑止」に関するものが挙げられる[2]。この概念は、冷戦後に激変した戦略環境に対応する新たな抑止概念の模索の試みとして2000年代に提唱された「複合的抑止（complex deterrence）」概念が変容したものとされている[3]。カリフォルニア大学サンディエゴ校のガーツキ[4]らによれば、領域横断的抑止とは、ある領域における現状変更的な行動をさせないために、別の領域において脅しを用いること、もしくはいくつかの異なる脅しを組み合わせて用いることだという[5]。ただし、領域横断的抑止は抑止の脅しの信頼性やエスカレーション制御などの面で課題も多い[6]。

領域横断的抑止の観点を含め、新領域での活動が抑止、とりわけ核兵器による抑止にどのような影響をもたらすのかについて、さまざまな見方が提示されている。一方では宇宙・サイバー領域において先制攻撃を行えば（核を含む）何らかの重大な報復を招くことは必至であることから、いかなる国も新領域での攻撃には慎重になるはずだとの見方がある。他方では、宇宙・サイバーなどの新領域における敵対国の活動は核保有国の先制攻撃の誘因を生じさせ、核抑止を不安定化させる恐れがあると懸念されている[7]。また、ある核保有国が新興技術を導入することは、他の核保有国との核抑止関係を不安定化させる潜在的要因になるという[8]。日本国際問題研究所の戸﨑は、新興技術が核兵器システムに導入される場合、核保有国間の抑止関係の安定化に寄与するとの見方と、その不安定化を促進するとの見方の双方があると指摘している[9]。

こうした議論を踏まえて、本章では、まず新領域と核兵器システムの関わりを概観し、核兵器システムに対する新領域の影響が核抑止を安定化させるのか、それとも不安定化させるのかを検討する。次いで、新領域の影響が核抑止を不安定化させるとすれば、抑止の安定性を高めるための政策課題は何かを考察する。併せて、新領域における軍備管理のアプローチについても検討を試みる。なお、サイバーや認知領域での戦いにAI技術の導入が検討されるなど、新領域の活動に新興技術が影響を及ぼしていくと考えられることから、本章では新領域と新興技術を併せて論じることとする。

1. 新領域と核兵器システムの関わり

(1) 宇宙領域

新領域のうち、宇宙についてはすでに冷戦期から核兵器システムとの関わりが深く、その意味では必ずしも新しい領域ではない。米国の核兵器システムのうち、弾道ミサイルの早期警戒や指揮・通信といった中核的な機能を果たすのは核指揮統制通信（nuclear command, control, and communications: NC3）と呼ばれるシステムであるが、NC3の機能の多くは人工衛星に依存している[10]。これらの衛星は、核のオペレーションのためだけに機能を果たしているのではなく、多くの場合非核（通常）作戦も支援しているのが実態である。このことは核と非核の「もつれ合い（entanglement）」として近年問題視されるようになってきており[11]、宇宙領域と核兵器システムの関わりを考えるうえでも看過できない重要な問題といえる。

衛星をはじめとする宇宙アセットはさまざまな攻撃に脆弱である。宇宙アセットへの攻撃手段である対宇宙（counterspace）システムには、キネティック・物理（kinetic physical）、非キネティック・物理（nonkinetic physical）、電子およびサイバーの各手段がある。キネティック・物理手段は物理的に衛星を直接攻撃するものであり、具体的には地上から発射される直接上昇型ミサイルや宇宙に投入される共軌道（co-orbital）衛星などにより目標衛星を破壊あるいは無力化する。非キネティック・物理手段はレーザー兵器や高出力マイクロ波（high-power microwave: HPM）兵器などを使用して目標衛星に物理的影響を与える。電子手段は衛星と地上局間でデータのやりとりを行うための無線電波に対して妨害や欺騙を行うものである。これに対し、サイバー手段は宇宙アセットのデータおよびデータを使用・管理するシステムを標的として攻撃を行う[12]。

現在のところ、キネティック・物理手段のうち直接上昇型ミサイルによる自国衛星の破壊実験を成功させたのは米国、中国、ロシアおよびインドの4カ国であるが、これまでに他国の衛星を攻撃した事例はない[13]。非キネティック・物理手段については、中国が低軌道衛星の光学センサーを眩惑（blinding）または損傷させ得る地上設置レーザーシステムを保有しているとされており、ロシアも同様の能力を有するレーザーシステム「カリーナ（Kalina）」を新たに開発した可能性があると指摘されている[14]。なお、ロシアは限定的な対衛星攻撃能力を持つ地上設置レーザーシステム「ペレスヴェート（Peresvet）」をすでに配備しているとされるが、詳細は不明である[15]。

(2) サイバー領域

宇宙と異なり、サイバー領域は核兵器システムにとって比較的新しい領域といえよう。初期の事例としては、1990年代に米海軍の戦略原子力潜水艦（ship submersible ballistic, nuclear: SSBN）に核ミサイル発射命令を送信するための無線システムに脆弱性が発見され、メイン州にあった海軍の無線送信所が外部のハッカーに乗っ取られそうになっていたことが報告されている[16]。

上記の事例は電磁波領域における電子戦と重なる部分もあるが、兵器体系のコンピュータ化・デジタル化・ネットワーク化が進むにつれて、サイバー領域は電磁波領域と重なり合うようになった。具体的には、ネットワークにつながれたコンピュータは有線あるいは光ファイバーケーブル、マイクロ波、衛星通信などのデジタル通信手段によってサイバー空間にアクセスしているが、これらの通信手段はすべて電磁波を応用したものである[17]。サイバー領域と電磁波領域を介したデジタル情報のやりとりが増えるに伴い、核兵器システムについてもデジタル情報を対象としたサイバー攻撃の脅威が増大している。

当初、核兵器システムへのハッキングは不可能と考えられており、その事案もこれまでに生起してはいない。ただし、サイバーセキュリティの知識を持たない人員やシステム上の欠陥などを狙った攻撃は起こり得る[18]。実際に2020年12月には、核兵器システムそのものではなかったが、米国の核兵器を管理する国家核安全保障局（National Nuclear Security Administration: NNSA）のネットワークがハッキングされたことが明らかになった[19]。また、2022年8月から9月にかけて核関連技術を研究するブルックヘブン、アルゴンヌ、ローレンス・リバモアの3つの米国国立研究所がロシアのハッカー集団「コールドリバー」によるサイバー攻撃を受けた。同集団は、これらの研究所ごとに偽のログイン画面を作って核科学者たちにメールを送信し、彼らのパスワードを窃取しようとしていた。この事案について各研究所はコメントを出しておらず、サイバー攻撃が成功したかどうかは不明である[20]。

核関連施設を標的としたこれらのサイバー攻撃はいずれもインターネット経由で行われたものであるが、インターネットを介さないサイバー攻撃も起こっており、その代表的なものは2010年に公表されたスタックスネット（Stuxnet）事案である。スタックスネットは当時イランのナタンズにあるウラン濃縮施設の遠心分離機の制御システムに感染し、遠心分離機1,000基以上に物理的損害を与えたマルウェアで、インターネットに接続されていない端末にUSBメモリを用いて仕掛けられたとされている[21]。

(3) 電磁波領域

すでにみてきたように、核兵器システムは通信をはじめとして電磁波に大きく依存している。このため、電子戦の影響を受けやすく、とりわけ電波妨害（jamming）や電波欺瞞（spoofing）などの電子攻撃（electronic attack）は核兵器システムの機能に少なからず影響を及ぼす[22]。NC3の衛星と地上局間の通信電波のジャミングについては先述したが、これは地上局から衛星に向かう通信（アップリンク）と衛星から地上局への通信（ダウンリンク）のいずれに対しても行うことが可能である。妨害電波を衛星に到達させるために電力所要が大きくなることから技術的にはアップリンクジャミングの方が難しいとされるものの、一般的には衛星通信に対するジャミングは比較的容易に行うことができコストも高くない。しかも、通信障害が発生した場合、それが意図的なジャミングによるものなのか、それとも電波干渉あるいは混信（interference）によるものなのかを判別しにくいため、攻撃元の特定が困難になるという点も攻撃者にとっては有利である[23]。

ロシア軍の電子戦部隊（Sputnik／共同通信イメージズ）

このほか、電磁波を用いた攻撃に電磁パルス（electromagnetic pulse: EMP）によるものがある。EMPは核爆発などにより放出される強力な電磁エネルギーのことであり、あらゆる電子機器を損傷・破壊し、電力網などの重要社会インフラに広範な被害をもたらす[24]。EMP攻撃に対する核兵器システムの強化策の一環として、米空軍はB-2ステルス戦略爆撃機の対EMP性能を向上させる方策を検討中である[25]。

米国は核爆発によることなくEMPを局地的に放射でき、敵の電子機器を破壊し得るHPM兵器（High-powered Joint Electromagnetic Non-Kinetic Strike Weapon: HiJENKS）を開発中である。HiJENKSは米空軍によるHPM兵器計画（Counter-electronics High-powered Microwave Advanced Missile Project: CHAMP）の成果を基礎として米海軍と共同で開発が進められているもので、最新技術を導入して空対地ミサイル搭載型のCHAMPよりもさらに小型化され、より過酷な環境での運用が可能になるという[26]。なお、CHAMPについては、米空軍は2019年にCHAMP装置を弾頭に搭載した巡航ミサイルを少なくとも20発程度配備したとされる[27]。

レーザーやHPM兵器をミサイル防衛に利用する研究開発も進んでいる。特にレーザー兵器については、米国は将来的に現在の迎撃ミサイルと組み合わせて弾道ミサイルや極超音速ミサイルの迎撃も行えるようなものにするための検討を始めている[28]。さらに、米国防大学（National Defense University）のアンダーソンと米空軍のマッキューは、近い将来に指向性エネルギー兵器を使用して戦域レベルの核搭載可能兵器の誘導システムや通信を機能不全に陥らせ、これらの核兵器を無力化することも可能になるかもしれないと指摘している[29]。

(4) 認知領域

認知（cognition）とは、人間の思考プロセスとして定義され、観察による情報の取得、思考、想像、記憶、判断、問題解決、選択的注意（selective attention）といった行為を規定する[30]。人間の認知領域をめぐる戦いである認知戦（cognitive warfare）は、現代戦における新たな領域の1つとみられており、相手（個人レベルと集団レベルの双方）の認知に働きかけてその判断や行動に影響を与える戦い方とされる[31]。その手段としては、ソーシャルメディアを用いた偽情報（disinformation）の拡散などが指摘できる[32]。また、サイバー手段も認知領域での戦いに有効と考えられている。ロシアによる2016年米大統領選への干渉事案では、選挙インフラのセキュリティ上の弱点を狙ったサイバー攻撃が多用された[33]。さらに、電磁波領域の手段が認知領域での戦いに利用される可能性もあり、中国人民解放軍はHPMなどから放射される電磁波により人間の脳を直接攻撃して正常な認知機能を妨害するための兵器を開発中とされている。ある研究者は、こうした攻撃手法を「ニューロストライク（NeuroStrike）」と呼称している[34]。

認知領域と核兵器システムとの関わりでは、2016年に起こった米国の戦術核兵器に関する偽情報の事例が挙げられる。これは同年8月18日、米国がトルコのインジルリク空軍基地に保管している戦術核兵器をルーマニアに移動させたとの報道が世界中に配信され、後にフェイクニュースだったことが判明したものである[35]。ソーシャルメディアが核兵器をめぐる意思決定に及ぼす影響については、対象をツイッター（現X）に絞って考察した研究が2020年に出されている[36]。なお、偽情報の活用によって核使用の事実をどの程度覆い隠せるかを考察した研究もある[37]。NC3に対する偽情報の影響については戦略国際問題研究所のハースマンが2020年に論文を発表しており、その中でハースマンは偽情報の流布によって米国のNC3に対する国民の信頼が揺らぐ可能性があると指摘している[38]。

核兵器システムをめぐっては、偽情報のみならず誤情報（misinformation）の拡散の事例もある。2017年に中国が新型の地上移動式大陸間弾道ミサイル（intercontinental ballistic missile: ICBM）「DF-41（東風41）」を正式に配備したと複数の大手メディアが写真付きで報じた。しかしその後の調査で、写真はソーシャルメディア上で共有されていたもので、被写体のミサイルとおぼしきものはDF-41とは確認されず、誤情報であったことが判明している[39]。

（5）新興技術の影響

AIや極超音速兵器、量子通信などの新興技術は国際安全保障上の重要な関心事項となっており、これらの技術をめぐって国際的な開発競争が展開されている。新興技術は新領域の動向にも大きな影響を及ぼす可能性があり[40]、また核兵器システムの近代化を進めるうえで大きな期待が寄せられている[41]。

AIは将来的に宇宙領域での戦いに導入される可能性がある。AIの導入によって軌道上の衛星や地上システムの性能が格段に向上するのはもとより、AIの自己学習能力によってアルゴリズム自体が作戦環境に応じて自律的にアップグレードされていくと考えられる。このため、宇宙領域での戦いにAIを導入した側にはかつてないほどの競争上の優位性がもたらされると予測されている[42]。

AIはサイバー領域にも影響を及ぼす可能性がある。将来的にAIによって強化されたサイバー攻撃能力が核兵器システムに指向される場合、核使用の判断を行う短い時間内にサイバー攻撃の探知・識別および攻撃元の特定を完了することは不可能に近くなるとされている[43]。

米国防省が公表した「中華人民共和国の軍事および安全保障の進展に関する年次報告」（2022年）によると、中国人民解放軍が認知領域での戦いにAIの導入を検討しているという。ディープフェイクの作成、プロパガンダの拡散、インターネット利用者の感情の分析にAIを活用するほか、ソーシャルメディア上のボットネットワークにAIを導入してもっともらしいコンテンツを作成させ、最適のタイミングでソーシャルメディア上に投稿させるといった活用法が検討されているもようである[44]。

極超音速兵器の技術は、宇宙を含む領域における新たなキネティック攻撃手段を提供するものとして注目されている。この兵器は、マッハ5以上の極超音速領域で大気圏内を飛翔し、高速飛翔間に機動することが可能であり、現有の防空・ミサイル防衛システムによる迎撃を回避しつつ目標を攻撃できるという軍事的な利点を持つ[45]。極超音速兵器は大気圏と宇宙の境界（ニア・スペース）以下の高度での運用を想定して開発されていることから、航空（air）と宇宙（space）双方の領域にまたがるという特性を有している[46]。ただし、近年ではニア・スペースを超えて宇宙領域で極超音速兵器を活用しようとするかのような動きもある。中国が2021年に実施した新型の極超音速兵器とされる発射試験では、宇宙空間において飛翔体を運搬用ロケットから分離し、地球低軌道に乗せた後に大気圏に再突入させたとみられている[47]。また、米国は極超音速兵器を探知・追跡するためのセンサーを搭載した衛星コンステレーションを地球低軌道に配置する計画を進めている[48]。このように、極超音速兵器とその迎撃手段をめぐる開発競争は宇宙領域にも及びつつある。

中国とロシアが核・非核両用の極超音速兵器を開発・配備しているのに対して、米国は極超音速兵器に核弾頭を搭載する計画を持っていない。リチャード米戦略軍司令官は、こうした非核弾頭搭載の極超音速兵器について、核の敷居を超えることなく戦力を迅速に投射できる新たな攻撃オプションを大統領に付与するものであり、米国の全般的な戦略抑止態勢を強化すると述べている[49]。

量子力学の原理を応用した量子技術（quantum technology）の研究開発が進んでおり、この技術を核兵器システムに導入した場合の影響も論じられつつある。量子技術の導入により、通信や暗号などの秘匿性が飛躍的に改善され、最高レベルの秘匿性を要する核兵器システムの能力向上が期待できるからである。シドニー大学のヘイズによれば、量子暗号通信技術を核保有国のNC3

に導入すれば、傍受・妨害やハッキングが理論上不可能なNC3を構築することができるという[50]。なお、中国は量子暗号通信技術の一方式である量子鍵配送（quantum key distribution: QKD）による実用化を商用ベースで精力的に取り組んでおり、2016年に量子通信実験衛星「墨子号」を打ち上げた。翌2017年には「墨子号」を介して北京とオーストリアのウィーンの間でQKD方式による画像の暗号化伝送を行い、両地点間でのビデオ会議を成功させている[51]。

また、中国は量子レーダーなどの量子センシング技術にも注力している。量子レーダーの軍事的効用は今のところ高くないとみられているが、仮に中国が高性能の量子レーダーの実戦配備に成功した場合は核兵器に対する監視・追跡能力が飛躍的に向上し、米国の核兵器システムに深刻な影響をもたらす可能性があると指摘されている[52]。

2. 新領域が核抑止を安定化させる可能性

(1) 宇宙・サイバー領域における攻撃の相互自制

後述するように、宇宙・サイバーなど新領域における攻撃に対するNC3の脆弱性が多く指摘されているが、攻撃元を特定されないとは限らないため、NC3に対する攻撃を相互に自制するインセンティブが関係国間で働く可能性がある。そもそも、関係国はこれらの領域において先制攻撃を行い、攻撃元を特定されれば何らかの重大な報復を受けることを回避できないと認識しているはずである[53]。ましてやNC3への先制攻撃となれば、核兵器による報復を招く蓋然性が大いに高まることは想像に難くない。

このことを、NC3に対するサイバー攻撃を例に考えてみたい。ロナーガンとヤヒマイロは、こうしたサイバー攻撃を核抑止のシグナリング（核使用を抑止する意思の表明と相手への伝達）の手段として活用できるか検討している。それによると、例えば米国がロシアのNC3に対してシグナリングを目的としたサイバー攻撃を仕掛けようとする場合、ロシアは米国のサイバー手段によるシグナルを自国の重要軍事システムに対する攻撃と解釈し、核抑止の意図とは裏腹に、ロシアによる核使用を招いてしまうという。仮に核使用に至らなかったとしても、ロシアは核戦力の態勢強化や核使用権限の委譲といった核の敷居を下げる措置を講ずるであろうし、それによって偶発的な核エスカレーションの蓋然性が高まってしまう。つまり、サイバー手段であってもNC3に対する攻撃は核抑止を破綻させるリスクが大きいために、米国はこうした攻撃を自制すべきだというのである[54]。

新領域における攻撃の相互自制は米露間のみならず、米中間でも機能するかもしれない。米国防大学のゴンパートとサンダースによれば、米中がともに宇宙・サイバー領域での軍事能力を増大させた結果、これらの領域における攻撃に対して相互に脆弱な状態になりつつあることから、両国がこうした攻撃を相互に自制することはあり得ると分析している。ただし、宇宙・サイバー領域での軍事能力が戦闘における相手の部隊および兵器のパフォーマンスを向上させることを米中ともに理解しているために、これらの軍事能力に対する攻撃オプションを完全に排除することにはならないという[55]。

こうした宇宙・サイバー領域での攻撃オプションが採用されないような措置を講じていくことが、攻撃の自制を維持するためには重要であろう。

電磁波領域での攻撃については、対衛星攻撃手段としては技術的な制約が大きいために自制を余儀なくされることも考えられる。例えば、標的となる衛星と同一軌道に攻撃用の衛星（いわゆる「キラー衛星」）を打ち上げた後、当該衛星に接近させて電磁波攻撃を行わせる状況を検討してみたい。まず、キラー衛星には接近行動に必要な燃料を大量に搭載しておかなければならないが、そのために衛星のサイズと重量が増し、宇宙状況把握のための監視の目を掻い潜りながら隠密に行動することが難しくなる。そうかといって、搭載燃料を多くしつつ衛星を小型化・軽量化しようとすれば攻撃に使用するための電磁波放射装置を搭載するスペースを確保できなくなる。また、電磁波攻撃には大量の電力が必要であり、そのための電力確保も問題となる。太陽光パネルを衛星に付加すれば発見されやすくなり、バッテリーの搭載は衛星の重量を増加させるとともに時間が経つにつれてその消耗が大きくなる。さらに、軌道投入後すぐに接近行動に移行すれば怪しまれることから、攻撃までに年単位の時間をかける場合もあり、この間に宇宙空間の過酷な環境によりキラー衛星の能力が低下して電磁波攻撃任務の達成が難しくなってしまう恐れもある[56]。これらの技術的なコストの大きさがキラー衛星による電磁波攻撃を自制させる要因となる可能性はある。

新領域における攻撃の相互自制が今後とも続いていくとするならば、抑止論の著名な研究者の1人であったモーガンの「一般抑止（general deterrence）」の概念が示すような状態が継続しているといえるかもしれない。「一般抑止」は、危機発生時における「緊急抑止（immediate deterrence）」とは異なり、危機が発生していない状況での比較的安定した抑止の状態をさす。つまり、抑止国と被抑止国の関係が「一般抑止」の状態にあれば、両者の少なくとも一方は機会があったら軍事力を行使することを考えていたとしても、直ちに攻撃が行われることはないとされる[57]。「一般抑止」は緊急抑止と比べると分析概念として使うには曖昧な点が多いものの、新領域における攻撃の相互自制のメカニズムを抑止の観点から解明するうえで示唆的な概念であろう。

(2) 認知領域の活用による核使用の抑止可能性

ハースマンが指摘するように、偽情報の流布によって核保有国のNC3に対する国民の認知に影響を及ぼすことが可能であるとすれば、逆に自国のNC3に対する国民の広範な支持を得ることによって敵対する核保有国に抑止の強い意思を伝達し、敵対国の核使用を抑止する可能性を高めることができるかもしれない[58]。ソーシャルメディア上に可能な範囲でNC3の信頼性についての情報を簡潔かつ理解容易な表現を用いて開示することにより、自国民の支持を集めるように努めるなどの方策が考えられよう。この際、自国のNC3に関して敵対国が偽情報や誤情報を流布してくると思われることから、これらを早期に発見して速やかに訂正するなど適切に対応し、自国のNC3に関する正しい情報が国民に伝わるようにすることが重要である。

また、敵対する核保有国の意思決定者の思考に働きかけ、核使用をめぐる彼らの状況判断と意思決定に影響を与えることによって核使用を抑止しようとすることは認知領域での戦いの一形態として考えられる。米空軍のグーセンは、こうした手法を「認知ターゲティング（cognitive targeting)」と呼称し、核保有国との通常戦争において相手に核使用をさせないように制御しつつ戦争目的を達成する可能性を検討している。グーセンによれば、「認知ターゲティング」とは、軍事力を直接的に相手の国家能力あるいは国家意思の全体に対して用いるのではなく、認知領域において相手の思考を誘導し、自国にとって望ましくないオプションを相手の思考過程から排除させるように間接的かつ焦点を絞って軍事力を運用する考え方である。この際、逃げ道を塞いで相手を追い詰めるのではなく、双方にとって好ましい条件で紛争を終結させる方法として双方が受け入れ可能な（acceptable to both parties as a way to exit the conflict on terms favorable to both parties）行動オプションを提示し、相手がこれを選択するように導くことが重要とされる。そのためには、相手が取り得る行動オプションを含む戦略を早期に洞察し、その裏をかく（outmaneuver his strategy）よう相手に先んじて思考を進めていく必要がある[59]。こうした「認知ターゲティング」によって核使用を抑止するためには、軍事力を相手に対するコミュニケーションの手段として巧妙に運用する必要があり、高度な戦略的思考と軍事力運用の能力が求められるのは言うまでもない。併せて、ソーシャルメディアなどを活用して相手の核使用の誘因を減らすようにすることも考えられる。

(3) 新興技術の導入による核使用の抑制

核兵器システムに新興技術を導入することにより、相手国の核兵器システムに対する情報収集・監視・偵察(intelligence, surveillance, and reconnaissance: ISR）能力および収集した情報の分析能力が向上し、核使用の判断をより適正に行うことが可能になるとの見方がある。

ランド研究所のガイストとローンは、NC3の早期警戒システムにAIを導入し、相手国の核態勢に係る動向を正確に把握することができるようになれば、相手国は秘密裏に核攻撃の準備を行うことが難しくなり、相手国による核使用の脅しが本物なのか否か（つまり、核攻撃準備を伴っているのか否か）を正しく見極めることが可能になるため、抑止の信頼性が高まり、危機の際に偶発的なエスカレーションの危険を減らすことができると述べている[60]。また、コックスとウィリアムズは、AIを核兵器システムに導入することにより、早期警戒情報の分析をより正確に行い得るとともに、核使用の要否を判断するための時間的余裕を得ることが可能になるので、核抑止の安定化に寄与するとみる[61]。

量子技術を応用することにより、相手国の核兵器システムに対するISR能力を向上することも期待されている。例えば、量子センサーは量子効果を利用して磁場や重力、角運動量などのさまざまな物理量を従来のセンサーよりも高感度で計測することができるという[62]。この量子センサーを活用することにより、非脆弱な第二撃能力とされる敵のSSBNの探知が容易になるかもしれない。具体的には、潜航中のSSBNによって引き起こされる磁場や重力などの変化を量子センサーで計測し、探知・追跡に役立てることが考えられる[63]。このようにして、量子センサーによって相手国のSSBNの動向を事前に探知することができるようになれば、相手国による核使用の脅しにも冷静に対応することが可能になり、核使用判断の適正化に寄与するであろう。

新興技術によるISR能力の向上は将来の核軍備管理における検証（verification）を容易にする可能性もある。ISR活動にAI技術を導入し、条約義務の履行状況の監視および検証を強化することにより、条約履行に関する透明性が向上し、信頼醸成に寄与すると考えられる[64]。

3. 新領域が核抑止の不安定化を招く恐れ

(1) 第二撃能力の脆弱化

新領域での攻撃は、第二撃能力を脆弱化させ、核抑止を不安定化させる側面を有する。新領域での攻撃が核抑止に及ぼす影響は、その攻撃が核兵器そのものを標的とするというよりもむしろNC3に対して指向され、NC3を無力化することで核兵器による報復を不可能あるいは困難にし、第二撃能力を脆弱化させることにあると考えられる。例えば、サイバー攻撃によってNC3の早期警戒システムが攪乱される、通信が遮断されて核攻撃命令を受信できなくなる、もしくは核運搬システムのソフトウェアが破壊されて発射できなくなるといった事態は、核保有国の第二撃能力を脆弱化させるであろう[65]。

また、NC3へのサイバー攻撃を皮切りに、新興技術を駆使した第二撃能力への対兵力打撃を行うとのシナリオも考えられる。例えば、中国あるいはロシアが、まずサイバー攻撃で米国のNC3の機能を停止させた後、極超音速兵器でICBM発射基地を壊滅させ、水中ドローンと先進型センサーで米SSBNを捕捉撃滅する、というシナリオを米大西洋評議会のパベルとトロッティが提示している。それによると、米国が残存核戦力で報復攻撃を行ったとしても、中国あるいはロシアの先進型防空ミサイル防衛網ですべて撃破されてしまうため、米国の核抑止力は無力化されるという[66]。このように、もしNC3へのサイバー攻撃が行われてNC3が機能不全に陥った場合は、核保有国の第二撃能力は対兵力打撃に脆弱となろう。

次に、新興技術の影響を検討してみたい。概してAIや極超音速兵器などの新興技術は、核兵器を探知・追跡し、これを精密に打撃して破壊する能力を向上させ、第二撃能力の脆弱化に寄与することで核抑止の不安定化を招くものと考えられる。イェール大学のブラッケンは、AIなどの新興技術の導入によって核保有国の第二撃能力、特に地上移動式の核ミサイルを容易に探知・追跡できるようになると、核抑止が不安定化すると論じている。危機の際に核保有国は、AIなどで強化された敵のISRシステムで探知・追跡されないようにするために核ミサイルを移動・分散しようとするであろう。そうした動きを核戦争も辞さないというシグナルだと他の核保有国が誤解してしまうことによって、第一撃の誘因を与えることになりかねないという。また、AIの導入による第二撃能力の脆弱化を恐れた核保有国が核戦力の増強に乗り出し、核軍備競争を引き起こすリスクもあるという[67]。中露の第二撃能力は地上移動式核ミサイルを主体としていることから、こうした影響を受けやすいと考えられる。

さらに、米国の非核極超音速兵器によって中露の第二撃能力が脆弱化される可能性も指摘されている。ジョンズ・ホプキンス大学のウィルケニングは、米国の極超音速兵器が中露の地上移動式ICBMに到達し得る十分な射程を有するに至った場合は、両国のICBMは脆弱化するであろうと指摘する。ただし、中露の報復攻撃による損害を米国が相当程度限定できない以上、両国に対して米国が非核極超音速兵器による先制攻撃を行う誘因は非常に少ないという[68]。

戦略的安定は、敵対国が自国の核抑止力を毀損し得ないと確信できている状態[69]とされることから、新興技術によって核抑止力（第二撃能力）の残存性が脅かされれば戦略的安定は動揺することになる。新興技術を導入した敵対国による武装解除のための第一撃を恐れる核保有国は、攻撃によって自国の第二撃能力を喪失する前に核を先行使用しようとするかもしれない。つまり、自国の第二撃能力が脆弱化すると認識すれば、当該国は核戦力を早期に使用しなければならないとの衝動に駆られ、危機の際に第一撃の誘因が高まるのである。ジョージタウン大学のクローニグは、こうした「use it or lose it」のロジックを強調しすぎることを戒めつつも、このまま中国やロシアなどの現状変更国に新興技術が拡散していけば非核（通常）戦争のリスクが高まり、ひいては核エスカレーションが生起して戦略的安定を揺るがしかねないと分析している。その一方で、米国をはじめとする現状維持国にとって新興技術は既存の戦略的安定を強化するものになるとの見方を示している[70]。

量子技術も第二撃能力の脆弱化を促進する恐れがある。先述したように、量子センサーによってSSBNの探知・追跡が容易になれば、SSBNの非脆弱性が大きく低下し、核抑止の不安定化を招来するであろう。また、量子技術がAIと結び付き、量子コンピューティングによって強化されたAIが搭載された場合、極超音速兵器をさらに迎撃困難なものにするとの指摘もなされている[71]。

サイバー領域にAIが導入されることにより、SSBNがサイバー攻撃によって脆弱化される恐れもある。アバディーン大学政治・国際関係学部のジョンソンは、サイバー攻撃の一種である「高度標的型攻撃（advanced persistent threat: APT）」にAIを活用して攻撃を自律的に行わせることにより、SSBNのようなサイバーセキュリティの高い標的に対してもセキュリティ上の弱点を高速度で見つけ出して侵入することが可能になるかもしれないと警鐘を鳴らしている。そうした攻撃の機会としては、SSBNが整備のためにドック入りしている時が挙げられるという[72]。

このように、新領域・新興技術が第二撃能力を脆弱化させるリスクが高まっていることから、第二撃能力のレジリエンス（抗たん性）を高めて拒否的抑止、つまり第二撃能力への攻撃を阻止する態勢を整え、攻撃の目的を達成できないと思わせることで攻撃を断念させる抑止の方策が求められる。特に、NC3は新領域での攻撃に脆弱であるため、拒否的抑止の態勢を強化することは喫緊の課題であろう。米エアロスペース・コーポレーションのグリーソンらは、宇宙アセットのレジリエンスを高めることによって敵に攻撃を諦めさせ、抑止を強化すべきだと主張している。レジリエンス強化の方策としては、デコイ衛星や護衛手段を配備するほか、衛星の数を増やすことなどを挙げている[73]。

しかし、NC3への攻撃に対して拒否的抑止を強化することには限界がある。一般に衛星を攻撃から守る方法には、衛星を堅牢化する（hardening）、機動性（maneuver）を強化する、護衛用のアセットを軌道上に配備するなどが考えられる。このうち、堅牢化と機動化については衛星の発揮すべき性能（監視能力や通信能力など）および設計寿命とトレードオフの関係にあり、通常は衛星を設計する際に性能を最大化することが求められるため、これらの自己防御機能は縮小せざるを得なくなる。また、護衛用のアセットも今のところは技術的に難しい[74]。よって、宇宙での対衛星攻撃について拒否的抑止を強化することには技術面で限界がある。

NC3に対するサイバー攻撃への拒否的抑止も実際には難しい。一般に標的となっているシステムのサイバーセキュリティを防御側が向上させることにより、攻撃にコストがかかり、そのコストに見合うだけの成果を得られないと攻撃側に思わせることができれば拒否的抑止はある程度強化できるが、サイバーセキュリティの向上には大き

高まるサイバー攻撃の脅威（Jonathan Raa／NurPhoto／共同通信イメージズ）

な人的・技術的・財政的コストがかかる。その反面、攻撃側は標的システムのセキュリティ上の弱点を発見して侵入すればよく、防御側が侵入に気づいて弱点を修正してくれば他の弱点を探せばよいだけであり、攻撃のコストは小さい。これに対して、防御側がいかにコストをかけようとも、システムが有するすべてのセキュリティ上の弱点を事前に発見して修正しておくことは不可能である[75]。NC3のシステムは最高レベルのサイバーセキュリティを求められるとはいえ、セキュリティ上の弱点を皆無にすることはできない。米議会は、米国のNC3のサイバーセキュリティを向上させるため、国防省に対して必要な措置を求める関連法案を矢継ぎ早に通過させている[76]。しかし、NC3のサイバーセキュリティの向上には通常の兵器システム以上に大きなコストがかかると予想されることから、NC3へのサイバー攻撃によって達成され得る利得を上回るコストを攻撃側に賦課し、攻撃を行う誘因を減少させ得るほどにNC3のセキュリティレベルを引き上げられるかどうかは疑問が残る。

(2) 新領域での攻撃に対する懲罰的抑止の実効性の問題

前項で検討した新領域・新興技術による第二撃能力の脆弱化は、攻撃すれば確実に報復されるとの被抑止側の確信を揺るがすことになり、懲罰的抑止の実効性を低下させる。そもそも、懲罰的抑止が成立するには、抑止側が攻撃元である被抑止側を特定できることが前提となる。しかし、新領域での攻撃においては、攻撃元を特定すること自体が難しい。宇宙領域においては、軌道上の物体を観測するための宇宙監視レーダーや望遠鏡のカバレッジには多くの死角があるため[77]、衛星に対する何らかの攻撃が行われたとしても、攻撃元の特定に至る詳細な情報を得ることは困難である。対衛星攻撃用の直接上昇型ミサイルであればセンサーによる探知・追跡情報から発射位置を突き止め、ミサイルを発射した国を特定することは可能であるが、レーザー兵器や電子戦による対衛星攻撃の場合は探知・追跡自体が難しく、攻撃元の特定には相当な困難を伴う[78]。サイバー領域においても、サイバー攻撃の発信源を特定するに足る十分な証拠を集めるには数カ月かかるとされており、抑止のための効果的な対応を行う時機を失してしまう[79]。

たとえ攻撃元を特定できたとしても、攻撃に対して耐え難い報復を加えると攻撃側（被抑止側）に確信させることが新領域では困難な場合がある。宇宙領域の場合、衛星は無人のため、それを攻撃したとしても人的被害が生じないことから、必ず報復が実行されると攻撃側（被抑止側）が確信するとは限らないかもしれない。また、先述したように対衛星攻撃手段にはキネティック・物理、非キネティック・物理、電子およびサイバーの4類型があり、それぞれの手段を活用した具体的な攻撃オプションは回復可能な（reversible）一時的機能不全をもたらすものと回復不可能な（irreversible）永続的損害を与えるものを含めて数多く存在する。これらすべての攻撃に対して抑止上有効な報復手段を揃えることは不可能に近いため、各攻撃に対する明確で具体的な信頼性ある（clear, specific, and credible）抑止の脅しを抑止側が発出することが難しくなる。そうなると、懲罰的抑止が不確実な状況が生起し、その状況は敵に攻撃の誘因を与えることになる。例えば、彼らは非キネティック手段による攻撃を試しに行って抑止側の報復意思をテストしてくるかもしれず、こうした攻撃を許すこと自体が抑止の失敗といえよう[80]。

では、宇宙領域における報復のための対衛星攻撃手段を軌道上に配備し、同種の報復を行える態勢を整えればよいのかというと、対衛星攻撃システムの宇宙配備をめぐる国際的な軍備拡張を引き起こすことになるために難しいであろう。元駐ヨルダン米大使のハリソンらは、米国が対衛星攻撃への対応を宇宙における同種の報復に限定することは抑止上不利になるとして、他の領域における比例性を欠いた対応（disproportional response）の可能性も排除できないと攻撃側に思わせることが抑止の不安定化を緩和するであろうと示唆している[81]。

サイバー領域の場合、攻撃元を特定できたとして、サイバー攻撃を行った側（被抑止側）のネットワークシステムに対してサイバー手段による同種の報復攻撃を行うことには技術的な困難が伴う。抑止側がサイバー手段による報復の脅しを発出することは技術情報を漏らすことにつながり、被抑止側が自己のネットワークシステムの脆弱性を修正するための機会を与えてしまうことになりかねない。また、分散型サービス拒否（Distributed Denial of

Service: DDoS）攻撃による報復についても、DDoS報復攻撃が差し迫っていることを被抑止側が知り得た場合、防護すべき重要なシステムをネットワークから切り離す、または有害なネットワークトラフィックをリダイレクトするなどの対応措置を講ずることで無効化されてしまう。セキュリティ上の対策が講じられていない未知の脆弱性を突くゼロデイ攻撃による報復については当初こそ有効性があるものの、報復を実行すれば被抑止側が脆弱性を発見して修正プログラムを適用するために有効性は失われてゆく[82]。

サイバー攻撃に対して核兵器による報復を行うことは、その攻撃が米国のNC3を含む主要な核兵器システムを無力化させるような重大なものであった場合に信憑性を帯びる[83]。したがって、サイバー攻撃に対して核報復の脅しによる抑止を図ることは可能と思われる。しかし、その脅しが著しく比例性を欠いているために信憑性が低いと攻撃側が判断した場合は、核兵器の抑止力が損なわれる恐れがある。また、核の脅しが功を奏さず、サイバー攻撃が実行されてしまった場合にどうするのかという問題もある。NC3に対するサイバー攻撃への対応をめぐる国内からの弱腰批判に反論するとともに、核の脅しの信憑性に係る国際的な認識を高めるためにも核兵器使用を命じなければならないといった意思決定者の心理的圧力が増大する中で、核へのエスカレーションのリスクが高まり得ることも留意しておく必要がある[84]。

(3) 意図せざる核使用の可能性の高まり

新領域での攻撃が攻撃側の意図しない形でエスカレーションを起こし、あるいは被攻撃側の誤認によって核兵器が使用されかねない事態に発展する可能性が高まっている。特に、米中露の3カ国は相互のNC3を標的とし得る対宇宙能力やサイバー攻撃能力を高めつつあり、これらの能力による自国のNC3への奇襲攻撃が戦略的安定を損なうとの認識を互いに共有している。国際危機の際には、3カ国の軍隊は自国の核兵器システムに対する攻撃の兆候を見逃すまいと監視態勢を強化するであろう。こうした状況下で、米中露が関わる局地的な通常戦争が生起した場合、通常作戦を自国に有利に進めようとして相手国の通常作戦を支援しているC3システムを標的とする対宇宙あるいはサイバー手段による攻撃が行われることが考えられる。しかし多くの場合、米中露の通常作戦用のC3システムはNC3と両用となっている[85]。このため、意図的にNC3を外して通常作戦用のC3システムだけを攻撃しようとしても、結果的にNC3への攻撃となってしまうことで、核へのエスカレーションを招くリスクが高まることになる。例えば、米国のNC3を支援する軍事用衛星のうち、どれがNC3用でどれが通常作戦用なのかは判然としていないのである[86]。

新領域での攻撃に対して核保有国の第二撃能力が脆弱化する可能性もまた、意図せざる核兵器使用のリスクを高める。アクトンは、核兵器システムがサイバー攻撃に対して脆弱であるために意図せざる核エスカレーションのリスクが生じると述べている。核兵器システムに対して直接指向される対兵力的サイバー攻撃はもとより、核兵器システムの情報窃取を目的として行われるサイバースパイ活動（cyber espionage）もこうしたリスクを引き起こす。たとえ情報窃取を目的としたサイバー活動だと被攻撃国が判断したとしても、被攻撃国はその活動によって収集された情報が自国への対兵力打撃に使用され得ることを懸念するであろう。そもそも、サイバースパイ活動と通常のサイバー攻撃とを迅速に判別するのは困難であるため、核兵器システムに対するサイバースパイ活動は（対兵力的）サイバー攻撃と誤認されるリスクが高い[87]。特に、NC3に対してサイバー攻撃を受ければ、自国の核兵器システムが無力化される前に紛争をエスカレートさせ、核兵器を使用しなければという重圧が被攻撃国にのしかかるため[88]、意図せざる核エスカレーションを招きやすい。

認知領域での戦いにおいて、米軍が「ニューロストライク」兵器の脅威に直面し[89]、核抑止を不安定化させる可能性もある。この兵器による人体への攻撃は、ともすれば単なる健康被害と判断されてしまうために攻撃を探知することが困難であり、抑止が効かないと考えられている[90]。「ニューロストライク」兵器を手にした核保有国は、同兵器によって核使用に関する意思決定者の判断に影響を与え、自国に有利な状況を作り出そうとするかもしれない。ただし、「ニューロストライク」兵器の有効範囲は限定的であり、意思決定者を対象とした攻撃は難しいと思われる。仮に可能であったとしても、相手の認知を思いどおりにコントロールできるわけではないため、意図しない判断を招いて核抑止が破綻するリスクが大きい。

新興技術が核兵器システムに導入されていけば、誤解、誤認、誤算あるいは事故などによる意図しない核兵器使用のリスクが高まると懸念されている[91]。こうした懸念が高まった背景には、ロシアによる無人水中核兵器の開発計画（ロシア側呼称は「海洋多目的システム　ステータス6」）の存在が世に知られ、その兵器にAIが搭載されていると分析されたことがある[92]。後に「ポセイドン」と名付けられたこの無人核兵器に実際にAI技術が適用されているとすれば、危機における予測可能性が低下し、相手の意図を誤解するリスクが高まりかねない[93]。

「ポセイドン」のケースは核兵器そのものにAIが導入された事例であるが、核抑止を不安定化させる点でより深刻なのはNC3へのAIの導入である。AIはNC3の通信、早期警戒システム、意思決定支援、報復攻撃の自動化の4分野に導入されると考えられるが[94]、このうち特に論争的なのは意思決定支援と報復攻撃の自動化である。意思決定支援については、AIが意図しない行動をもたらし、偶発的な核戦争にエスカレートするリスクを高めることが懸念される[95]。また、報復攻撃の自動化では、ロシアがソ連時代に整備したとされる自動核報復システムが例として挙げられる。これは、核攻撃を受けてロシアの指導部が壊滅する事態に備えたシステムで、核爆発の兆候となる地震波などをセンサーが感知すると、指導部の生存を確認できなかった場合は半自動的に核ミサイルによる報復攻撃を発動する仕組みになっている[96]。ランド研究所のバレットは、ロシアの自動核報復システムのセンサーが隕石の衝突を米国の核攻撃と誤認する可能性があり、これによって意図しない核使用が行われるかもしれないと指摘している[97]。

また、認知領域での攻撃がNC3に実装されたAIに影響を及ぼす場合、意図しない核エスカレーションのリスクが高まる恐れがある。例えば、AIのアルゴリズムによって紛争の進展速度が増大する中、核保有国のAIシステムに偽情報が仕込まれていることが考えられ、それが意図しないエスカレーションを生起させる可能性があるという。このため、NC3に実装されたAIに偽情報やディープフェイク、意図的に操作されたデータなどが仕込まれるケースを想定して、これらを識別するための技術的措置を研究しておく必要性が指摘されている[98]。

NC3へのAI導入に伴うさまざまな問題点に鑑みて、AIの導入にあたっては運用上・技術上のあらゆる措置を講じるべきだとの議論や、あるいは導入を見送るべきだとする議論が提起されている。この問題に詳しい研究者であるラウテンバッハは、AIに起因する偶発的な核使用を防止するためには、AIが下す判断に人間が介在すること（human-in-the-loop）はもちろんのこと、そのほかにもNC3へのAI導入にあたって実行可能な技術的解決策を講じておくとともに厳正な技術審査を行うこと、さらには核ドクトリンや核政策の変更といった核運用に係る抜本的な措置が求められるとしている[99]。また、ヨーロピアン・リーダーシップ・ネットワークのサルティーニは、AIをNC3に実装するのは技術的に時期尚早であるため、これを一時的に停止する措置（moratorium）が必要であり、まずは核兵器国5カ国（米英仏中露）がその実現に向けた協議を開始すべきだと指摘する。そのうえでサルティーニは、ゆくゆくは印パなど他の核保有国を協議に参加させ、すべての核保有国が一時停止措置に合意することができれば望ましいと述べている[100]。

4. 今後の課題と展望

(1) 新領域による核抑止の不安定化への政策課題

これまでの考察において、新領域と核兵器システムとの関わりが核抑止を安定化させる可能性があると同時に、核抑止の不安定化を招く恐れもあると論じてきた。ここで、前者の核抑止を安定化させる可能性について、もう少し検討してみたい。

まず、宇宙・サイバー・電磁波領域における攻撃の相互自制であるが、特にNC3に対する攻撃は核報復を招く可能性が高いため相互に自制することが想定し得る。ただし、こうした相互自制を成立させることはけっして容易ではない。

抑止の脅しは、抑止しようとする行動に対して比例的（proportionate）とみなされる場合に信頼性があると認識される。この点で、NC3に対するサイバースパイ活動を抑止しようとして核報復の脅しを用いることは信頼性があるとはみなされないであろう[101]。

その一方で、攻撃を企図する国（被抑止国）は相手国が必ずしも比例的な報復に限定してくるとは確信できないはずである。例えば、宇宙での対衛星攻撃に米国が同種の報復で応じるにとどめることは、米国を（抑止上）不利な立場に置くものと考えられる。このため、攻撃国はその攻撃に対して米国が比例性を欠いた報復行動で応じ、急速なエスカレーションを招いてしまう可能性を考慮に入れざるを得ない[102]。これは危機の際に相互の緊張を高め、エスカレーションが起こりやすくなることを意味する。こうした状況に陥るかどうかは、新領域をめぐる被抑止国とのコミュニケーションの度合いによるであろう。

次に、認知領域の活用による核使用の抑止可能性、特に「認知ターゲティング」については、自国の戦略を相手に見破られた場合は機能しない。この場合、相手は認知バイアスを誘発させて、相手の行動を読み違えさせるか、あるいは自国の対応行動に疑問を抱かせるなどしてその抑止戦略を破綻させようとするであろう。例えば、自国の抑止戦略が功を奏しているとの楽観主義バイアス（optimism bias）を促進させる、あるいはその逆に、抑止がすでに一部破綻しているとの偽情報を流して混乱を引き起こす、などが考えられる[103]。こうなると、認知領域での戦いにおいて相手に主導権を握られてしまい、相手による偽情報の流布などを通じた認知操作を受けて合理的な思考が歪められれば、核抑止が破綻するリスクが高まる。

最後に、新興技術の導入による核兵器使用の抑制については、核保有国のうち新興技術を先に導入した側には抑制効果があると思われるが、技術が拡散して相手国も導入した場合は逆に核抑止の不安定化を招くことになりかねない。例えば、NC3にAIを導入すれば意思決定者にとって核使用判断の時間的余裕を得ることができるであろうが、自国のみならず相手国も導入している場合は双方ともにAIによって判断時間が短縮される状況が生起し、事態の進展速度が一段と早められることになる[104]。

これらの検討から、新領域と核兵器システムとの関わりが核抑止を安定化させる可能性はあるものの、その可能性は新領域をめぐる被抑止国との関係あるいはコミュニケーションの度合いに左右されると考えられ、被抑止国の行動によっては逆に不安定化を招きかねないことに留意する必要がある。

以上を総合すると、新領域と核兵器システムの関わりは核抑止を不安定化させる可能性が高いと言わざるを得ない。これに鑑みて、その安定化を図るうえでの政策課題は何かを考えてみたい。

まず、新領域をめぐる抑止について、関係国の間で認識の共有を図る必要がある。特に、新領域でのいかなる活動が許容されるのか、あるいは許容されないのかについての関係国相互の理解を形成していく努力が重要になる。ただし、こうした相互理解の形成がまだ十分でないうちは、例えばサイバー領域においてある国々が著しく破壊的な攻撃の実行を正当化しようとする潜在的可能性がある。また、許容し得るサイバー攻撃とは具体的にいかなる種類のものなのかに関する関係国の理解が曖昧で不明確になりがちであるために、意図しない偶発的なエスカレーションが起こり得る。さらに、新領域での関係国相互の競争的な活動が長く続いた結果、相対的なパワーシフトが生じて力関係が不安定化し、武力紛争に至る可能性もある[105]。このため、米国防大学のマンツォは、新領域において比例性を担保し得る攻撃は何か、またどのような攻撃がエスカレーションを招きやすいのかを判断するための共通の枠組みを潜在的敵対国との間で共有すべきだと主張する[106]。

他方で、比例性を欠いた報復の可能性を最初から排除しないことも重要であろう。新領域での攻撃に対して比例原則に基づく報復あるいはその脅しを発動したとしても、抑止効果は限定的と考えられ、攻撃を抑止できなかった場合にエスカレーションを防止することが難しくなるからである。例えば、電子攻撃を受けて衛星の機能が一時的に妨害されるような事態の場合は、攻撃元を特定した後に、報復として攻撃国の衛星に電子攻撃を発動するといった比例的な対応でもその後のエスカレーションを防止できる可能性はあるかもしれない。しかし、相手は比例原則に基づく報復しか行わないであろうと攻撃国が判断した場合、新領域における抑止は困難となる。このため、比例性を欠いた報復の可能性を留保しておくことが抑止政策上は望ましいであろう。この際、どのような条件下であれば比例性を欠いた報復の信憑性を高め得るかを考えるべきである。また、国際人道法の比例原則との関係をどのように整理できるのかも課題となる。

さらに、領域横断的抑止の観点から、ある領域における核兵器システムへの攻撃をさせないために別の領域において核兵器によらない脅しを用いることができれば望ましい。一例として、NC3の宇宙アセットへの攻撃を抑止するために認知領域において脅しを用いることを検討してみたい。一般に、米国などの民主主義国に敵対的な権威主義国家は、国内のマスメディアを通じて政府が作成した政治的ナラティブを発信する一方で、そのナラティブと矛盾する事実が国内に広く配信されるのを防止しようとするであろう。この点を利用して、これらの権威主義国家が米国のNC3の宇宙アセットを攻撃しようとするのであれば、彼らの政治的ナラティブと矛盾する事実を報道する24時間テレビニュース番組を衛星放送により国民に向けて直接配信し、国民の支持を揺るがすことで権威主義体制の存続を困難にすると脅しをかけることは攻撃を抑止するうえで有効かもしれない[107]。ただし、こうした脅しの活用が民主主義の規範に則って適切なのかどうかを慎重に判断すべきと思われる。

新領域での脅威の出現状況を継続的に把握し、NC3への脅威を早期に発見し得る体制を整えることも重要な政策課題である。すでに米軍は宇宙・サイバー領域の監視体制を整え、宇宙状況把握やサイバー領域の監視活動などを継続的に行っている。しかし、NC3へのすべての脅威を把握できるわけではない。宇宙状況把握については、宇宙デブリなどの宇宙物体を監視し、これらが衛星に衝突するのを回避するための能力は向上しており、衛星に対する物理的な攻撃を把握することもある程度可能と思われるが、非物理的な攻撃の把握は難しいであろう。サイバー領域についても、サイバー攻撃に対する鑑識技術が発達してきてはいるものの、サイバー攻撃の技術も常に進化していることから鑑識にも限界がある[108]。これらの問題を克服するには大きなコストがかかると予想されるが、新領域におけるNC3へのさまざまな脅威を早期に発見し、核抑止の不安定化を防ぐためには必要な投資と考えるべきであろう。

核抑止の不安定化への対策として、NC3のレジリエンス向上を図っていかなければならない。米国は、NC3の近代化を進めるにあたって、特にEMPとサイバー脅威に対するレジリエンスを高める必要性を認識している[109]。米国のNC3は、①攻撃の探知・警告・特定、②核計画作成、③意思決定のための会議、④大統領命令の受領、⑤核部隊の管理と運用、の機能を果たすとされている[110]。このうち①については現行の早期警戒システムである「宇宙配備赤外線システム（Space-Based Infrared System: SBIRS）」を近代化するための「次世代OPIR（Overhead Persistent Infrared）」計画が進行中である[111]。②についても、現行の「統合戦略計画分析ネットワーク（Integrated Strategic Planning and Analysis Network: ISPAN）」のソフトウェアをアップデートする計画が進んでいる[112]。また、NC3の地上指揮センターが破壊された場合に空中から指揮を行うためのE-4B国家空中作戦センター（National Airborne Operations Center: NAOC）を近代化するにあたって、E-4Bの対EMP性の強化（EMP hardening）が検討されている[113]。サイバー対策については、次世代OPIR衛星開発の契約を請け負っているノースロップ・グラマンによれば、サイバー攻撃にも耐えられるシステム作りに取り組んでいるとされる[114]。米国のNC3近代化計画の全体像は明らかになっていないが、NC3のレジリエンス向上については引き続き関心を持って注視していく必要がある。

(2) 新領域をめぐる拡大核抑止と「核の傘」国の役割

前項で、新領域が核抑止を不安定化させるのであれば、その安定化を図るうえでの政策課題は何かを考察した。この考察は核保有国の直接抑止、つまり自国に対する攻撃の抑止を前提としたものであったが、本項では核保有国の同盟国に対する拡大抑止の場合について検討してみたい。

具体的には、米国の拡大核抑止の供与を受ける「核の傘」国に焦点を置き、新領域・新興技術が「核の傘」国に対する米国の拡大核抑止を不安定化させる場合、その安定化を図るうえで「核の傘」国はいかなる役割を果たすべきなのかを考察する。

宇宙・サイバー・電磁波領域における攻撃は、必ずしも米国に対して行われるとは限らず、「核の傘」国に指向されることも考えられる。この場合、米国は自国が攻撃を受けていないにもかかわらず、攻撃国に何らかの報復をすべきか否かの判断を迫られるであろう。ヘリテージ財団のチェンは、米国の同盟国の宇宙アセットがジャミングなどの非物理的攻撃を受けた時、同盟国への攻撃に対する報復措置として米国は攻撃国の宇宙アセットにジャミング攻撃をすべきなのか、あるいは同盟国の指揮統制ネットワークがサイバー攻撃を受けた場合に、攻撃国に対して米国が行い得る比例的な報復とはどのようなものなのか、と問題提起している[115]。「核の傘」国に指向されたこれらの攻撃に対して米国が報復を含めた適切な対応を行わなかった場合は、米国のコミットメントに対する「核の傘」国の信頼感は低下し、拡大核抑止の不安定化を招くことが想定される。

こうした事態を防ぐために、「核の傘」国が果たすべき役割は何か。ここでは米韓同盟を例として、「核の傘」国である韓国が北朝鮮のサイバー攻撃を受けた場合について考えてみたい。米韓同盟として抑止・対処すべきサイバー攻撃は、その攻撃が戦略レベルの影響をもたらす重大なものと考えられ、例えば韓国の重要インフラや軍の指揮統制ネットワークを標的とした攻撃がこれに該当するであろう。米空軍のプラットは、①2009年7月の韓国政府機関などのウェブサイトに対する大規模DDoS攻撃、②2011年4月の韓国金融システムへのサイバー攻撃、③2013年3月および6月の韓国メディア・銀行・大統領府などへのサイバー攻撃、④2014年12月の韓国原発へのハッキングによる原発図面などのデータの流出、⑤2016年9月の韓国国防ネットワークへのサイバー攻撃による米韓機密情報の流出の5事案をリストアップし、このうち④と⑤を同盟として抑止すべき重大なサイバー攻撃としている。④と⑤の事案は、実際には戦略レベルの重大な影響を米韓両国にもたらしたわけではなかったが、将来的に同様の事案が起こる場合には重大な結果を招く恐れがあると予想されるからである。そのうえで、それ以外のサイバー攻撃には韓国が独力で対処することが望ましいと示唆している[116]。①から⑤までのすべての事案を同盟として抑止・対処するのは困難であるため、同盟が抑止すべき事案を戦略レベルのサイバー攻撃とし、それ以下のレベルの攻撃には韓国が対処することにより、サイバー攻撃をめぐる同盟としての抑止の焦点と韓国の果たすべき役割を明確にし得ると考えられる。ただし、戦略レベルの重大な影響をもたらすサイバー攻撃とそれ以下のレベルのサイバー攻撃を区別するのは現実には困難であり、その影響の程度は抑止が失敗した後に攻撃を受けて判定できるものであることから、前もって判断しておくことの妥当性は検討すべきであろう。

認知領域における攻撃が同盟分断政策の一環として「核の傘」国に指向される場合も考えられる。例えば、中国やロシアが偽情報による影響力工作を「核の傘」国に仕掛け、これらの国々の間に米国の拡大抑止コミットメントの継続性に対する疑念を生ぜしめようとするかもしれない。これが奏功した場合、共同の抑止行動に関する米国との調整を困難にするとともに、同盟として必要な核・非核および非キネティック能力をどのように組み合わせていくのかをめぐる米国との不協和音を助長するといったシナリオが検討されている[117]。こうしたシナリオが現実化するのを防止するために、「核の傘」国としては影響力工作に対する国民のレジリエンスを高めておく必要がある。北大西洋条約機構（North Atlantic Treaty Organization: NATO）においては、ソーシャルメディアを活用した認知戦が「核の傘」国を含むNATO加盟国の国民をターゲットとして展開される可能性が指摘されている。これに対抗するために、認知戦についての加盟国の認識を深めるとともに、民主主義国の開放性を逆手にとって市民社会を分断しようとする活動に対する加盟国国民のレジリエンスを向上させることの重要性が論じられている[118]。こうした認知戦が、米国の拡大抑止政策やNC3による意思決定プロセスへの「核の傘」国の信頼を動揺させる目的を持って展開される可能性もあるため、これに対する「核の傘」国のレジリエンス向上は核抑止の不安定化を防止するうえでの重要な役割といえる。

新興技術が核抑止を不安定化させる可能性について、米国と認識を共有しておくことも「核の傘」国の重要な役割であろう。例えば、AIをNC3の意思決定支援に活用した場合、NC3による意思決定プロセスはどうなるのか、核抑止を不安定化させることはないのかなどの点について米国と協議し、認識を一致させておくことができれば望ましい。また、NC3ではなく、非核作戦を支援するシステムにAIが導入され、そのシステムとNC3が連接された場合の核抑止上の課題についても協議しておく必要があろう。現在、米国は軍のすべてのセンサーとシューターをリアルタイムで接続して戦う能力を目指す「統合全ドメイン指揮統制（Joint All Domain Command and Control: JADC2）」構想を推進中である。現時点では、JADC2は特定のネットワークやシステムを指すものではなく、米軍の新たな指揮統制のアプローチに関する取り組みとされている[119]。他方で、将来的にJADC2構想が何らかのシステムに収斂していくとすれば、JADC2システムは米軍の非核戦力を指揮統制するものとなろう。JADC2システムにはAIが導入される可能性があり、さらにそのシステムがNC3と連接されることも否定できないという[120]。その可能性はともかくとしても、JADC2はその名称が示すように新領域を含めた米軍の作戦能力向上を目指すものと理解され、それにAIが導入されていくとすれば、核抑止にも影響が及ぶものと考えられる。先述したように、そもそも非核作戦用のC3システムはNC3と両用となっていることから、JADC2システムへのAI導入はNC3にも影響を及ぼし得るものと理解すべきであろう。この点も踏まえつつ、「核の傘」国は新領域をめぐる拡大核抑止のありようについて米国と協議を深めていくべきと考える。

「核の傘」国の立場から、新領域・新興技術をめぐる拡大核抑止のアジェンダを提起し、同盟の核政策に反映させることができれば望ましい。NATOの核共有政策の場合、「核の傘」国が参加する枠組みには加盟国の一部による核兵器共有と、加盟国のほぼすべてが参加するNATO核計画グループ（Nuclear Planning Group: NPG）による核協議の2つがあり、「核の傘」国としてはそれぞれの政策枠組みにおいて課題を提起することとなろう。

NATOの核兵器共有は、NATOに加盟する「核の傘」国のうち5カ国（ベルギー、ドイツ、イタリア、オランダ、トルコ）に米国が戦術核爆弾B61を事前に配備しておき、有事の際に米国が大統領の許可の下でB61を5カ国に供与するとともに、5カ国は通常兵器・核兵器両用航空機（dual-capable aircraft: DCA）にB61を搭載して使用することを想定した枠組みである[121]。ブリュッセル自由大学のマットレアは、NATOの核兵器共有政策を領域横断的抑止の視点から再検討し、今日の安全保障環境の変化に迅速に適応できるようにしていくべきであり、そのためにもDCAのF-35ステルス戦闘機への換装やB61の近代化を進めていくのが望ましいと述べている[122]。B61の近代化については、命中精度を高めたB61-12の欧州への配備計画が進められており、DCAのF-35への換装と併せてNATOの局地的抑止力を強化するものと期待されている[123]。なお、2023年10月に米国防総省がB61シリーズの最新型となるB61-13を新たに開発すると発表しているが[124]、B61-13が戦闘機にも搭載可能な爆弾として開発されるのか、またDCA搭載用核爆弾として欧州に配備されるのかは現時点では不明である[125]。

こうした核戦力の近代化と並行して、新領域をめぐるNATOの拡大核抑止と核共有政策の在り方について、NATOの「核の傘」国がNPGなどにおいて課題を提起することにより、拡大核抑止を不安定化させないための政策的処方箋を議論していくことが望まれる。

インド太平洋地域においては、NATOの核兵器共有のような枠組みは存在しないものの、米国との2国間同盟における核協議の中で「核の傘」国が新領域をめぐる拡大核抑止のアジェンダを提起することは可能であろう。この際、政府間協議に加えて、政府関係者と民間有識者によるトラック1.5協議を活用し、「核の傘」国としてインド太平洋地域における新領域の脅威と拡大抑止の課題を提起することも有意義である[126]。

(3) 軍備管理への期待と展望

近年、新領域に係る軍備管理の必要性を訴える有識者の声が高まっている。米セキュアワールド財団のサムソンらは、米国が主導して宇宙の安全および安定を強化するための宇宙軍備管理を含む法的拘束力のある措置を提案すべきだと述べている[127]。また、アメリカ・カトリック大学のモリーニは、サイバー領域での攻撃の応酬が国家間の緊張をエスカレートさせ、特に核保有国間でそれが起こった場合は重大な結果を招くことが懸念されることから、国際社会はサイバー攻撃手段を規制するための努力を最優先すべきだと主張している[128]。これまで論じてきたように、新領域と核兵器システムの関わりが核抑止の不安定化を招く恐れがあることから、核保有国間の関係の安定を図るための軍備管理上の措置が求められてこよう。

ここでは、新領域と核兵器システムをめぐる軍備管理のアジェンダを考察していくこととし、まず宇宙領域における軍備管理について考えてみたい。

これまで考察したように、対衛星攻撃能力がNC3の宇宙アセットに対する脅威となっていることから、核抑止の不安定化を防止する観点からは、当該能力の規制が宇宙領域における軍備管理上の焦点と考えられる。これに関して、中国とロシアは法的拘束力を持つ軍備管理条約を目指す姿勢を堅持しており、2008年には宇宙空間における兵器配置防止条約（Treaty on Prevention of the Placement of Weapons in Outer Space and of the Threat or Use of Force against Outer Space Objects: PPWT）案を共同で提出している。この条約案は、検証が困難であること、地上配備の対衛星攻撃兵器が含まれていないことなどの理由から交渉開始には至っていない。こうした中露の条約ベースのアプローチに対して、米国など西側諸国は宇宙の安全保障に対する最大の脅威は特定の兵器などではなく軌道上における行動（behavior and actions）であると考えており、宇宙における責任ある行動の規範を目指すアプローチを採っている[129]。西側諸国がこうした行動規範アプローチを追求する背景には、宇宙における「兵器」とは何かを定義することが難しいため、中露が追求するような特定の兵器の規制・管理を目指した従来の軍備管理のアプローチでは実効性に欠け、検証が事実上不可能になるとの認識がある。例えば、軌道上の衛星に接近して燃料補給や修理を行うための「ランデブー・近接オペレーション（rendezvous

対衛星兵器模擬演習の様子（John Ayre／U.S. Space／Planet Pix via ZUMA Press Wire／共同通信イメージズ）

and proximity operation: RPO）」と呼ばれる活動は、標的となる衛星に正確に接近してこれを破壊する能力として使うことも可能である[130]。そうかといって、RPOを実施可能な宇宙アセットを「兵器」として規制しても無意味であるばかりか、衛星の保守に必要な活動に支障をきたすことになりかねない。他方で、行動規範アプローチにも限界がある。衛星へのジャミングは意図しない電波干渉により発生するノイズと区別することが難しく、対衛星サイバー攻撃は攻撃元の特定が困難であり、衛星へのレーザー攻撃の発信源を追跡して突き止めることも簡単ではない。このため、攻撃者は自己の行動を否定することが可能であり[131]、検証の可能性や透明性の確保が困難になる。

こうした限界はあるものの、行動規範アプローチにより、対衛星攻撃能力によるNC3の宇宙アセットへの脅威をある程度低減することはできるかもしれない。特に、NC3の宇宙アセットに対する攻撃を行わないことを国際的に合意するのは不可能ではなかろう。最初から国際協定の締結を目指すことが難しいようであれば、まずは攻撃の一方的な自制から始め、次いで非公式の合意を模索するというように段階を踏んで国際的な合意を形成していくことが望ましい[132]。宇宙領域の軍備管理をめぐっては、2020年12月に国連総会で「責任ある行動の規範、規則および原則を通じた宇宙における脅威の低減（Reducing Space Threats through Norms, Rules and Principles of Responsible Behaviours）」決議が採択され、同決議に基づく国連作業部会の初会合が2022年5月にジュネーブで開催されている[133]。こうした国際社会の努力が、NC3の宇宙アセットに対する攻撃を行わないことへの合意に結実し、核抑止の不安定化を防止することにつながることが期待される。

次に、サイバー領域における軍備管理を検討する。宇宙領域と同様に、サイバー領域においても「兵器」とは何かを定義することは困難であり、従来の軍備管理アプローチでは実効性や透明性を確保できない恐れがある。レスター大学のフッターは、いわゆる「サイバー兵器」が普通の兵器と異なり実体のない存在であるため、軍備管理の対象とするのは難しいことから、サイバー領域の規制にあたってはサイバー攻撃の標的（targets）あるいは行動（actions）を規制の対象とするのが有意義なのではないかと示唆している[134]。この見方を踏まえれば、実体のない「サイバー兵器」を全般的に禁止あるいは規制するのではなく、例えばNC3を標的としたサイバー攻撃という行動を規制の対象とするといったように、核抑止を不安定化させる要素に限定して規制をかけることが軍備管理上意味のある方策だと言うことができよう。具体的な措置の一案として、戦略国際問題研究所のウィリアムズらは、ウクライナ戦争後に米中露が相互のNC3に対するサイバー攻撃を自制する旨の非公式な合意を交わすオプションも考えられると述べている[135]。

電磁波領域における軍備管理については、先述したアンダーソンらの指摘にあるように、指向性エネルギー兵器が戦域以下のレベルの核兵器システムを無力化し得る潜在的可能性があることに鑑みて、これらの核兵器システムに対する指向性エネルギー兵器の使用を規制する枠組みを検討することが望ましい。特に、NATO加盟5カ国への配備が進められている米国のB61-12戦術核爆弾には命中精度を高めるための慣性誘導装置が搭載されており[136]、指向性エネルギー兵器の影響を受ける恐れがあるとすれば、こうした枠組みはNATOの核抑止の安定化に寄与すると思われる。ただし、指向性エネルギー兵器そのものに規制をかける従来の軍備管理のアプローチではなく、核抑止を不安定化させる恐れのある指向性エネルギー兵器の使用という「行動」を規制の対象とし、核抑止の安定化のうえで避けるべき行動を示す規範的アプローチを追求することが望ましいであろう。こうしたアプローチは、次の認知領域における問題にも通じるものである。

認知領域における軍備管理のアジェンダには、電磁波領域と重なる部分もあるが、人間の脳を標的とした指向性エネルギー兵器による攻撃の規制を含むことも検討していく必要があろう。先述したように、電磁波を用いて人間の脳を直接攻撃する兵器の開発が始まっているとされており、こうした兵器や攻撃方法がより高度化していけば核兵器システムに関わる要員を標的とした攻撃も可能になるかもしれない。仮に核使用の意思決定者が攻撃を受けた場合、判断や決心に悪影響が生じて核抑止が不安定化する恐れは否定できない。このように、「ニューロストライク」兵器は危機における先制攻撃の誘因を生ぜしめ、戦争のリスクを高める潜在的可能性があるとして、これらの兵器を規制するための軍備管理努力が早急に求められると指摘されている[137]。

新興技術をNC3に導入した場合の核抑止上のリスクに鑑みて、これを規制するための軍備管理の必要性も指摘されている。特にAIについては、外交問題評議会のカーンは核保有国が自信を持ってNC3に組み込めるだけの技術的成熟度にAIはまだ至っていないとして、核抑止を不安定化させて核使用の可能性を高める恐れのあるAIの活用を規制するよう核保有国間で早期に合意すべきだと主張する[138]。ここでも、AIを「兵器」として規制をかける従来の軍備管理のアプローチではなく、核抑止を不安定化させる恐れのあるAIの使用という「行動」を避けるべきとする規範的アプローチが将来に向けた重要な一歩になると思われる。これに関連して、AIが実装された核兵器システムに対してサイバー攻撃を行い、AIの訓練データを書き換えて相手の核兵器システムを無力化させる可能性も指摘されている[139]。こうした可能性を想定しつつ、核兵器システムに実装されたAIを標的とするサイバー攻撃という特定の「行動」も避けるべき対象とするかどうかも検討すべきである。

これに対して、極超音速兵器の規制については従来の軍備管理のアプローチを適用できる余地がある。カリフォルニア大学グローバル紛争・協力研究所のウォーレンは、ロシアとの戦略核兵器削減交渉を有利に進めるとともに、中距離核戦力の上限を再確立するための手段として、米国が極超音速兵器の制限をロシアに持ち掛けることにより米露間の核軍備管理協定への道筋をつけ、ゆくゆくはこれに中国を引き込んでいくことができれば望ましいとしている[140]。ただし、こうした交渉に際して、中露が米国のミサイル防衛システムを規制の対象に含めるように求めてくる可能性が高いことに留意する必要があろう。もともと中露が極超音速兵器の開発を始めた背景には、中露に対する米国のミサイル防衛能力の優位性に直面した両国が、ミサイル防衛システムを回避して報復攻撃を遂行できる第二撃能力の確保を目指したことがあり、その意味で米国のミサイル防衛の規制は中露両国にとって極超音速兵器の規制と引き換えにしても利益の方が大きいと判断されるかもしれない。このため、今後の米露（中）軍備管理のアジェンダに極超音速兵器の規制が含まれるとすれば、米国のミサイル防衛の規制とセットで議論されるようになると思われる。

なお、新興技術の規制については、すでに確立された兵器技術を規制するよりも合意形成が容易かもしれないとの見方もある[141]。実際に、ロシアが2020年に米露間の新戦略兵器削減条約（New Strategic Arms Reduction Treaty: New START、以下、新START）の期限延長と引き換えに、開発したばかりの極超音速滑空兵器「アヴァンガルド」を新型ICBM「サルマト」とともに新STARTの規制対象に含める用意があると提案した事例がある[142]。

新興技術を規制するばかりでなく、軍備管理に裨益するように活用することも考える価値があろう。AIを軍備管理における検証に活用する可能性について先述したが、量子技術を活用して核兵器を監視し、軍備管理協定の履行状況の検証を強化し得る可能性もある。前出のヘイズは、中立的で公平な早期警戒融合センター（an independent, impartial early warning fusion center）を設立し、量子技術を活用して得られた監視・検証データに基づいて核保有国に適切な助言を行うことができれば軍備管理上望ましいとしている[143]。

おわりに

本章では、新領域、つまり宇宙・サイバー・電磁波・認知の各領域における活動が核兵器システムにどのように関わり、いかなる影響を及ぼすのかを考察した。その中で、新領域と核兵器システムとの関わりが核抑止を安定化させるのか、それとも不安定化させるのかを問いとして設定した。なお新興技術については、AIがサイバー攻撃能力の強化に寄与するといったように、新領域での活動のイネーブラーとして作用するという側面があり、新領域の動向に少なからぬ影響を及ぼすものとして分析を行った。新領域と核兵器システムとの関わりが核抑止を安定化させる可能性について、宇宙・サイバー領域における攻撃の相互自制、認知領域の活用による核使用の抑止、新興技術の導入による核使用の抑制を検討した。ただし、それぞれの可能性は新領域をめぐる被抑止国との関係あるいはコミュニケーションの度合いに左右されるとして、被抑止国の行動によっては逆に不安定化を招きかねないことを指摘した。また、核抑止の不安定化を招く恐れとしては、新領域による第二撃能力の脆弱化、新領域での攻撃に対する報復的抑止の実効性の問題、意図せざる核兵器使用の可能性の高まりを挙げた。総じて、新領域と核兵器システムの関わりは核抑止を不安定化させる可能性が高いと結論付けた。

これに鑑みて、本章では①新領域による核抑止の不安定化への政策課題、②新領域をめぐる拡大核抑止と「核の傘」国の役割、③軍備管理への期待と展望について論述した。①については米国の直接抑止を念頭に置き、新領域をめぐる抑止についての関係国間での認識の共有、比例性を欠いた報復の可能性の留保、領域横断的抑止の脅しの活用、新領域に対する監視体制の整備、NC3のレジリエンス向上を政策課題とした。②については、同盟として抑止すべき戦略レベルの攻撃とそれ以下のレベルの攻撃を区別し、「核の傘」国は後者に独力で対処すること、認知領域での攻撃に対する「核の傘」国のレジリエンス向上を図っていくこと、「核の傘」国として新領域・新興技術をめぐる拡大核抑止についての課題を提起していくことを挙げた。最後に、③については宇宙・サイバー・電磁波・認知の各領域における軍備管理を検討するとともに、新興技術の規制と軍備管理への活用を検討した。特に、新領域における軍備管理を追求するにあたっては、特定の兵器の規制・管理を目指す従来の軍備管理のアプローチでは実効性に欠け、検証が事実上不可能になることから、核抑止を不安定化させる恐れのある新領域での「行動」を規制の対象とし、核抑止の安定化のうえで避けるべき行動を示す規範的アプローチを追求することが将来に向けた重要な一歩になるとした。

本章で考察した新領域と核兵器システムの関わりについては、考え得るあらゆる事態を網羅的に検討したものではなく、現時点で有識者の間で議論されているいくつかの事態や問題認識などに基づいて分析を試みたものに過ぎない。それにもかかわらず、現時点で注目されている宇宙・サイバー・電磁波・認知の各領域が新興技術の急速な発展に伴って遠からず進化を遂げ、核兵器システムにさらなる負荷をかけ、核抑止の不安定化を促進していくかのような近未来を想像することは可能であろう。もちろん核兵器システムの側も近代化を進めて新領域の脅威に対抗しようとするであろうが、少なくともサイバーセキュリティに限っては旧式のアナログシステムの方が近代的なデジタルシステムよりもサイバー攻撃の影響を受けにくかったとされているように[144]、核兵器システムの近代化はけっして万能ではない。こうした近未来図は、今後さらに新たな領域が出現して核抑止に未知の影響を及ぼしてくる事態をも予期させるものである。その意味で、本章で考察した新領域と核兵器システムをめぐる問題群から、「核時代の新たな地平」の一局面が多少なりとも垣間見えてくることを期待したい。

1) King Mallory, "New Challenges in Cross-Domain Deterrence," *Perspective*, RAND Corporation (2018), 1.
2) 領域横断的抑止（cross-domain deterrence: CDD）という用語は2000年代後期に米国の国防当局者の間で使用され始めたという。Eric Gartzke and Jon R. Lindsay, eds., *Cross-Domain Deterrence*: *Strategy in an Era of Complexity* (New York: Oxford University Press, 2019), 4.
3) Tim Sweijs and Samo Zilincik, "Cross-Domain Deterrence and Hybrid Conflict," Hague Centre for Strategic Studies (December 2019), 11-12. なお、「複合的抑止」概念については次を参照。T. V. Paul, Patrick M. Morgan, and James J. Wirtz, eds., *Complex Deterrence*: *Strategy in the Global Age* (Chicago: University of Chicago Press, 2009).
4) これを含め、以降の本章における人物の所属および肩書はいずれも当時のものである。
5) Gartzke and Lindsay, *Cross-Domain Deterrence*, 6.
6) Sweijs and Zilincik, "Cross-Domain Deterrence and Hybrid Conflict," 15-16.
7) Jacek Durkalec, Paige Gasser, and Oleksandr Shykov, "Multi-Domain Strategic Competition: Rewards and Risks," Workshop Summary, Center for Global Security Research, Lawrence Livermore National Laboratory (November 2018), 11-12.
8) Vincent Boulanin et al., "Artificial Intelligence, Strategic Stability and Nuclear Risk," Stockholm International Peace Research Institute (June 2020), 105.
9) 戸﨑洋史「新興技術と核抑止関係」日本国際問題研究所、2021年3月30日。
10) Marie Villarreal Dean, "U.S. Space-Based Nuclear Command and Control: A Guide," Center for Strategic and International Studies (January 2023), 1-5.
11) Don Snyder and Alexis A. Blanc, "Unraveling Entanglement: Policy Implications of Using Non-Dedicated Systems for Nuclear Command and Control," RAND Corporation (2023), 1-8.
12) Stephen M. McCall, "Space as a Warfighting Domain: Issues for Congress," *CRS in Focus*, no. IF 11895, Congressional Research Service (August 10, 2021).
13) Kari A. Bingen, Kaitlyn Johnson, and Makena Young, "Space Threat Assessment 2023," Center for Strategic and International Studies (April 2023), 4.
14) Ibid., 11-14.
15) Ed Browne, "Fact Check: Did Russia Use Lasers to Target Satellites over Ukraine Border?" *Newsweek*, October 5, 2022.
16) Bruce Blair, "Why Our Nuclear Weapons Can Be Hacked," *New York Times*, March 14, 2017.
17) Garrett K. Hogan, "The Electromagnetic Spectrum: The Cross Domain," Joint Air Power Competence Centre (November 2015).
18) Elżbieta Hodyr, "Cybersecurity of Nuclear Weapon Systems," *Cybersecurity and*

Law 6, no. 2 (2021): 94-95.
19) Natasha Bertrand and Eric Wolff, "Nuclear Weapon Agency Breached amid Massive Cyber Onslaught," *Politico*, December 17, 2020.
20) "Russian Hackers Targeted US Nuclear Research Laboratories, Records Reveal," *Guardian*, January 6, 2023.
21) Bishr Tabbaa, "Zer0 Days: How Stuxnet Disrupted the Iran Nuclear Program and Transformed Computer Security," *Medium*, July 17, 2020.
22) Kayla T. Matteucci, "Protecting Nuclear Command, Control, and Communications below the Threshold of Armed Conflict: Don't Count on Deterrence," Institute for Defense Analyses (June 2021), 31.
23) Juliana Suess, "Jamming and Cyber Attacks: How Space Is Being Targeted in Ukraine," RUSI, April 5, 2022.
24) Ariel Cohen, "Protecting America's Power Grids from EMP Attacks," *Forbes*, May 20, 2023.
25) Oriana Pawlyk, "Air Force Wants to Harden the B-2 Bomber to Withstand an EMP Attack," Military.com website.
26) "HiJENKS Missile: Bold Innovation from US Navy and Air Force Labs," SOFREP, July 7, 2022.
27) Peter Pry, "Non-Nuclear Electromagnetic Pulse (NNEMP) Attack on the U.S. Power Grid," Worldview Weekend Broadcast Network, June 21, 2021.
28) Theresa Hitchens, "Laser Weapons 'Finally' Seeing 'Real Progress,' Missile Defense Agency Official Says," *Breaking Defense*, August 17, 2023.
29) Justin Anderson and James R. McCue, "Deterring, Countering, and Defeating Conventional-Nuclear Integration," *Strategic Studies Quarterly* 15, no. 1 (Spring 2021): 48.
30) Mana Alahmad, "Strengths and Weaknesses of Cognitive Theory," *Budapest International Research and Critics Institute-Journal (BIRCI-Journal) Humanity and Social Sciences* 3, no. 3 (July 2020): 1584.
31) Bernard Claverie and François Du Cluzel, "'Cognitive Warfare': The Advent of the Concept of 'Cognitics' in the Field of Warfare," in *Cognitive Warfare: The Future of Cognitive Dominance*, Bernard Claverie et al., NATO Collaboration Support Office (2022), 2, 1-7.
32) Jean-Marc Rickli, Federico Mantellassi, and Gwyn Glasser, "Peace of Mind: Cognitive Warfare and the Governance of Subversion in the 21st Century," Policy Brief, Geneva Centre for Security Policy, August 25, 2023.
33) United States Senate Select Committee on Intelligence, "Report of the Select Committee on Intelligence United States Senate on Russian Active Measures Campaigns and Interference in the 2016 U.S. Election," vol. 1, 1-5.

34) Robert McCreight, "Neuro-Cognitive Warfare: Inflicting Strategic Impact via Non-Kinetic Threat," *Small Wars Journal*, September 16, 2022.
35) Sam Meyer, "Fake News, Real Consequences: The Dangers of WMD Disinformation," NTI, December 7, 2017.
36) Heather Williams and Alexi Drew, "Escalation by Tweet: Managing the New Nuclear Diplomacy," King's College London, July 2020.
37) Matty S. Golub, "Who's to Say?: Technical Dimensions of Nuclear Disinformation," *On the Horizon*: *A Collection of Papers from the Next Generation* (February 2021), 72-82.
38) Rebecca Hersman, "Wormhole Escalation in the New Nuclear Age," *Texas National Security Review* 3, no. 3 (Autumn 2020): 96-97.
39) Marcy Fowler, Elin Bergner, and Kristiana Nitisa, "Combating Nuclear Misinformation and Disinformation: Tools, Approaches and the Role of NGOs and International Organizations," Open Nuclear Network (November 2022), 2.
40) Rajeswari Pillai Rajagopalan, "Introduction," in *Future Warfare and Technologies*: *Issues and Strategies*, Observer Research Foundation, November 24, 2022.
41) Adam Lowther, "The Big and Urgent Task of Revitalizing Nuclear Command, Control, and Communications," *War on the Rocks*, October 4, 2019.
42) Charles Beames, "AI in Space and Its Future Use in Warfare," *Forbes*, December 21, 2022.
43) James Johnson and Eleanor Krabill, "AI, Cyberspace, and Nuclear Weapons," *War on the Rocks*, January 31, 2020.
44) Office of the Secretary of Defense, "Annual Report to Congress: Military and Security Developments Involving the People's Republic of China" (2022), 161-162.
45) Travis Hallen and Michael Spencer, "Hypersonic Air Power," Air Power Development Centre, Royal Australian Air Force, June 25, 2018.
46) Roman C. Lau, "Hypersonic Impacts: Operational Impacts of Hypersonic Weapons and the Change of America's Strategic Situation," Joint Advanced Warfighting School, Joint Forces Staff College, National Defense University (May 2021), 46.
47) Demetri Sevastopulo and Kathrin Hille, "China Tests New Space Capability with Hypersonic Missile," *Financial Times*, October 16, 2021.
48) Jason Sherman, "Hypersonic Weapons Can't Hide from New Eyes in Space," *Scientific American*, January 18, 2022.
49) Senate Armed Services Committee, "Statement of Charles A. Richard, Commander, United States Strategic Command before the Senate Armed Services Committee," March 8, 2022, 25-26.

50) Peter Hayes, "Nuclear Command-and-Control in the Quantum Era," Nautilus Institute, March 29, 2018.
51) Hamish Johnston, "Beijing and Vienna Have a Quantum Conversation," *Physics World*, September 27, 2017.
52) Sarah Jacobs Gamberini and Lawrence Rubin, "Quantum Sensing's Potential Impacts on Strategic Deterrence and Modern Warfare," *Orbis* 65, no. 2 (Spring 2021): 360-362.
53) Durkalec, Gasser and Shykov, "Multi-Domain Strategic Competition," 12.
54) Erica Lonergan and Keren Yarhi-Milo, "Cyber Signaling and Nuclear Deterrence: Implications for the Ukraine Crisis," *War on the Rocks*, April 21, 2022.
55) David C. Gompert and Phillip C. Saunders, "Sino-American Strategic Restraint in an Age of Vulnerability," *Strategic Forum*, no. 273 (January 2012): 2-8.
56) Sitki Egeli, "Space-to-Space Warfare and Proximity Operations: The Impact on Nuclear Command, Control, and Communications and Strategic Stability," *Journal for Peace and Nuclear Disarmament* 4, no. 1 (2021): 124-125.
57) Patrick Morgan, *Deterrence: A Conceptual Analysis* (Beverly Hills, CA: Sage Publication, 1977), 31-43.
58) James Johnson, "Escalation to Nuclear War in the Digital Age: Risk of Inadvertent Escalation in the Emerging Ecosystem," Modern War Institute, October 13, 2021.
59) Paul A. Goossen, "Cognitive Targeting: A Coercive Air Power Theory for Conventional Escalation Control against Nuclear-Armed Adversaries," School of Advanced Air and Space Studies, Air University (June 2016), 61-96.
60) Edward Geist and Andrew J. Lohn, "How Might Artificial Intelligence Affect the Risk of Nuclear War?" RAND Corporation (2018), 21.
61) Jessica Cox and Heather Williams, "The Unavoidable Technology: How Artificial Intelligence Can Strengthen Nuclear Stability," *Washington Quarterly* 44, no. 1 (2021): 73-77. 同様の見方として、次を参照。Jennifer Spindel, "Artificial Intelligence and Nuclear Weapons: Bringer of Hope or Harbinger of Doom?" *European Leadership Network*, August 17, 2020.
62) Tess Skyrme, "Quantum Sensors: Advancing Timing, Navigation, Mapping, & Brain Scans," *IDTechEx*, August 2, 2023.
63) Katarzyna Kubiak, "Quantum Technology and Submarine Near-Invulnerability," European Leadership Network (December 2020), 3-9.
64) Geist and Lohn, "How Might Artificial Intelligence Affect the Risk of Nuclear War?" 6.
65) Eva Nour Repussard, "Cyber-Nuclear Nexus: How Uncertainty Threatens Deterrence," Project on Nuclear Issues, Center for Strategic and International Studies, May 10, 2023.

66) Barry Pavel and Christian Trotti, "New Tech Will Erode Nuclear Deterrence. The US Must Adapt," *Defense One*, November 4, 2021.
67) Paul Bracken, "The Hunt for Mobile Missiles: Nuclear Weapons, AI, and the New Arms Race," Foreign Policy Research Institute, September 21, 2020.
68) Dean Wilkening, "Hypersonic Weapons and Strategic Stability," *Survival* 61, no. 5 (October-November 2019): 136-137.
69) Pavel Podvig, "The Myth of Strategic Stability," Bulletin of the Atomic Scientists, October 31, 2012.
70) Matthew Kroenig, "Will Emerging Technology Cause Nuclear War?: Bringing Geopolitics Back In," *Strategic Studies Quarterly* 15, no. 4 (Winter 2021): 59-62.
71) "Quantum Computing and Artificial Intelligence Expected to Revolutionize ISR," Strategic Alternatives Branch, Strategic Plans and Policy, NATO, September 30, 2022.
72) James Johnson, "The AI-Cyber Nexus: Implications for Military Escalation, Deterrence and Strategic Stability," *Journal of Cyber Policy* 4, no. 3 (2019): 448.
73) Michael P. Gleason and Peter L. Hays, "Getting the Most Deterrent Value from U.S. Space Forces," Center for Space Policy and Strategy (October 2020), 4-5.
74) Roger G. Harrison, Deron R. Jackson, and Collins G. Shackelford, "Space Deterrence: The Delicate Balance of Risk," *Space and Defense* 3, no. 1 (Summer 2009): 11-14.
75) Sico van der Meer, "Deterrence of Cyber-Attacks in International Relations: Denial, Retaliation and Signaling," *International Affairs Forum* (Spring 2017), 86.
76) Samantha Ravich and Mark Montgomery, "Harden the Cybersecurity of US Nuclear Complex Now," *C4ISRNet*, October 26, 2022.
77) Kazuto Suzuki, "A Japanese Perspective on Space Deterrence and the Role of the Japan-US Alliance in Sino-US Escalation Management," in *Outer Space; Earthly Escalation? Chinese Perspectives on Space Operations and Escalation*, ed. Nicholas Wright, Department of Defense (August 2018), 45.
78) Matthew R. Crook, "Nuclear Deterrence and the Space and Cyber Domains," Naval Postgraduate School (October 2022), 25.
79) Tim Sweijs and Samuel Zilincik, "The Essence of Cross-Domain Deterrence," in *Deterrence in the 21st Century: Insights from Theory and Practice*, ed. Frans Osinga and Tim Sweijs, Springer (2020), 134.
80) Timothy Georgetti, "U.S. Deterrence in Space: Confusing Constellations for Stars," *Dauntless*, August 28, 2023.
81) Harrison, Jackson, and Shackelford, "Space Deterrence," 22-25.
82) Matthias Schulze, "Cyber Deterrence is Overrated," SWP Comment, no. 34 (August 2019), 3.

83) Crook, “Nuclear Deterrence and the Space and Cyber Domains,” 23.
84) Scott D. Sagan and Allen S. Weiner, “The U.S. Says It Can Answer Cyberattacks with Nuclear Weapons. That’s Lunacy,” *Washington Post*, July 9, 2021.
85) Benjamin Bahney and Anna Péczeli, “The Role of Nuclear-Conventional Intermingling on State Decision-Making and the Risk of Inadvertent Escalation,” NSI (November 2021), 7-8.
86) Ankit Panda, “Space-Based Nuclear Command and Control and the ‘Non-Nuclear Strategic Attack,’” *Diplomat*, April 8, 2020.
87) James M. Acton, “Cyber Warfare & Inadvertent Escalation,” *Daedalus* 149, no. 2 (Spring 2020): 137-141.
88) Chen Dongxiao, “Forewords,” in *China-U.S. Cyber-Nuclear C3 Stability*, ed. Ariel E. Levite et al., Carnegie Endowment for International Peace (April 2021), iv.
89) Bill Gertz, “New Strategic Threat Emerging as Weapons Seek to Target Brain Function, Inflict Neurological Damage,” *Washington Times*, May 24, 2023.
90) McCreight, “Neuro-Cognitive Warfare.”
91) 戸﨑「新興技術と核抑止関係」。
92) Geist and Lohn, “How Might Artificial Intelligence Affect the Risk of Nuclear War?” 2-4.
93) Silky Kaur, “One Nuclear-Armed Poseidon Torpedo Could Decimate a Coastal City. Russia Wants 30 of Them,” Bulletin of the Atomic Scientists, June 14, 2023.
94) Jill Hruby and M. Nina Miller, “Assessing and Managing the Benefits and Risks of Artificial Intelligence in Nuclear-Weapon Systems,” NTI (August 2021), 12-25.
95) Amber Afreen Abid, “Artificial Intelligence in the Nuclear Age,” Strategic Vision Institute, October 4, 2023.
96) Nicholas Thompson, “Inside the Apocalyptic Soviet Doomsday Machine,” *Wired*, September 21, 2009.
97) Anthony M. Barrett, “False Alarms, True Dangers? Current and Future Risks of Inadvertent U.S.-Russian Nuclear War,” RAND Corporation (2016), 11.
98) “Risks of Artificial Intelligence in Nuclear Command, Control and Communications (NC3): Primer & Policy Options for Risk Mitigation,” Future of Life Institute (July 2023), 6-7.
99) Peter Rautenbach, “Keeping Humans in the Loop is not Enough to Make AI Safe for Nuclear Weapons,” Bulletin of the Atomic Scientists, February 16, 2023.
100) Alice Saltini, “To Avoid Nuclear Instability, a Moratorium on Integrating AI into Nuclear Decision-Making Is Urgently Needed: The NPT PrepCom Can Serve as a Springboard,” European Leadership Network, July 28, 2023.
101) Sweijs and Zilincik, “Cross-Domain Deterrence and Hybrid Conflict,” 15.
102) Harrison, Jackson, and Shackelford, “Space Deterrence,” 23-24.

103) Iain King, "What Do Cognitive Biases Mean for Deterrence?" *Strategy Bridge*, February 12, 2019.
104) Natasha E. Bajema and John Gower, "Nuclear Decision-Making and Risk Reduction in an Era of Technological Complexity," Council on Strategic Risks (December 2022), 96-97.
105) Michael P. Fischerkeller and Richard K. Harknett, "What Is Agreed Competition in Cyberspace?" *Lawfare*, February 19, 2019.
106) Vincent Manzo, "Deterrence and Escalation in Cross-Domain Operations: Where Do Space and Cyberspace Fit," *Strategic Forum*, no. 272 (December 2011): 3-7.
107) Mallory, "New Challenges in Cross-Domain Deterrence," 11.
108) 鈴木一人「安全保障の空間的変容」『国際問題』第 658 号（2017 年 1・2 月）10 頁。
109) Steven Aftergood, "USAF Seeks 'Resilient' Nuclear Command and Control," Federation of American Scientists, April 24, 2019.
110) Office of the Deputy Assistant Secretary of Defense for Nuclear Matters, *Nuclear Matters Handbook 2020*, 21-22.
111) John R. Hoehn, "Nuclear Command, Control, and Communications (NC3) Modernization," *CRS In Focus*, no. IF11697, Congressional Research Service (December 8, 2020).
112) U.S. Air Force, "Battle Management Working to Improve Nuclear Scenario Planning," October 26, 2014.
113) Theresa Hitchens, "Air Force to Kick Off E-4B Replacement Competition in 2021," *Breaking Defense*, February 14, 2020.
114) Courtney Albon, "Northrop Missile-Warning Satellites Pass Early Design Review," *C4ISRNet*, May 24, 2023.
115) Dean Cheng, "Prospects for Extended Deterrence in Space and Cyber: The Case of the PRC," Heritage Foundation, January 21, 2016.
116) James E. Platte, "Defending Forward on the Korean Peninsula: Cyber Deterrence in the U.S.-ROK Alliance," *Cyber Defense Review* 5, no. 1 (Spring 2020): 78-83.
117) Heather Williams et al., "Alternative Nuclear Futures: Capability and Credibility Challenges for U.S. Extended Nuclear Deterrence," Center for Strategic and International Studies (May 2023), 14.
118) Johns Hopkins University & Imperial College London, "Countering Cognitive Warfare: Awareness and Resilience," *NATO Review*, May 20, 2021.
119) 菊地茂雄「中国の軍事的脅威に関する認識変化と米軍作戦コンセプトの展開――統合全ドメイン指揮統制（JADC2）を中心に」『安全保障戦略研究』第 2 巻第 2 号（2022 年 3 月）42 頁。
120) Michael Klare, "The Military Dangers of AI Are Not Hallucinations," *Foreign Policy in Focus*, July 14, 2023.

121) David Cenciotti, "Let's Have a Look at This Year's NATO Nuclear Strike Exercise in Europe," *Aviationist*, October 28, 2022.
122) Alexander Mattelaer, "Rethinking Nuclear Deterrence: A European Perspective," Centre for Security, Diplomacy and Strategy (May 2022), 5-6.
123) Frank Kuhn, "Making Nuclear Sharing Credible Again: What the F-35A Means for NATO," *War on the Rocks*, September 14, 2023.
124) U.S. Department of Defense, "Department of Defense Announces Pursuit of B61 Gravity Bomb Variant," Immediate Release, October 27, 2023.
125) Aaron Mehta, "US to Introduce New Nuclear Gravity Bomb Design: B61-13," *Breaking Defense*, October 27, 2023.
126) Bates Gill, "Meeting China's Emerging Capabilities: Countering Advances in Cyber, Space, and Autonomous Systems," National Bureau of Asian Research, December 15, 2022.
127) Victoria Samson and Brian Weeden, "Enhancing Space Security: Time for Legally Binding Measures," Arms Control Association (December 2020).
128) Gabriel Molini, "The Evolving Cyber-Based Threat: The Need for International Regulations to Avoid 'Accidental' Conflicts," Center for Arms Control and Non-Proliferation, September 12, 2023.
129) Victoria Samson, "Breaking the Impasse over Security in Space," Arms Control Association (September 2022).
130) Mary Chesnut, "The 21st Century-Space Race Is Here," *National Interest*, October 17, 2019.
131) Ibid.
132) United Nations Institute for Disarmament Research, "Restoring Confidence across Today's Nuclear Divides: Symposium Report," UNIDIR (2021), 5.
133) Daryl G. Kimball, "Space Security Working Group Meets," Arms Control Association (June 2022).
134) Andrew Futter, "What Does Cyber Arms Control Look Like? Four Principles for Managing Cyber Risk," European Leadership Network (June 2020).
135) Heather M. Williams and Nicholas Smith Adamopoulos, "Arms Control after Ukraine: Integrated Arms Control and Deterring Two Peer Competitors," Center for Strategic and International Studies (December 2022), 8.
136) "B61-12 Nuclear Bomb," Airforce-technology.com website.
137) "Neuroweapons: Breakthroughs in Science Change Future Weapons," *Vision of Humanity*, n.d.
138) Lauren Kahn, "Mending the 'Broken Arrow': Confidence Building Measures at the AI-Nuclear Nexus," *War on the Rocks*, November 4, 2022.
139) Zachary Kallenborn, "AI Risks to Nuclear Deterrence Are Real," *War on the Rocks*,

October 10, 2019.

140) Spenser A. Warren, "Avangard and Transatlantic Security," Center for Strategic and International Studies, September 23, 2020.

141) UNIDIR, "Restoring Confidence across Today's Nuclear Divides," 5.

142) "Russia Shows Willingness to Include New Nuke, Hypersonic Weapon in Arms Control Pact," *Defense News*, April 18, 2020.

143) Hayes, "Nuclear Command-and-Control in the Quantum Era."

144) Sandra Erwin, "Mattis to Decide Future of Nuclear Command, Control and Communications," *Space News*, April 11, 2018.

第4章

核兵器政策と核軍備管理
——大国間競争下での合理的軍備管理措置——

一政 祐行

米国B-2ステルス爆撃機（核兵器搭載可能）（Cristina Oliveira／U.S. Air／Planet Pix via ZUMA Press Wire／共同通信イメージズ）

はじめに

「核時代」の展望や課題を考えるうえで、主要な核兵器国や核保有国がいかなる国際核秩序を念頭に置いて核抑止力を構築し、戦略的安定を追求しようとしているのかを考えることは不可欠である。序章で論じられたとおり、過去30年で大幅な核弾頭数の削減に至った「第二の核時代」だが、2023年には微増ながらも核弾頭数が増加に転じる見込みが明らかにされた。この間、大国間競争の下で、中国が2030年には1,000発を超える核弾頭を保有するとの見通しが示され、「3大核大国」とも呼ぶべき、新たな核をめぐる国際安全保障環境を論じる必要性が生じている。さらに、世界最大の核兵器国ロシアによって、核の威嚇を背景とした武力による現状変更がウクライナ戦争という形で起こっている。こうした「核の復権」と呼ぶべき状況にあって、「第一の核時代」の遺産である米ソ／米露の核軍備管理条約や欧州における軍備管理条約は、2000年代以降に相次いで終焉の瀬戸際に瀕している。そのため、冷戦期以来、危機的状況下での先制核攻撃の軍事的誘因の削減を意味する「危機の安定性」に軍備管理が果たしてきた役割を何によって補うことができるのか、今日の「核時代」における見通しは不明瞭であるといわざるを得ない[1]。

そこで、本章は国際政治の表舞台で再び「核兵器の長い影」が論じられる状況において、「核時代」がいかなる変化を遂げようとしており、またどういった手段を通じて戦略的安定を得るべきなのかを検討する。具体的には核兵器政策（nuclear weapon policy）の今日的な焦点や主要国の核ドクトリンの現状、そしてウクライナ戦争の前後に発表された軍備管理をめぐるさまざまな先行研究をひもといて考察する。そのうえで、新たな安全保障環境における軍備管理のアプローチとして、「大国間競争下での合理的軍備管理措置」の考え方を提唱したい。

1. 核兵器政策の現在

本章が焦点を当てる核兵器政策とは、基本的には先行不使用（no first use:

NFU）や「核兵器使用の唯一の目的（sole purpose of nuclear weapons）」、消極的安全保証（negative security assurance: NSA）などの核兵器の運用に関わる宣言政策の総称として用いられるとともに、核不拡散や核兵器削減など、核兵器をめぐる将来的な政策上の課題を論じる際に言及されることが多い用語である[2]。この点で、核兵器政策とは次節で述べる核ドクトリンよりも、核兵器をめぐる幅広い論点が扱われるものだといってよいであろう。

核兵器政策と銘打たれたポスト冷戦期の事例として、米国科学アカデミーによる1997年の「将来の米国核兵器政策」報告書では、米露軍備管理の範疇で削減が求められる核戦力水準、核弾頭の管理、非戦略核問題、警戒レベル、ターゲティングと運用ドクトリン、弾道ミサイル防衛が論じられたほか、米国の核兵器政策と核不拡散問題として多国間条約への関与やNSA、拡散対抗などの措置が語られた[3]。また、2009年の外交問題評議会の「米国の核兵器政策」報告書は、核抑止の信頼性を維持しつつ、核兵器を必要最小規模にとどめ、核拡散および核兵器使用の危険性を低減する方策が論じられた[4]。近年では、2020年に米国議会調査局が「NFUの検討と米国の核兵器政策」と題したコメンタリーを発表している[5]。このほか、米国の政府機関でも同様の整理の下で、核兵器政策、あるいは核政策といった用語が用いられている[6]。このように、一次資料や二次資料で参照可能な核兵器政策だが、核による諌止、核戦争の不戦、核兵器と欧州の防衛や核軍縮を取り上げた1998年のアトランティック・カウンシルによる「フランスの核兵器政策」報告書の例にもみられるように[7]、その対象となる核兵器国は米国のみではない。そして、これらに共通することとして、核兵器政策には核兵器の運用に関わる要素とともに、核軍備管理・軍縮・不拡散の論点が幅広く内包されてきたことが指摘できる。

以下、核兵器政策をめぐるさまざまな論点の中から、特に核兵器の使用条件に関わる論点として、核の威嚇を背景とするロシアのウクライナ侵攻で注目されるNSAと、大国間競争の中で核弾頭数の大幅な増強が懸念を呼んでいる中国が長年採用し、その政策の先行きが注視されるNFUを取り上げて考察したい。

(1) 核兵器政策の論点

①消極的安全保証（NSA）

NSAとは核兵器政策における歴史的な論点の1つであり、核兵器国が非核兵器国に対して核兵器を用いないとの保証を指す。このため、NSAは核抑止への関心や懸念が大きく高まる状況下で、非核兵器国への安全の保証として施行される核不拡散政策としての側面を持つといえようし、逆に見れば、NSAは核兵器の使用の戦略的曖昧性と密接に関わるイシューだと考えられる。NSAの今日的な意義については、2022年8月の核兵器不拡散条約（Nuclear Non-Proliferation Treaty: NPT）運用検討会議の最終文書草案が端的に示すように、核不拡散体制の信頼醸成に寄与し、核軍縮の進展や全般的な安全保障環境の向上に資する（パラグラフ26）とみなされる[8]。

もとより、国連憲章第1章第2条第4項にあるとおり、「すべての加盟国は、その国際関係において、武力による威嚇または武力の行使を、いかなる国の領土保全または政治的独立に対するものも、また、国際連合の目的と両立しないほかのいかなる方法によるものも慎まなければならない」とした武力不行使の原則が存在する[9]。そのうえで、さらに非核兵器国から核兵器国に対して、法的拘束力のあるNSAへの要請が度々なされてきた。しかし、歴史的に5核兵器国によって提供されてきたNSAは、あくまでも政治的宣言にとどまるのが実情である。例えば、NPT交渉時、非同盟諸国は同条約本文にNSAを盛り込むよう要求したが、核兵器国側は国連による行動の文脈で扱うべきものだと主張して譲らず、最終的に国連安全保障理事会（以下、安保理）決議第255号（1968年）で積極的安全保証（positive security assurance: PSA）、すなわち、核攻撃や核の威嚇を受けた非核兵器国に対して、核兵器国が積極的な支援の提供を約束するのにとどまった。

その後、1968年に発効したトラテロルコ条約の追加議定書において、非核兵器地帯条約として法的拘束力のあるNSAが初めて導入されたが、米国は核兵器国との協力の下にある非核兵器国からの攻撃に対しては、同条項が免除されると主張した[10]。今日、非核兵器国116カ国が参加する非核兵器地帯条約だが、ロシアはトラテロルコ条約とラロトンガ条約以外、そして米国もトラテロルコ条約以外ではNSAに関する議定書を批准していないなど、核兵器国の関与は限定的なものにとどまってきた[11]。

他方、1983年以来、国連軍縮会議（Conference on Disarmament: CD）アドホック委員会においてNSAが議論されてきたが、具体的な成果は得られていない。1995年にはPSAに係る安保理決議第984号が採択されたが[12]、折しもNPTが条約再検討プロセスの強化、核不拡散と核軍縮のための目標と原則という政治的パッケージとともにその無期限延長が決定された年でもあり、非核兵器国の側からすれば、核兵器の究極的廃絶の約束と引き換えにNPTの延長を認めたと解される状況であった[13]。そして、このNPT無期限延長の決定を背景に、5核兵器国はNSAに関する誓約を国連総会と安保理に回覧した[14]。このことに関連して、1994年に国連総会はいかなる状況であれば核兵器の威嚇またはその使用が国際法上許されるのか、国際司法裁判所（International Court of Justice: ICJ）に勧告的意見を求めた。これに対して、1996年にICJは国連憲章と国際人道法を主たる適用法とし、違法な核兵器の使用を前提とした威嚇は違法だとしつつ、国家の存亡のかかる極端な状況にあっては、それが合法か違法かを確定的に判断することはできないとした[15]。なお、NPTの文脈では、2000年の運用検討会議最終文書でNSAに関する議論を行うフォーラムとしての同運用検討会議の役割が再確認されている[16]。

こうした一方で、核兵器国の核ドクトリンにおいて個別にNSA政策の採用に相当した記述を行うケースもみられる。例えば米国の2022年版「核態勢見直し（Nuclear Posture Review: NPR）」では、NPTに加盟し、核不拡散義務を遵守する非核兵器国には核兵器の使用もその脅しも行わないと明記している[17]。中国も2019年の「新時代の中国国防」（国防白書）において、非核兵器国や非核兵器地帯に対して無条件で核兵器の使用もその脅しも行わないと表明している[18]。

これらを総括すると、国連憲章第1章第2条第4項の武力不行使の原則に加えて、既存のNSAの枠組みと呼べるものは核兵器国による宣言政策、限定的ながらも非核兵器地帯条約、そして一部の核兵器国によるNSAおよび、次節で述べるNFU政策の採用事例から構成されることになる[19]。しかし、すべての核兵器国が戦略的曖昧性に関する方針を転換して、法的拘束力のあるNSAを採用したわけではないことから、NSAをめぐる状況はいまだ不十分だとの批判もある[20]。さらに、ロシアのウクライナ侵攻を契機に、より確固たる形で非核兵器国にNSAが与えられる必要があるとの見方が示されるようになった[21]。

こうした一方で、2022年には米英仏3カ国が非核兵器地帯条約関連議定書の批准によって、条約締約国に対する核兵器の使用やその威嚇を行わない法的拘束力のある義務を負う旨の共同声明を発表したほか[22]、同年8月のNPT運用検討会議で中国代表団が5核兵器国で唯一、CDでの法的拘束力あるNSA問題の協議に支持を表明した旨報じられた[23]。これらの動きに対して、ウクライナ侵攻後の新たな核の国際秩序の構築に向けた第一歩と見るべきか否かを現時点で評価することは難しい。しかし、NSAをめぐって5核兵器国の中から新たな展開が生じたこと自体は、注目すべき動向だといえるのではないだろうか。

②先行不使用（NFU）

NFUとは、自国の核兵器を核攻撃への報復としてのみ使用する政策を指す[24]。このため、そもそも核兵器を保有していない非核兵器国を対象としたNSAとは明確に区別される[25]。このNFUの価値に関しては、肯定論と否定論とでさまざまな議論がある。肯定論からすれば、誤認や事故など、意図せざる核戦争（inadvertent nuclear war）が勃発するリスクを低減させるためにNFU政策採用のメリットが説かれる傾向がある[26]。具体的には、NFUは危機の安定性を高め、同政策を採用した核兵器国に信頼性ある核兵器政策をもたらし、ミサイル防衛や核弾頭のストックパイル管理などに対する批判を緩和し、そして何よりも国際的な核不拡散の取り組みに政治的利益をもたらすと指摘される[27]。一方、NFU否定論は、核戦争へのエスカレーションの恐怖こそが大規模な通常戦争や生物・化学兵器による攻撃を抑止するとの考えに立つ[28]。そのため、NFUの宣言は抑止力への信憑性を弱め、同盟国に対する拡大抑止の信頼感の減退を招くほか[29]、通常戦争がエスカレートすることで、結果的に核兵器使用のリスクを高めてしまう可能性や、宣言政策の変更によって核の拡散を助長するのではないかといった議論に至る[30]。このように、核兵器政策としてのNFU肯定論と否定論は、ともに別な角度から抑止の安定性の向上を目指し、言説を展開してきたといってよいであろう。

こうしたNFUの歴史は古く、中国、ロシア、インドの核兵器政策にそれぞれ採用された事例がある。また、冷戦期以来、北大西洋条約機構（North Atlantic Treaty Organization: NATO）としてのNFU採用の是非を議論する動きが米国で生じるたびに、NATO諸国側で先行使用こそが同盟に対する保証の中核であるとして、反対の姿勢が貫かれてきた[31]。ポスト冷戦期に入り、アスピン米国国防長官がNATOの通常戦力優位を背景に、ロシアの欧州侵攻を核兵器で抑止・反撃する必然性は希薄になったとして、核不拡散強化の観点からもNFU政策を採用すべきだと提唱したが、このときも採用には至らなかった[32]。こうした一方で、米国の核態勢においても、近年、NFUやそれに近似した議論が行われてきた。歴代政権で核兵器の先行使用政策を採用してきた米国だが、今世紀に入ってからオバマ政権とバイデン政権で、核攻撃に対する抑止こそが基本的な核兵器の役割だとする「核兵器使用の唯一の目的」政策の採用をめぐって検討がなされた[33]。しかし、いずれも先行使用政策を覆す結果には結びついていない[34]。他方、1982年にNFUを採用したロシアだが、当時から同政策の採用はレトリックであるとの見方が存在した[35]。そして、ロシアは冷戦後の1993年にNATOとの通常戦力面での相対的な劣勢の拡大を背景として、NFU政策を撤回した[36]。このときロシアのエリツィン大統領は、中露2国間交渉の場でNFUの原則への支持を表明している[37]。

多国間の軍縮・不拡散との関連では、NFUはNPT運用検討会議のアジェンダ（核軍縮）にNSAとともに盛り込まれた経緯がある。また、例えば2023年に開催された、2026年のNPT運用検討会議に向けた準備委員会の「事実関係の要約草案」では、核兵器国に対してNFU政策を堅持し、相互にNFU条約の交渉と締結を行うよう要請する旨の文言が入った（パラグラフ25）[38]。

こうした中、近年における新たな議論として、予見される中国の大幅な核弾頭数の増大を念頭に、抑止の安定に向けて2国間で相互的なNFU宣言を行い、透明性を拡大し誤解を避けることで、意図せざる核戦争回避への布石とすべきとの議論や[39]、これをさらに将来の台湾有事に限定し、米中相互のNFU合意を模索することで地政学的コストを最小限のものにとどめよ、といった指摘もみられる[40]。

なお、前述のオバマ政権とバイデン政権が検討した「核兵器使用の唯一の目的」について、本質的にNFU政策との差異はないとする議論と[41]、NFUとは根本的に異なるものだとの議論がある[42]。後者について、ソコフ、そしてパンダとナランらは、NFUは明示的に事前の制約を設けるものである一方で、「核兵器使用の唯一の目的」は必ずしも核兵器の使用に制約を課すものではなく、あくまでも米国が核兵器を保有する理由の声明にとどまるものだと説明する[43]。

いずれにしても、近年、米国で2度にわたり「核兵器使用の唯一の目的」が核兵器政策の焦点となったことは、核兵器政策における戦略的曖昧性の低減によって核抑止の信憑性を高め、意図しない核戦争の勃発を回避せんとの問題認識の存在を一定程度示すものと考えられる。しかしその一方で、目下のところ、米国の核態勢が「核兵器使用の唯一の目的」を採用できるような安全保障環境ではない、との厳しい現実的判断が横たわっていることは、あらためて認識されねばならないといえよう。

このほかにも、近年では核リスクの極小化を狙いつつ、核のみならず抑止の安定にも目配りしたNFUを論じる先行研究であるとか[44]、国際政治におけるリアリスト的アプローチからNFUの利を説くものもある[45]。「3大核大国」の台頭を前に、NFUや「核兵器使用の唯一の目的」について再考し、将来的にどのような状況であればこれらが採用可能になり、また核をめぐる大国間関係の管理に活用できるのか、学術的な見地からもより踏み込んで検討すべき時期に差し掛かっているといえよう。

以上、本項ではNSAとNFUの2つに焦点を当てて検討を行った。これらは、いずれも核兵器国による核兵器の使用条件に結び付くものであり、非核兵器国への保証や核不拡散、さらには戦略的安定の向上などの含意を持つ一方で、その採用や法的拘束性のある合意の形成においては、核抑止における戦略的曖昧性の維持や、同盟国への保証が争点となることが浮き彫りになった。以上を踏まえて、次項では核兵器の使用条件に引き続き着目しつつ、主要な核兵器国や核保有国の核ドクトリンをめぐる近年の動向について概観したい。

(2) 核ドクトリンと核兵器の役割

核ドクトリンとは核兵器を保有する国の戦力構成、宣言政策、外交を決定するものである[46]。また、核兵器の配備や使用の指針となる目標や使命のほかに、抑止力、ターゲットの破壊、同盟国への保証、不確実な将来へのヘッジなどがこれに包含される[47]。このほか、核ドクトリンが抑止失敗時のエスカレーション・リスクを軽減し、敵対国のエスカレーションに対する生存性を示し、核戦争の勃発時には武力紛争法に則り、必要最小限の破壊でエスカレーション制御機能を果たすといった指摘もある[48]。見方を変えれば、核ドクトリンとは、核兵器によって、いかに安全保障を構築するかという論理を示したものだといえる[49]。他方、核ドクトリンが当該国の対外的なメッセージや政治戦略の内容と一致しており、そこに希望的観測やプロパガンダが反映されていないかは常に見極める必要があり、それはしばしば困難を伴うとの指摘もある[50]。このため、核ドクトリンを検討する際には客観的な受け止め方が求められることは言をまたない。

①核兵器の先行使用 (米・露・英・仏・パキスタン)

核兵器の運用に関する基本方針として、核兵器以外の手段によって武力攻撃を加えてきた敵対国に先んじて核兵器を使用するのが核の先行使用政策であるが、これは厳密には武力紛争下にはない状況で、核兵器を用いた一撃で戦端が開く先制攻撃（preemptive strike）のケースや、先制的な核攻撃で敵対国の戦略核に壊滅的損害を与える、いわゆる武装解除のための第一撃（first strike、またはdisarming first strike）などとは区別すべきものだとされる[51]。なお、先行使用といっても、核抑止のメカニズムにおいてはそれだけで政策的に完結するものではなく、例えば敵対国による核兵器の先制攻撃や武装解除の第一撃などから生存可能な、相手の戦略核に対する破壊的な報復第二撃能力を保持していなければ、敵対国による核兵器使用のインセンティブを高めてしまうといった点にも留意が必要である[52]。こうした生存性の高い報復第二撃能力については、米国やロシアをはじめ、いくつかの核兵器国や核保有国が保有する核戦力の3本柱（nuclear triad、以下、トライアド）を考えると理解しやすい。このトライアドの構成要素として、一般に大陸間弾道ミサイル（intercontinental ballistic missile: ICBM）は即応性を、潜水艦発射弾道ミサイル（submarine-launched ballistic missile: SLBM）が生存性を、そして戦略爆撃機は柔軟性を象徴し、これらによって信頼できる抑止力が提供されるものと位置付けられてきた[53]。

冷戦期以来、先行使用政策の採用は核兵器を保有する国の間でマジョリティを占めてきた。この構図をして、NFU政策をとる中国以外の5核兵器国と、インドを除く核保有国が特定の状況下において核兵器を最初に使用する権利を宣言していると解釈できようし、実際に核ドクトリンや関連の政策文書などによって、先行使用政策をとる国々の核兵器使用の条件に一定の戦略的曖昧性が付与されているとの見方もある[54]。これらを念頭に、主要国の核ドクトリンを以下に概観したい。

（ア）米国

ポスト冷戦期初頭の1993年以来、米国の歴代政権で作成され、部分的な情報開示も含めて対外発表されてきたNPRは、同国の核兵器の運用に関する指針を説明してきた。最初のNPRはクリントン政権期の1994年に発表された。当時、ワルシャワ条約機構は解体され、中距離核戦力（Intermediate-Range Nuclear Forces: INF）全廃条約が完全履行され、第1次戦略兵器削減条約（Strategic Arms Reduction Treaty: START I）も署名される状況下で、米国は冷戦の勝者とみなされた時期であった[55]。こうした状況を反映してか、1994年版NPRは分別あるレベルでの核戦力の維持や、核兵器の役割縮小の方針を明記した[56]。ブッシュ（子）政権期の2002年版NPRでは、「ならず者国家」やテロリストの大量破壊兵器入手に対する懸念の高まりを背景に、能力ベースでのアプローチによって核のトライアドを転換してゆくことが表明された[57]。オバマ政権期の2010年版NPRでは、核兵器の基本的役割は不変であるとして、同盟国やパートナー国に対する拡大抑止の再保証を強調した一方で、核攻撃の抑止を「核兵器使用の唯一の目的」とする政策を安全に採用できる条件整備に取り組むが、現下の安全保障環境はいまだそうした政策を採用できる状況にはない、との見方を明らかにした[58]。2010年版NPRは、核テロの脅威を踏まえて管理の脆弱な核物質の安全確保を掲げ、包括的核実験禁止条約（Comprehensive Nuclear-Test-Ban Treaty: CTBT）の早期批准、より強化されたNSA、ICBMの非多弾頭化や核弾頭搭載海洋発射巡航ミサイル（sea-launched cruise missile: SLCM）の廃止などの核軍備削減にも言及した[59]。トランプ政権期の2018年版NPRでは、新たに大国間の地政学的な挑戦に言及しつつ、核の先行使用政策をあらためて強調したほか[60]、核兵器の近代化政策を拡大し、ロシアの存在を念頭に、低核出力のSLBM用核弾頭やSLCMの開発方針を明らかにした[61]。

米国ICBMミニットマンの発射試験（Brittany Murphy／U.S. Space Force／ZUMA Wire／ZUMAPRESS.com／共同通信イメージズ）

その後、2022年に「国防戦略」や「ミサイル防衛戦略」などの戦略文書とともに発表されたバイデン政権のNPRは、基本指針として①安全で確実かつ効果的な核抑止力と、強力で信頼できる拡大抑止の維持、そして②核戦争リスクや世界における核兵器の重要性の低減という観点に立ち、地政学的挑戦の下での核の国際秩序の新たな在り方や、核軍縮規範にも一定の目配りを示す、包括的でバランスのとれた内容となった[62]。具体的には、核兵器が存在する限り、米国の核兵器の基本的な役割とは核攻撃を抑止することであり、米国と同盟国、そしてパートナー国の死活的利益を守る究極的な状況においてのみ、核兵器の使用を考慮するとした[63]。NSAに関しては、NPTに加盟し、核不拡散義務を履行する非核兵器国には核攻撃もその脅しも行わず、それ以外の国々については不測の事態の狭い範囲において、核兵器が戦略的効果を持つ攻撃を抑止する役割を担うと述べた[64]。また、米国は「核兵器使用の唯一の目的」を宣言できるゴールへと向かう方針を保持し、そのように進むことを許すような具体的なステップを同盟国やパートナー国と見極めていくとした[65]。

また、核兵器の位置付けについては、米国国防上のすべての優先順位を支配するものであり、米国のいかなる兵器も特異な抑止効果を持つ核兵器の代替にはならず、米国の核兵器の本質的な役割とは核攻撃の抑止であるものの、より広範にすべての戦略的攻撃の形態を抑止し、同盟国やパートナー国への保証と、抑止が失敗した場合に米国大統領の目標を達成させることを可能にするものだと明記された[66]。このほか、ウクライナ侵攻や安保理常任理事国としての責任の観点も交えたロシアと中国への明確なメッセージに加えて、厳しさを増す安全保障環境下でも核兵器への依存低減目標を前進させる措置として、安全保障環境の持続的改善、主要核兵器国間での検証可能な軍備管理の合意、そして非核戦力の開発における進展などを指摘したが、この関係で注目されるのは核兵器の役割における不確かな将来へのヘッジを否定した点であろう[67]。これは、例えば2017年版NPRでも言及されたものであり[68]、また近年の英国の核ドクトリンをめぐる論議でも散見された考え方であった[69]。核兵器システムについてはSLCM計画の中止を求めた一方で、ICBMや戦略爆撃機、空中発射巡航ミサイル（air-launched cruise missile: ALCM）、W-93核弾頭などの近代化プログラムのほか、前政権によるSLBM用W-76低核出力核弾頭も継続としたことが一部で批判を受けた[70]。その一方で、大国間競争の文脈に立てば、こうしたNPRの内容は健全さの範囲を外れていないとする評価もある[71]。

なお、2022年版NPRが地政学上のニア・ピアな競争相手国として、ロシアに加えて中国と直面する事態に言及したことに関しては多様な議論がある。一例として、クローニグは米国が新戦略兵器削減条約（New Strategic Arms Reduction Treaty: New START、以下、新START）の水準より核戦力を増強することで米中間の相互脆弱性を否定し、長距離スタンドオフ兵器や、核弾頭を搭載するSLCMの配備などを通じて、柔軟な非戦略核能力や作戦概念を開発し、2つの競争相手国を同時に抑止する戦略を立案すべきと指摘する[72]。

他方、ガイストは2026年の新START失効後において、それまで核弾頭のストックパイルに位置付けられてきた核弾頭を戦略運搬手段に再搭載する、いわゆる「アップロード・ヘッジ（upload hedge）」の手段が米国に残されていると認めつつも、リモートセンシングや諜報を駆使して中国のICBMサイロの実装状況を見極めつつ、非核手段によるICBMサイロ・キラー攻撃手法の開発を進めるなどすれば、特に核弾頭数の増強は必要ないと論じる[73]。

2010年版NPRとの関連で注目された2022年版NPRでの「核兵器使用の唯一の目的」の不採用に関しても、賛否が分かれるのが実情である。セーガンは2009年のプラハ演説以降、核兵器の曖昧政策は、もはや、米国の国家安全保障上の利益には資さなくなったと指摘する[74]。コストロウは、増大する戦略的な非核脅威（化学、生物、通常兵器による脅威）の抑止に、米国の計算された曖昧さが貢献するとして、危機や紛争時に米国の指導者に行動の自由を与え、同盟国やパートナーに保証を与える政策として、今後も先行使用政策を維持すべきだと論じている[75]。

（イ）ロシア

ロシアはポスト冷戦期に入って以降、軍事ドクトリンや国家安全保障概念を度々改訂している[76]。例えば、1997年の国家安全保障概念は独立主権国家としてのロシア連邦の存立が脅かされる場合に核兵器の使用を認め、2000年に発表された軍事ドクトリンはロシア連邦の国家安全保障にとって重大な状況での核兵器使用に言及し、2010年の軍事ドクトリンには自国あるいは同盟国に対して核兵器やそのほかの大量破壊兵器が使用された場合への対応や、存立が脅かされる通常兵器での侵略にも核兵器使用の権利を留保する旨明記した[77]。

そして、2020年には核抑止と題するロシア初の公開文書「核抑止分野における国家政策の指針」を発表した。それによれば、ロシアは核兵器を専ら「抑止の手段」と位置付け、同国の核抑止政策を「本質的に防衛のためのもので、核戦力の潜在性を核抑止に必要なレベルで維持する」と表明したほか、核抑止と通常抑止を区別して説明した。同文書で特に重要だとされるのは、核兵器を使用する条件として①ロシアが「自国および／または同盟国への核およびそのほかの種類の大量破壊兵器の使用に対応し行動する」場合、②「通常兵器によってロシア連邦に侵略が行われ、国家の存立そのものが危うくなる」場合に加えて、新たに③「ロシア連邦および／またはその同盟国の領土を攻撃する弾道ミサイル発射の信頼できるデータが確認された」場合と、④「ロシア連邦政府または軍の重要拠点への敵対者の攻撃で、その無力化によって核戦力の報復行動が損なわれる」場合などを挙げた点である[78]。この2020年の公開文書をめぐっては、同国の核抑止に関して以前は曖昧だった領域をより具体的に説明し、過去20年にわたるその核政策の一貫性を裏付けたとする評価や[79]、ロシアの核ドクトリンの根底にあるものが、実は西側の核兵器国におけるそれに近いものだったと見る指摘もある[80]。そうした一方で、ロシアの核ドクトリンは、米国のNPRのようにNPT上の非核兵器国には核攻撃も核兵器使用の脅しも行わない、といった規定を含んでいないことから、同国を想定した広範な核の先行使用シナリオへの考慮が必要だととらえる見方もある[81]。

なお、冷戦終結後もロシアには核兵器をめぐり、注目すべきいくつかの要素があった。一例としては、2009年にロシアのパトルシェフ安全保障会議書記が全面的、地域的あるいは局地的戦争で通常兵器を使用する侵略者に対して核の先行使用を行う旨言及したことや[82]、2000年の同国軍事ドクトリンには「エスカレーション制御のためのエスカレーション（escalate to de-escalate: E2DE)」として、紛争の初期段階にて核兵器を使用し、敵対行為の停止へと誘導する概念を含むとの議論がなされてきたことが挙げられる[83]。こうした背景には、ロシアの核戦力に対する透明性の低さが問題視されてきたことも影響した可能性があろう[84]。もっとも、

ロシアが保有する極超音速滑空兵器アヴァンガルド
(Sputnik／共同通信イメージズ)

近年のロシアでは核のエスカレーションへの依存を改め、新たに外部の脅威から国家安全保障上の利益を守るべく、核戦力、通常戦力、そして情報などの非軍事的手段や能力を駆使する「戦略的抑止」概念へと転換が進み、E2DEなどは神話も同然になったとする指摘もある[85]。

しかし、ロシアの核政策が依然、国際社会に波紋を投げかけていることにも否定し難い部分がある。2018年のプーチン大統領による年次教書演説では、米国トランプ政権のNPRへの異例の対抗措置として、極超音速兵器など戦略核抑止に関係する兵器を含む6種類の兵器開発が発表され、国際社会の注目を集めた[86]。2019年に終了したINF全廃条約の背景において、米国側は2014年前後からロシアによる条約違反行為として地上発射型巡航ミサイルSSC-8(ロシア名9M729)の開発問題に懸念を表明してきた[87]。2014年のロシアによるクリミア併合と2022年のウクライナ侵攻に際しては、プーチン大統領をはじめ同国政府高官から核の威嚇ととれる発言が度々発せられ、またロシアが軍事的に占拠したザポリージャ原発をめぐる攻防が激しさを増すと、ウクライナによる核テロを口実とした「偽旗攻撃」へロシアが打って出る可能性に懸念が高まった[88]。そして、ウクライナ戦争下でのベラルーシへの新たな核共有政策の発表は、核共有政策の歴史を持つNATO諸国からの冷静な対応と、同政策に長年批判的であった非同盟諸国からのロシアに対する懸念を呼んだ[89]。こうした中、米国国務省が新STARTについて、査察および諮問委員会のキャンセルや遅延が相次ぐことは条約違反行為だとしてロシアを批判すると、2023年2月にロシアは同条約の履行停止を発表した[90]。また、同年10月にプーチン大統領が同国連邦議会下院に対して、CTBTの未批准状態が続く米国への圧力を理由に、同条約へのロシアの批准撤回に承諾の意を示すと、まさしく自己破壊的な政策だとする強い批判を受けた[91]。

このように、「核の復権」の状況下でロシアの核政策が近年大きく転換してきたかに映る一方で、昨今の新STARTやCTBTのケースから見るに、同国としては必ずしもすべての軍備管理条約から撤退し、米国との制限なき軍拡競争への移行を望んでいるわけではないとも考えられる。このため、ウクライナ戦争の推移とともに、同国の核政策の動向を引き続き注視する必要があるといえよう。

（ウ）英国

英国はポスト冷戦期を通じて、5核兵器国で最も核軍縮に近い国と位置付けられ、核軍備削減のみならず、核弾頭の解体廃棄検証といった技術的分野でのイニシアティブに象徴される「軍縮のラボラトリー」を自任してきた[92]。1998年に自由落下型核爆弾WE177 Type Bが退役すると、英国は核兵器と戦略運搬手段をSLBMトライデントII D-5およびミサイル潜水艦に一本化した[93]。これにより、効果的な抑止を提供できる必要最小限の核抑止力を維持しつつ、核兵器能力の削減の範を示すことで、自ら多国間の核軍縮・不拡散に取り組む姿勢を示した[94]。2010年の「戦略防衛安全保障見直し（Strategic Defence and Security Review: SDSR）」は、2020年代中葉までに核弾頭ストックパイルの上限を225以下から180以下に削減し、4隻のヴァンガード級ミサイル潜水艦への搭載核弾頭数を48から40に、運用可能な核弾頭数の要件も160未満から120以下に削減するものとし、かつ16基搭載可能なミサイルも8基以下に削減すると表明した[95]。

しかし、英国が欧州連合（European Union: EU）からの脱退（BREXIT）完了後の2021年に発表した「競争時代のグローバル・ブリテン――安全保障、防衛、開発および外交政策統合見直し」（以下、統合見直し）は、いかなる方位からの核の脅威にも信頼可能で効果的な核抑止を保証する必要最小限の破壊力を維持するために、核弾頭ストックパイルの上限を260まで増強する方針を明らかにした[96]。そのうえで、「英国がいつ、どのように、どの程度の規模で核兵器能力の使用を検討するかの正確な詳細」については、計算された意図的な曖昧戦略を維持するとした。さらに核兵器使用は自衛のための極限的状況に限定し、NPT上の非核兵器国に核兵器を使用せず、その威嚇も行わないが、NPT違反の非核兵器国においてはこの限りではないと表明した[97]。

なお、2023年に発表された「統合見直しの刷新2023――より競争的で激しく変動する世界への対応」では、核兵器の使用をNATO加盟国に対する防衛を含む自衛のための極限的な状況においてのみ検討することや、英国の

NSA政策に変更はないと説明しつつも、核抑止に関する2021年の「統合見直し」の基本的方針を維持した[98]。前述したように、英国は自発的な核戦力と核兵器システムの削減・縮小の実績に加えて、NATOの核共有政策では戦力共有からの静かなる脱退事例の1つとして、目に見える形で軍備管理・軍縮の取り組みを行っており、核戦力規模としても、依然、5核兵器国で最小規模である。他方、その増加幅は桁違いではあるものの、英国がポスト冷戦期以降、中国に続いて2番目に核弾頭数の増強へかじを切った核兵器国となる政治的な意味合いは小さくないとも考えられる。

フランス海軍原子力潜水艦トリオンファン
(ロイター=共同)

(エ) フランス

フランスは、核抑止を同国の「主権」と「国家の安全、保護、独立」を究極的に保証するものだと定め[99]、マクロン大統領の近年のスピーチにおいても「核抑止力は我々の独立性、評価、決定、行動の自由を保障する。核抑止力は、敵対者が目的を達成するためにエスカレーションや脅迫、恐喝に賭けることを阻止するものである」として、その位置付けを明確にしている[100]。2022年の「国防白書」では、強固で信頼できる核抑止力として、同国の抑止政策の有効性は政治・作戦・技術信頼性に依拠し、高い即応態勢と長期的能力へのコミットメントが反映されたものであるとしつつ、世界におけるテクノロジーの発展と、ハイブリッド型紛争の展開を念頭に、競争相手国の能力拡大や平時のハイブリッド型行動に対しては、不断の検討が必要だと表明している[101]。

フランスでは冷戦後に核戦力の整理を行った結果、540発保有していた核弾頭数は290発にまで削減され、戦略運搬手段においても陸上配備の準中距離弾道ミサイルが1996年に全廃された。この結果、フランスでは地上配備の航空機および空母艦載機への核弾頭の搭載、そして継続的な海洋からの抑止(continuous at-sea deterrence: CASD)を旨とする戦略原子力潜水艦搭載のSLBMのみが現存する核戦力となっている[102]。NATOに復帰したフランスだが、同核計画グループ(Nuclear Planning Group: NPG)には不参加の立場を貫く一方で[103]、ポスト冷戦期を通じて、欧州に対して独自に核抑止を提供する意欲を幾度も表明し、近年もマクロン大統領が「欧州の戦略的自律」として同様の提案を行うなど、その動向が注目されている[104]。なお、同国はポスト冷戦期に核戦力の3分の1を削減していることから、将来、さらなる削減を求める軍備管理合意には与しないのではないかとの見方もある[105]。

(オ)パキスタン

1998年に核実験を行い、核兵器の保有を宣言したパキスタンも、核兵器の先行使用の権利を留保している。NPTの枠外にある核保有国として、ここまで検討してきた5核兵器国とは異なる立ち位置にあるパキスタンだが、核ドクトリンという点では近年注目すべき側面があることから、簡潔に言及したい。パキスタンは核兵器政策上、戦略的曖昧性を採用し、核ドクトリンを文書としてではなく、政治指導者の声明や軍のメディアを通じた発表などの形で周知してきた[106]。その核ドクトリンをめぐっては、最低限の信頼できる核抑止力に始まり、近年へと至る継続的な核戦力の増強、兵器用核分裂性物質の生産、海洋ベースの報復第二撃能力への投資などが注視されてきた。このため、パキスタンがより複雑な抑止態勢へ移行するのではないかとの見方や、短距離弾道ミサイルへの注力を背景に、核兵器使用権限が集中管理から委任型の指揮体系へと遷移する可能性を問う議論もあるほか、敵の通常戦力での攻撃があった場合、軍事・非軍事目標を問わず、迅速に戦術核で反撃するといったエスカレーションを厭わないかの核抑止戦略(非対称的エスカレーション戦略)の採用すらも議論されてきた[107]。

こうした中、2023年にイスラマバード戦略研究所において、核兵器の研究開発などを担う国家指揮機関(National Command Authority: NCA)のキドワイ退役中将が行った講演は大きな注目を集めた。キドワイは、核兵器使用の敷居を越えることなく、統一戦闘集団の迅速な動員によってパキスタンの領土内で作戦が実施される非核・限定戦争（インドの「コールド・スタート・ドクトリン」を想定）を抑止するべく、パキスタンとしての核兵器政策や核のトライアドの能力を強調した。また、インドからのあらゆる脅威に対処するべく、パキスタンの採用する「フル・スペクトラム型抑止」政策の利点を説いた。それと同時に、キドワイは垂直次元と水平次元から同抑止政策の成り立ちを説明し、具体的にはパキスタンの陸・海・空軍が0mから2,750kmに及ぶ範囲で、戦略・作戦・戦術という3層を核兵器の破壊力によってカバーすると論じた[108]。これについては、パキスタンが従来の同国の核ドクトリンよりも核兵器使用の閾値を引き下げることで、結果的に抑止の安定性が損なわれるのではないか、との懸念を指摘する見方もある[109]。なお、パキスタンはインドと同じくNPTには非加盟であり、CTBTに署名も批准もしていない。同国は無条件かつ検証可能な兵器用核分裂性物質生産禁止条約（Fissile Material Cut-off Treaty: FMCT）交渉の開始を支持しつつも、ほかの核兵器国や核保有国とは異なり、その禁止対象に既存のストックパイルも含めるよう主張していることで知られる[110]。

②揺らぐ先行不使用（NFU）政策（中・印）

次に、NFU政策を採用した事例について検討したい。すでに言及したとおり、今日NFU政策を宣言しているのは中国とインドの2カ国だが、留保条件のないNFU政策を採用し、いかなる状況下でも核兵器を最初に使用しないとの姿勢を維持している核兵器国は、歴史的に中国のみだとされる[111]。

（ア）中国

中国の核ドクトリンは、同国の通常戦力による軍事ドクトリンが建国以来、9回にわたり見直されたのとは異なり、1964年の最初の核実験以来、一度も変化していないとされる。また、同国の通常戦力と核戦力との間には明示的な関係性がみられず、宣言政策上、核攻撃を受けた場合の反撃においてのみ、核兵器を使用するNFUが明記されている[112]。しかし、こうしたNFUの内実をめぐり、懐疑的な見方を論じる先行研究は枚挙にいとまがない[113]。

中国の核戦力が近年注目されるきっかけとなったのは、同国が急速な核戦力の増強に向かっているとの予測を示した、米国国防省による「中華人民共和国の軍事および安全保障の進展に関する年次報告」ではないだろうか。2023年版の同報告書では、2023年5月までに中国は核弾頭数500発以上の運用可能なストックパイルを保有し、2030年までに1,000発以上の運用可能な核弾頭を高度の待機水準の下で配備すること、そして習近平国家主席の掲げる2049年までに人民解放軍を世界水準の軍にするとの目標の下に、2035年までに基本的な近代化を達成するべく、戦力を増強し続けるであろうと予測している[114]。

一方、中国の2019年版「新時代における中国国防」(国防白書)によれば、中国はいかなるとき、いかなる状況下でも核兵器の先行使用を行わないNFUにコミットしており、また非核兵器国や非核兵器地帯に対して無条件で核兵器の使用や威嚇を行わないとして、NSAを明記している。そのうえ、核軍備管理・軍縮関連では、核兵器の究極的な完全禁止と徹底的な廃棄を提唱し、いかなる国とも核軍拡競争を行わないとした。核戦力や核態勢については、国家安全保障上の必要最小限のレベルにとどめ、自衛のための核戦略を追求し、核戦力を保持する目的は他国による核兵器の使用や、使用の脅しを抑止することにあると述べている[115]。

しかしながら、中国はこれまで体系的な形でその核戦略を説明したことがないことから、米国での先行研究では最小限抑止や中国独自の確証報復戦略といった切り口でこれを読み解こうとする取り組みがなされてきた[116]。こうした議論について、シャは学説のうえでは①NFUを軸とした最小限抑止と核軍縮への支持を起点に中国の核戦略を理解しようと試みるもの、②最小限抑止から一歩踏み込んで、核兵器を攻撃兵器として使用せず、拡大抑止は求めず自らも提供しないなどといった、中国の核抑止理論を西側の核戦略概念の外に置かれた存在ととらえるもの、③英語と中国語で中国の核ドクトリンの表現に齟齬があるとの視点に立ち、それは最小限抑止ではなく核による強要に対抗するものだとの理解に基づくもの、④中国が限定核抑止ドクトリンを包括的な核抑止ドクトリンへと進化させるべく、通常戦、戦域戦、戦略核戦争の抑止と、核戦争のエスカレーション制御・抑制が可能な核ドクトリンを追求しようとしていると見るもの、という4学派によって、それぞれに解釈が試みられてきたと説明する[117]。

こうした一方で、近年では中国で相次ぐ高速増殖炉と再処理施設の建設ラッシュや[118]、兵器用核分裂性物質の生産モラトリアムに対する5核兵器国で唯一の反対姿勢に加えて、衛星画像解析で判明したICBMサイロの大幅な増設をして、それらすべてにICBMが装填されねばならないわけではないものの[119]、能力面から中国の大幅な核弾頭数の増強策を裏付ける根拠だとして受け止められている[120]。また、戦略運搬手段においても、極超音速滑空体（hypersonic glide vehicle: HGV）からの部分軌道爆撃システム（fractal orbit bombardment system: FOBS）実験の実施が報じられたことを受けて、同国が報復第二撃を前提としたNFU政策にとどまるのか否かを疑問視する見方が強まっている[121]。中国の核戦力増強の意図をめぐっては、より強固な核戦力がより大きな自由をもたらし、米国によって中国が何らかの形で屈服させられるリスクを低減しようとしているとの見方もあれば[122]、それらはむしろ米国以外の核保有国に対する目配りなのではないかとの指摘もある[123]。このほか、前述したように将来的な米中間での新たな戦略協議においては、戦略的安定の観点から米中両国とその同盟国に対するNFUを相互に宣言するべきとの指摘もある[124]。また、サイバー攻撃や長距離精密打撃によって核兵器システムが破壊される懸念が高まる中、中国としては台湾海峡をめぐる米中相互抑止の関係を優先的に構築すべきであるとか、弾道ミサイル防衛（ballistic missile defense: BMD）が強化される状況では、中国としてもICBM戦力を一層拡大せねばならないといった議論がある一方で、もし米中間で相互のNFU政策に合意し、米国が核戦力増強やBMDの展開を控えれば、中国としても核弾頭数の増強策は不要となり、先々、核弾頭数の削減に踏み込む余地も生じるのではないか、といった考察も散見される[125]。

核軍備管理への中国のコミットメントについては、米露2国間核軍備管理条約によって、長年同国が第三者的に戦略的利益を享受してきたとされる一方で、中国としてはこれらに何らの関与もせず、2020年に米国が米中露3カ国による21世紀型の軍備管理モデルを提唱した際、中国外交部は自国の核戦力規模を理由に、即座にこれを否定した経緯がある[126]。こうした中、将来の米中（米中露）核軍備管理を念頭に、INFレンジの中国の地上発射型ミサイルと、米国の空中発射型ミサイルに対して、核弾頭と通常弾頭を含めることで近似した規模だとみなし、これらを柔軟に組み合わせたうえで数値的な上限を等しくする、あるいはこうした中国のINFレンジの地上発射型ミサイルと、米露の戦略核を発射機単位で計算し、それらの上限を等しく設定することで、戦略核に優位性のある米露と、INFレンジのミサイル戦力に秀でた中国との3カ国軍備管理合意交渉を進めるのも一案だとする提案もある[127]。

中国は2021年の第76回国連総会第1委員会において、平和的発展と自衛のための核戦略にコミットするとの宣言を発表し、また2022年には外交部軍備管理局長名で中国が進めているのは核軍備拡張ではなく、近代化のステップである旨を表明している[128]。しかし、こうした声明が出される一方で、急速な核戦力の構築を進める近年の中国の姿勢が、従来の政策から大きく逸れるものだとの指摘があることは見落とせない[129]。また、掲げた目標と一致しない規律や抑制に欠く核兵器の配備が、将来、中国の核の目標自体を変更させる要因ともなりかねず、こうした不透明な姿勢が敵対国に複雑なシグナルを送る結果になっているとの批判もある[130]。このため、現状では中国側の近代化のステップに関する表明を額面どおりに受け止めるのは難しいといわざるを得ないのではないか。

（イ）インド

NPTの枠外で核実験を行い、1998年に核兵器の保有を宣言したインドは、中国と並んでNFU政策の採用を発表している。このインドのNFUは、2003年の同国内閣安全保障委員会（Cabinet Committee on Security: CCS）が発表した「インド核ドクトリン運用化の進捗見直し」によって明文化された[131]。それによれば、同国の核ドクトリンは①信頼できる最小限の抑止力を構築・保有すること、②NFUとして核兵器はインドの領土や軍への核攻撃に対する報復にのみ使用されること、③先制攻撃に対する核報復は大規模で、受け入れ難い損害を与えるように設計されること、④核による報復攻撃は核司令部を通じて文民の政治的リーダーシップによってのみ許可されること、⑤非核兵器国に対して核兵器は使用しないが、生物兵器や化学兵器によってインドやインド軍が大規模な攻撃を受けた場合に、核兵器で報復する選択肢を保持すること、⑥核・ミサイル関連物質・技術輸出の厳格な管理を行うこと、FMCT交渉への参加と核実験モラトリアムを継続すること、⑦グローバルで検証可能かつ公正な核軍縮を通じて、「核兵器のない世界」という目標に継続的にコミットすることを明記した。

このように、インドの核ドクトリンは最初期からNFU政策を明確に表明してきた一方で、生物・化学兵器による攻撃には核報復を行うとして、核兵器の先行使用の可能性も同時に織り込んだかのような内容になっている。さらに、「インド核ドクトリン運用化の進捗見直し」の発表以降も、印パ関係の緊張などを背景に、インド高官によってNFU政策に戦略的曖昧性を加えるかのような発言がなされてきた[132]。インドでは2003年以後、即応性が高い高精度の戦略運搬手段や弾道ミサイル防衛といった、報復第二撃能力と目される以上の能力の開発・獲得に多大な資源が投入されており、また、戦略的優位の観点から先制核攻撃オプションの採用を主張するインドの高官ら（高官経験者を含む）の発言などからも、インドがパキスタンの長射程核兵器システムを念頭に、対兵力打撃以外の柔軟な核オプションを追求しているとの指摘もある[133]。

中国とパキスタンという、いずれも敵対的な核兵器国と核保有国に領土を接するインドは、過去20年余りにわたって「核兵器の長い影」の下に地域レベルでの競争に直面し続けてきた。そのため、昨今の核をめぐる戦略環境の変化にもかかわらず、インドがNFUを維持する意図がどこにあるのかは、その見直しへの懸念も含めて、今後も焦点になり続ける可能性がある[134]。

ここまで主要国の核ドクトリンを概観してきたが、歴史的に複数のケースでNFU政策の採否が焦点となった経緯がある一方で、多くの場合は結果的に先行使用が選択されていること、またこれらの国々は、その規模の差こそあれども、いずれも核抑止力の維持・強化のために核戦力の近代化にコミットしていることがあらためて浮き彫りになった。他方、核兵器の位置付けや軍備管理へのアプローチ、さらには核兵器の削減方針などにおいては、一部の国々を除いてほとんど共通項がみられないことも明らかになったと考える。

核兵器をめぐる国際構造は複雑さを増しており、透明性の限界も含めて、表面的な現象がその実態を表すとは限らない難しさがある。しかし、あえてシンプルにこうした国際構造を整理するとすれば、①軍備管理の強化によって現状維持を狙いつつも、核兵器の近代化に注力する米英仏と、②積極的な核軍拡競争を望んでいるとは思われないものの、意に沿わない軍備管理条約からは撤退し、核抑止力への依存をより一層強めるかの姿勢をみせるロシア、そして③米露軍備管理交渉とは距離を取り、核戦力の強化に勤しみつつ、新たな核の国際秩序において独自の立ち位置を示さんとするかに映る中国、さらには④新興の核保有国として、冷戦期の核抑止論とは異なる独自の論理の下に核戦力を増強するインドやパキスタンといった構図を見てとることができよう。

次節では終焉の危機に瀕している軍備管理条約に対して、その歴史的な経緯を検討するとともに、今日の状況下でいかなる処方箋が有効だと考えられるのか、2020年前後に発表された先行研究を中心に主要な軍備管理論をひもとき、考察を試みたい。

2.「軍備管理『条約』の終焉」と戦略的安定への新たな模索

(1) 変容し続ける軍備管理

歴史的に軍備管理とはどのような措置であり、それはわずか80年弱の「核時代」において、いかなる戦略的含意を持ったのだろうか。20世紀までの国際社会において、軍備管理の大半は戦勝国から敗戦国に課されるものであり、その明確な目的の達成に向けて軍備管理交渉が行われてきた。しかし、「核時代」に入った冷戦期の米ソ間では、新たに核戦争の回避という強い相互利益が軍備管理交渉の過程で顕在化し、その結果、当事国にとって「恐怖の均衡」の安定化を目指す軍備管理合意の形成が、本質的に自己強制的なものへと変わっていったとされる[135]。1960年代以降は、戦略的安定を構成する危機の安定（先制攻撃の安定）と、軍拡競争に係る安定の言説を通じて[136]、軍備管理にまつわるさまざまな効用が語られてきた。一例としては、軍備管理が特定の種目の兵器を凍結・制限・削減・廃棄し、軍事活動の防止や軍隊の配備を規制することで、偶発的戦争のリスク低減や軍拡競争の減速、予測可能性の向上に裨益し[137]、戦争の勃発時にも、その目的や暴力の範囲を狭めるほか[138]、国家間の緊張と危機の発生率や深刻度を高めて戦争を引き起こしかねない「安全保障のジレンマ」の悪影響を緩和できると論じられてきた[139]。こうした価値が評価された冷戦期の軍備管理だが、その交渉の動因について、秋山は軍縮の追求、安定の追求、優越の獲得の3要素に分類するとともに、それらが大国間関係を軸にした国際環境と技術革新、さらには外圧に対する政策決定のシステムからなる「体質的適合性」によって影響を受けてきたことを指摘する[140]。

他方、歴史的な観点も踏まえれば、軍備管理をあたかも「善なるもの」として手放しに評価するのは必ずしも正しい姿勢だとはいえない可能性もある。1950年代の終わりにブレナンが指摘したように、軍備管理が多くの場合に安全保障環境を改善し、その結果としてリスクの低減につながり得ると受け止められた一方で、それが新たに複雑で予見し難いリスクをもたらす危険性もあるとして、強い警戒感を呼んだことも否定し難い[141]。これは特に、一部の核兵器国や核保有国の軍備管理に対する消極的姿勢の背景を検討する際に、今も無視できない論点だといえよう。

なお、危機の安定と軍拡競争の安定の上位概念ともいうべき戦略的安定についても、広義において何を指すのかは諸説ある。戦略的安定について、ハーベイは米露の核攻撃の応酬を防ぐ、歴史的な核対立の構図を安定化させる目的でデザインされた①相互確証破壊（mutual assured destruction: MAD）のような相関性ある概念のセット、②核抑止などの学術理論、③大量報復戦略や柔軟反応戦略あるいはNFUなどの政策、④そして弾道弾迎撃ミサイル（Anti-Ballistic Missile: ABM）条約などの軍備管理条約などを包摂する「キャッチオール的用語」だと定義する[142]。他方、近年では核攻撃の応酬を防ぐこと以上に、より幅広い視野から戦略的安定を論じるものも多くみられる。一例として、テルトレは大規模な侵略の誘因がなく、意図が明確で行動が予測可能であること、主権が尊重され内政干渉がないことを戦略的安定の定義に挙げる[143]。トレニンは戦略的安定を核保有国間の軍事的対立の回避、グローバルな競争の管理、核兵器の配備や核ドクトリンにおける一方的かつ並行的な自制、軍備管理なき状況での安定強化のためのコミュニケーション、信頼醸成、紛争予防メカニズムを含むものだと位置付ける[144]。戦略的安定が合意された定義なしに濫用されてきたと批判するアクトンも、冷戦期の危機の安定性に関する言説上の定義は過度に狭く、定量化が容易な戦略攻撃力の技術的特性から先制攻撃の安定を論じる傾向が強かったため、結果的に感情や圧力、誤算やコミュニケーション不足などの要素は軽視されたが、他方、近年の技術動向として高精度の通常戦力やミサイル防衛が危機の安定性にもたらすインプリケーションも無視し得ないとして、今日的にはこれらを幅広く勘案する戦略的安定概念の必要性を指摘する[145]。ウォルトンとグレイも、今日の戦略的安定に考慮されるべきポイントとして、社会・経済・技術・信仰の影響、国際的な事象の流動性、極端な暴力がみられる時節への考慮、安定の連続性への理解（戦略的安定と不安定は絶対条件ではない）、さらに戦略的安定を軍備管理によって向上させられるとは限らないとの認識などを挙げている[146]。このように、近年では核攻撃の文脈のみに限定されない戦略的安定の議論も数を増やしつつある一方で、その多くに予測可能性の向上や競争の管理、信頼醸成といった「第一の核時代」以来、軍備管理の効用として期待され、論じられてきた要素が含まれている点が注目されよう。

次に、「軍備管理『条約』の終焉」はどのようにして生じたと考えるべきなのかをあらためて検討したい。冷戦期に「恐怖の均衡」を安定化させるべく、外交交渉が重ねられた米ソ軍備管理は、冷戦終結の前後には急激な核軍備の削減へと帰結した[147]。これらは検証可能な合意に基づくINF全廃条約や

START I、そして条約には基づかない米露双方の一方的な戦術核廃棄となった大統領核イニシアティブ（Presidential Nuclear Initiatives: PNI）などによって、目に見える成果を生んだ。このうち、START Iについては米ソ間で戦略核戦力の均衡が条約に織り込まれた反面、相対的に見れば米国に有利な規定が導入されたことから、勝者による優位性の固定を意図した「紛争終結時の軍備管理」の側面があったと評される[148]。その後、米国一極の様相が強まり、かつての米ソ二極構造が急速に後退する中で、伝統的な戦略的安定から「ならず者国家」への拡散対抗へと米国がかじを切ったことにロシアが反発した。この結果として、結果的に突出した核不拡散と、モメンタムを失速させた米露の核軍備管理・軍縮との間には明白な相関関係が存在するとの指摘もある[149]。一方、ロシアは2000年代にかけて、自国が弱体化する中で大国としての地位を誇示し、米国主導の国際秩序への異議申し立てや、ソフト・バランシングを行うための手段として米露軍備管理を利用した[150]。「核兵器のない世界」を提唱するオバマ政権の登場も、その実態は核不拡散と核テロ対策の推進が主眼であり、核軍縮はその推進力との位置付けであったとの指摘もある[151]。さらに、非核戦力で他国を圧倒する米国にとって、核戦争は唯一の存立に関わる脅威であり、「核兵器のない世界」に向けた核軍備管理や核不拡散の提案には多様なメリットがあった一方で、このときのロシアが必ずしも米国と同じメリットを享受できたわけではなかったとの見方もある[152]。

もしこのように整理するならば、「軍備管理『条約』の終焉」の主な背景としては、冷戦終結以降、米露双方の軍備管理条約をめぐる行動と、国際安全保障環境の変容によって、条約を維持する政治的・軍事的なモメンタムが徐々に蝕まれてしまったとみることもできよう[153]。序章で述べられたように、今世紀に入って以降、2002年にABM条約、2019年にINF全廃条約が終了し、また新STARTも2023年にロシアによって履行停止の状況に置かれてしまった。このうちINF全廃条約と新STARTは、それぞれ500kmから5,500kmの中距離核戦力と5,500km以上の射程距離を持つ戦略核戦力をカバーする条約であることから、米露首脳は2020年にかけて、中国や英仏も交えた新たな後継条約交渉を模索した。しかし、かたや核弾頭をストックパイル も含めて4,000発近く保有する米露と、300から400発程度の規模でしかない英仏中との軍備管理は、あたかも1922年のワシントン海軍軍縮条約のような不均衡な制限を求めるものになりかねない[154]。また、そもそも大国間競争下でパワーバランスへの見通しが収斂せず、不確実性も高い状況において、核兵器国間で軍備管理合意を形成し、軍事的／政治的要素を持つ核戦力の分布を固定化するインセンティブは必ずしも高くないと論じられてきたことは留意すべきであろう[155]。

さらに、もう1点考慮せねばならないポイントとして、2つのニア・ピアな競争相手国を念頭に、米国で再び核優勢を追求する議論が台頭しつつあることにもあらためて触れておきたい。冷戦期においては、相互脆弱性や軍備管理の導入によって、核優勢を目指す動きは、結果的に戦略的安定の追求へと置換されてきた[156]。翻って、中国の核戦力の増強を前に、2030年代にかけて、米国で未配備の核弾頭を新STARTの制限を超えて最大搭載量まで戦略運搬手段に搭載する「アップロード・ヘッジ」が論じられていることはすでに述べたとおりである[157]。もっとも、こうした核優勢追求の動きは、それがいかに中国の核軍拡への対応策であったとしても、新STARTの制限を超える場合には、米国の動きに呼応してロシアも核弾頭数の増強に転じる可能性が指摘される[158]。また、米中露が核弾頭数の増強に進むとなると、中国を仮想敵とするインド、そしてインドと敵対関係にあるパキスタンのさらなる核軍拡ドミノの動きにもつながりかねず[159]、そうなれば核の国際秩序や核不拡散体制への影響は甚大なものとなりかねない。核抑止は単純に核弾頭数の問題ではなく[160]、また2つのニア・ピアな競争相手国の存在に対して有効な抑止を論じるのは、論理的には困難だとする議論もある[161]。しかし、そうかといって米国が新STARTの定める戦略核配備上限の1,550発に踏みとどまった場合、将来的にロシアと中国の両方を抑止するのに十分ではないとの懸念が高まる可能性も否定し難いとの見方に立てば[162]、優位性の追求と現状維持のいずれも、時間の経過とともにジレンマを抱えることになると予想される。

他方、冷戦終結というタイミングで起こった、1991年の米露PNIに象徴されるような一方的かつ大幅な核軍備縮小のイニシアティブや[163]、新START後継交渉が難航していた2013年にオバマ大統領がベルリン演説で言及した、米国の戦略核戦力の3分の1の削減提案などは[164]、「核の復権」と大国間競争が激しさを増す情勢下にあって、主要な核兵器国の核兵器政策に採用される見通し自体、極めて低いと見なければならないだろう。この背景には、米国議会上院で自国の優位性を高める条約以外は一切批准しないとのムードが強まる一方で、中国やロシアでは、米国に一方的な有利をもたらすような条約に参加する政治的意思をもはや持ち得ず、結果的に当事国それぞれに相応の妥協が求められるような、公正でバランスの取れた軍備管理条約が形成される見通しが立たなくなっているとの指摘がある[165]。逆に見れば、現状ではそうした妥協を受け入れてまで、条約交渉の先に求める軍備管理合意に参加するメリットが当事国間で見えにくくなっているといえるのではないだろうか。この点で、2023年6月、サリバン米大統領補佐官が中露の核兵器に対する効果的な抑止のために、米国の核兵器数が競争相手の合計数を上回らねばならないわけではないと述べつつ、人工知能（aritifical intelligence: AI）プログラムを人間が意思決定のループに入ることなく、核兵器使用の許可に用いられないことを明記する世界的合意の確立に意欲を示したことは[166]、今後の軍備管理のアプローチを考えるうえでも示唆に富む、画期的なものであったといえよう。

なお、本章の主眼とする核兵器関連の条約ではないため詳細は他稿に譲るが、危機に瀕するそのほかの軍備管理条約の事例としては、2007年以来、ロシアが履行を停止してきた欧州通常戦力（Conventional Armed Forces in Europe: CFE）条約において、2023年に同国が正式に条約を脱退したことが挙げられる。また、オープンスカイズ条約（Treaty on Open Skies）では、2020年に米国がロシアの条約違反を理由に条約を脱退したのに続いて、2021年にロシアも同様に脱退手続きを取っている。

(2) 新たな軍備管理論の諸相

このように、「核の復権」と大国間競争の下で核優勢へのシフトを説く議論すらも台頭する中、「核時代」において戦略的安定に裨益する手段と考えられてきた軍備管理は、今後いかなる方向を追求すべきなのだろうか。ここで冷戦期以来、軍備管理の方針について、いわゆるタカ派（hawks）とハト派（doves）

と呼ばれるさまざまな立場・視座の下に、研究者や実務家の間で核兵器政策をめぐる活発な議論が重ねられてきたことに触れておきたい。

「第一の核時代」にあって、米国では核戦力の規模と種類の数的増強を主張したタカ派と、それらの削減を主張したハト派との顕著な対立の構図がみられた[167]。ここで最も重要なことは、核兵器政策をめぐるタカ派とハト派のいずれも、文明社会を破壊しかねない核戦争を回避するための言説を展開してきた点にある。一般的にタカ派の場合、核優勢によって核戦争のリスクを抑える「力による平和」を追求し、ハト派は過剰な軍備が相手国に攻撃を受けることへの恐怖心を植え付けかねないとして、軍備管理による安定を推進しようとしてきたと整理される[168]。

一方、クーパーによれば、古典的な抑止力中心の軍備管理概念と、その外交上の実践の歴史が示すのは、タカ派やハト派の主張するところではなく、そのまさに中間に位置するフクロウ派（owls）とも呼ぶべき「中道的なアプローチ」だという。そして誰もが望まない、意図せざる核戦争を勃発させないための「ガードレール」として、また地政学的環境が改善されるまでの間に「時間を稼ぐ」方策として、今後も軍備管理政策を追求すべきだとされる[169]。このフクロウ派について、アリソン、カーネセールおよびナイは、事態が制御不能な状況に陥ることに起因した、意図せざる核戦争の危険性を重く見る立場だと説明する。こうしたリスクに対して、フクロウ派は切迫した危機的状況では、非合理的要因が核抑止のための合理的意思決定プロセスを劣化させかねないとして、危機の回避と核抑止の統制強化策を追求する。ナイはロシアによるウクライナ侵攻に際して、核の倫理の再検討をテーマに論文を発表しているが、その中で核戦争の回避には①信頼できる核戦力の維持、②従来の核抑止力の改善、③危機の安定性の向上、④避けられない事故の削減、⑤戦争終結のための手順の検討、⑥危機の防止と管理、⑦核不拡散の活性化、⑧誤解を防ぐコミュニケーションの改善、⑨軍備管理交渉の追求、⑩時間とともに核兵器への依存を軽減する10項目が重要だと提唱した[170]。これらフクロウ派の論理は、「核の復権」と大国間競争の下で「核時代」の行方が問われる現下の状況において、抑止力の維持・改善から意図せざる核戦争の回避、そして軍備管理や核不拡散の追求まで、幅広い目配りがなされた合理的なアプローチであるように映る。

いずれにしても、フクロウ派の議論は危機回避のための措置として、信頼できる抑止力を維持することで危機の安定性を高め、定期的な2国間協議やすべての核兵器保有国によるコミュニケーションの下に、アクシデントで生じる影響の軽減と危機管理の強化を重視してきた[171]。これは、前述したような軍備管理合意に参加するメリットとして、核兵器を保有する多くの国々で受け入れられやすい考え方だと見ることができるのではないだろうか。また、こうした危機回避のためのさまざまな措置においても、比較的着手しやすいと思われるものとして、ホットラインはあらためて注目すべきであろう。キューバ危機以来、意図せざる核戦争回避のための手段として注目されてきたホットライン協定は、1963年の米ソ間の覚書、1971年の米ソ間ホットライン近代化協定に続き、1966年の仏ソ間ホットライン協定、1967年の英ソ間ホットライン協定が締結されており、1987年には米ソ両国の首都に核リスク削減センターが設置され、危機を回避するためのコミュニケーション・チャンネルの強化が行われてきた。このほか、1998年には米中および中露間でホットラインの設置に合意したほか、中印間でも同様の合意がなされ、2004年には核戦争につながる誤解を防ぐことを目的に、印パ両国外務省間でホットラインが設置されている[172]。なお、核保有国間の合意以外にも目を向ければ、北朝鮮と韓国、台湾と中国との間にもそれぞれ2008年と2015年にホットラインの設置が発表されている[173]。しかし、冷戦終結後の「核の忘却」の期間を経て[174]、再びこうしたホットラインが危機的な状況にあって十全に機能するかどうかは、全く別な問題だといわざるを得ない。こうした中、核リスク低減のために、核兵器国間でのコミュニケーションの手段を増やす必要性があるとの近年の先行研究には、無視し得ない含意があるといえよう[175]。

ここまで、軍備管理論を取り巻く3つの立場・視座について概観したが、翻って今日の軍備管理論ではいかなる政策的論争がなされているのだろうか。以下、近年の主要な軍備管理論をひもとき、それらを大きく①核戦争回避と抑止力重視型、②国際規範重視型、③「核兵器のない世界」型のカテゴリに分けて考察を試みたい。なお、先行研究で軍備管理論の主体が米国となっているケースが多いことはあらかじめお断りしておきたい。

①核戦争回避と抑止力重視型の軍備管理論

はじめに、2022年のロシアのウクライナ侵攻直前に米国で発表された「統合軍備管理」論について触れたい。ハースマンらは、戦略的安定の強化に資するべく柔軟性があり、かつ複数の技術やアクターにまたがる持続可能な「統合軍備管理」を提唱した[176]。その後、ロシアのウクライナ侵攻を受けて、「統合軍備管理」の共同執筆者であったウィリアムズは、アダモプロスとともに、意図的に危機をエスカレートさせ、強要のために核兵器を使用する行為者の存在を念頭に、意図せざるエスカレーションの可能性を低減するべく設計された、従来の軍備管理・リスク削減措置は見直さねばならないと厳しく指摘した[177]。そして、新たに「統合軍備管理」として①抑止力の要件に見合った軍備管理と、②短期的なリスク軽減措置の策定、そして③同盟国の戦略的優先事項の促進や、④米国の戦略的近代化政策の継続、さらに⑤軍備管理の機会を模索しつつ、新興技術での競争を優位に進める重要性を強調した[178]。このように、「統合軍備管理」とは2つの戦略的競争者を念頭に、バイデン政権の国家安全保障戦略が定めた「統合抑止」とペアとなって機能するようデザインされ、信頼醸成や法的拘束力のある合意遵守の検証メカニズムといった、従来の米ソ・米露軍備管理における焦点とは異なる側面に目を向けた新たなアプローチだといえよう[179]。

「統合軍備管理」論が軍備管理条約とその交渉によらない、短期的なリスク軽減措置を掲げた点に関しては、ほかの軍備管理論においても同様の論点を見出すことができる。一例として、核戦争の防止を念頭に、戦略的安定と軍備管理を重視しつつも、新たな軍備管理政策の在り方を論じたブルックスの研究がある。ブルックスは「軍備管理『条約』の終焉」の状況下で、従来の条約の形態に固執せず、核戦争防止と危機の安定性を向上させるあらゆる協力と、軍備管理の概念に立ち返った政策として、透明性や予測可能性の向上、米露の戦略的均衡の維持、核兵器国の戦略的安定への関与、NPT第6条義務への対処、5核兵器国＋印パの戦略協議の実施などを提唱する[180]。これと方向性の近い議論として、グラフとティースも非協力的環境下での軍備管理はエスカレーションのコストを変化させ、戦略的安定への信頼感を高め、世界的なパワーシフトの管理に寄与する一方で、協力的な軍備管理は当分実現せず、多極化する戦略的関係の下で、軍備管理の目的はリスク低減と全面核戦争の防止、軍拡競争の管理へと回帰するだろうと指摘する。そのうえで、中国の多国間軍備管理への関与促進、指揮・統制・通信（command, control and communications: C3）システムのレジリエンス確保、精密打撃兵器の役割の明確化などを提言する[181]。以上の先行研究は、リスク軽減や戦略協議をキーワードに、従来の軍備管理条約の形式を離れて戦略的安定や核戦争の回避を追求しようとする点に共通項があり、意図せざる核戦争を防ぐための短期的な処方箋という観点でも重要な示唆を含むといえよう。

こうした一方で、前述した「統合軍備管理」のもう1つの側面として、抑止力に重きを置く軍備管理論にも触れないわけにはいかないであろう。クローニグは秘密主義と欺瞞を重視した戦略文化を持ち、軍備管理交渉の経験が薄い中国に、検証可能性や透明性を備えた軍備管理を求めるのは困難であり、また米中の核戦力の量的均衡は米国の核抑止戦略上も望ましくなく、中国も不平等条約を締結する意欲は低いであろうとして、米国の核優勢を維持しつつ、戦略的安定に向けた米中協議や新STARTの検証活動への招待など、中国に軍備管理を学ぶ機会を増やすよう提案する[182]。ペインとドッジは米国に対する核兵器の先行使用の威嚇を阻止するために、柔軟な核兵器政策と、変化に対応可能で拡張性のある戦力体制の維持・強化を許容できるような軍備管理を追求せねばならないと論じている[183]。マウラーは、核兵器と新興技術を区別せず、自国の利益を形成・強化し、敵対国の優位性をオフセットするのに資する軍備管理条約こそ支持すべきであり、その軍備管理の成功を平和や国際協力の文脈に結び付けるのは、正しい理解を見誤らせると鋭く批判する[184]。クロフォードとヴは、軍備管理を大国間関係の調整手段、とりわけ敵対的な連合の形成に楔を打ち込む手段だと位置付け、米国は中露の戦略的連携を弱体化させるべく軍備管理を活用するよう説いている[185]。

これらはいずれも米国の核抑止戦略を念頭に、国際政治のネオリアリズム学派が主張するところの相対的優位性を追求した軍備管理論だと見ることもできよう[186]。しかし、競争相手に対する優位性にあまりに力点が置かれ過ぎると、これらの軍備管理論が推奨するゴールに中国やロシアが自国の利益を見出し難くなり、合意形成の見通し自体がおぼつかなくなる懸念もある。

②国際規範重視型の軍備管理論

次に、より規範的な観点に重きを置いた近年の軍備管理論として、いくつかの先行研究を検討する。はじめに、「マルチステークホルダー」型軍備管理とも呼ぶべき、ムーディとチャンの議論を取り上げたい。それによれば、敵対的な地政学的環境下で軍拡競争圧力が上昇し、軍備管理など多国間協力の先行きの不透明さが高まる中、軍備管理の取り組みが成功すれば主要国で長期的な経済的・戦略的利益の獲得が期待され、グローバル・ガバナンスの強化にもつながる一方で、軍備管理の再活性化に失敗した場合には、国際システムの中核的要素である規範や制度に悪影響が及び、競争上の圧力も一層激化しかねない[187]。このため、地政学的に争われる今日の安全保障環境下で軍備管理を再活性化させるには、大国の長期的関与、中小国や国際機関も交えた「マルチステークホルダー」アプローチの採用と、軍備管理の基礎的概念の再構築が必要となると提唱する[188]。

核軍縮に「英知が不可欠」だとした国際賢人会議（2023年12月8日第3回国際賢人会議会合［長崎県長崎市にて開催］）（共同）

ヨーロピアン・リーダーシップ・ネットワークとアジア・パシフィック・リーダーシップ・ネットワークが連名で2023年5月に発表した共同声明も、大国間競争の熾烈化により、NPTの枠組みだけで核軍備管理とリスク低減を進めてゆくのは今後一層困難になるとして、国際規範の維持が厳しくなっている状況に警鐘を鳴らしている[189]。具体的には、5核兵器国に多様なレベルでの戦略的安定を目指した対話と、戦略的リスク低減のための協議を再開するよう要請し、米露両国には新STARTの戦略核配備数上限を上回らないよう求めるほか、CTBT署名国および未批准国に核実験のモラトリアムと条約発効に向けて協働するよう提案している[190]。

地政学的競争下での欧州における軍備管理論として発表された、2022年のボズウィンケルとヴァンホーフトの研究は、軍備管理・軍縮をめぐる趨勢がポスト冷戦期に主流であった規範的な軍縮アプローチから、昨今の緊迫した地政学的環境の下では戦略的安定や競争優位性を中心とするアプローチへとシフトしたことを論じている[191]。そのうえで、軍備管理の究極的目標は核のエスカレーションの防止にあるとして、NATOによるデュアルトラック・アプローチを再考し、戦略的安定の向上に努めるとともに、戦略的な計算を転換させて敵対国と交渉のテーブルにつき、またこれと同時に欧州市民によるものも含めて、抑止と軍備管理に関する知的基盤を強化することの必要性を指摘する[192]。

なお、日本外務省主催の「核兵器のない世界」に向けた国際賢人会議（International Group of Eminent Persons for a World without Nuclear Weapons: IGEP）が2023年に発表した「2026年NPT運用検討会議第1準備委員会に向けたIGEPメッセージ」も、こうした国際規範重視型の言説を展開した例に数えることができよう。同メッセージでは核戦力の増大、軍備管理の提供するガードレールの減少、核兵器使用に伴う人道的影響への懸念、増大する核拡散リスクなどを念頭に、NPTに立脚した核不拡散体制を損なわぬよう、具体的な規範強化策としてすべてのものにとって安全保障が損なわれず、核兵器の使用または威嚇が行われず、核実験を実施せず、兵器用核分裂性物質を生産せず、過去のNPT運用検討会議のコミットメントが再確認されることを訴えつつ、戦略的抑制を呼びかけ、核戦力、核態勢、核ドクトリンの透明性を高め、戦略対話や危機におけるコミュニケーションの開始・維持などに加え、新たな軍備管理取り決めの確立のために対話を進めることを打ち出した[193]。これらは、いずれも昨今の軍備管理論に通底する懸案事項を網羅的に取り込んだうえで、NPTを中心に不拡散規範をいかに維持するかに焦点を当て、明瞭なメッセージを打ち出したものとして評価できよう。

このほか、条約や協定ベースの新たな軍備管理を論じた近年の研究に、アクトン、マクドナルドおよびヴァッディらの「包括的軍備管理アプローチ」がある。具体的には、米露間でのSLCMと海上発射ブーストグライドミサイル(sea-launched boost glide missile: SLBGM)に関するデータ交換、核弾頭貯蔵施設またはその疑いのある施設に対する透明性レジーム、欧州のイージス・アショア弾道ミサイル防衛施設に対する信頼醸成レジームに加えて、米中間での兵器用核分裂性物質の生産禁止や透明性に関するレジームと、米中露間の弾道ミサイルおよびミサイル防衛実験、宇宙発射に関する発射通知協定の締結、高高度衛星の周辺の「キープ・アウト・ゾーン」に関する3国間協定の締結を提言する[194]。

これら先行研究のいずれも、大国間競争下で戦略環境が大きく変化したとの現状認識から、核不拡散の国際規範の維持を基盤に軍備管理条約の新たな形態を模索する点で共通項がみられるが、最大の課題は軍備管理を再活性化させる必要性について、大国間でいかに共通認識を醸成するかという点に集約されるのではないだろうか。

③「核兵器のない世界」型の軍備管理論

近年の軍備管理論の最後に、核抑止の構造をより俯瞰的に批判することを通じて、核兵器国に新たな一歩を踏み出すよう説く、「核兵器のない世界」に向けた先行研究の議論にも触れておきたい。こうした「核兵器のない世界」の達成に向けて進むべきステップを示すアプローチには、リアリスト的な目配りを見せるものから、よりリベラルな多国間協力の可能性を強調するものまで幅があると考えられるが、いずれにしても、これらの言説に通底する核軍縮規範、あるいは核兵器の人道的側面などの倫理面の考慮への重要性は見落とせない。

ペリーとコリーナの研究はロシアのウクライナ侵攻前に発表されたものではあるものの、歴史的に米国とロシアが意図せざる核戦争の一歩手前という状況に度々直面してきた事例を踏まえ、多様な政策処方箋を提示している。

具体的には警報即発射態勢の終了、核兵器の先行使用の禁止、ICBMの廃止と核戦力の再構築の縮小、新STARTの維持と核戦争の気候影響研究に則った100発程度の水準への核戦力の削減、戦略ミサイル防衛に対する制限の付与、首脳レベルでの迅速な合意形成の追求などが列挙されている[195]。ビクラムは軍拡競争の流れを止めるために、米国は新STARTを維持し、NFU政策を採用し、地上発射型ミサイルの警報即発射態勢の解除によって偶発的な核兵器使用リスクを低減し、戦略的安定を損ない、また核戦争のリスクを高めかねない潜水艦搭載型の低核出力核弾頭や地上発射型ミッドコース防衛システム（ground-based midcourse defense: GMD）を見直す一方で、ロシアも核弾頭搭載可能なHGVやINFレンジのミサイル戦力の削減を行うべく、米露間で協議を開始すべきだと提唱する[196]。

こうした大幅な核軍備の削減を論じた言説は、米国から国際社会へと広がり支持を集めた「核兵器のない世界」をめぐるシュルツ、キッシンジャー、ペリーとナンらの「四賢人論文」であるとか[197]、米露の核弾頭数を1,100発まで削減し、すべての核兵器国によるNFU政策の採用から、米中露の核弾頭数の300発水準への削減に至る複数のフェーズを通じて、「核兵器のない世界」の実現を目指したグローバル・ゼロ運動のような[198]、2010年前後の軍備管理論の系譜とも連なるものだととらえることができるだろう。また、前述した以外の先行研究にも目を向ければ、例えば核兵器のファースト・ストライクのためのターゲッティングの解除や[199]、ICBMの廃止によるトライアドの2本柱（dyad）化[200]あるいは戦略ミサイル防衛の見直しなどが論点に挙げられてきた[201]。しかしながら、いずれの論点も賛否があるとともに、既存の核抑止の構造に大きな影響を及ぼすことなどから、5核兵器国と核保有国の核兵器政策や核ドクトリンで採用されるには至っていない。

実際に「核の復権」の状況が強まる中で、こうした「核兵器のない世界」に向けて大幅な核軍備削減へのかじ切りを説く軍備管理論に鋭い批判が行われているのも事実である。一例として、ロバーツは米露核軍備管理の推進が困難な状況にあって、米国が単独で取りうる4つの削減オプションをリアリスト的な観点から評価することで、軍備管理をめぐる「戦略的忍耐」の重要性を訴えている。この4つのオプションとは、①欧州NATO諸国に配備する米国非戦略核の撤去、②米国の配備済み核弾頭を1,550発から3分の1削減すること、③核戦力トライアドの縮小、④最小限抑止態勢への移行を指す。ロバーツはこれらのオプションが同盟国への拡大抑止や安心供与を弱体化させ、米国による大国間競争へのコミットメントに疑念をもたらし、有事の核戦力需要への対処と回復力を低下させると警鐘を鳴らしている。また、一国主義的な核の削減にほかの核兵器国が同調する保証はなく、結果的に米国の核抑止の機能から戦略的安定、拡大抑止、安心供与の要素を損ないかねないといった厳しい指摘を加えている[202]。

こうした一方で、法の支配に基づく自由で開かれた国際秩序を守り、安全保障環境が厳しさを増す中でも国際社会の平和を確保するべく、「核兵器のない世界」の実現に現実的な取り組みを進めねばならないことは言をまたない[203]。核の脅威が国際社会に影を落とす困難なタイミングにあってこそ、「核兵器のない世界」を見据えた着実な取り組みを進めることに重要な含意があると考えられる。そのため、目指すべき「核兵器のない世界」という目標に向けて、いかに一歩を踏み出すべきか幅広く検討を続けるとともに、何を軍備管理上の優先的課題とし、その実現にどのようなハードルがあるのか、国際政治のリアリスト的な視座からも常に問い直していく必要があるといえよう。

以上のように、ここまでに新たな軍備管理論として先行研究を大きく3つのカテゴリに分類し、それぞれの論理について考察した。いずれのカテゴリも重視するポイントが異なるため、一概にその優劣を問うことはできないものの、戦略協議をベースとしつつ、軍拡競争の管理や戦略的安定に資する軍備管理の重要性を説くものがみられる一方で、冷戦期以来の米ソ・米露軍備管理条約を敷衍するような合意を追求するケースが少ない点は、注目されるべき傾向だといえるのではないだろうか。

おわりに

本章では核兵器政策の一部の論点を問い直し、主要国の核ドクトリンを検討することで、今日における核兵器の役割をあらためて考察した。また、「軍備管理『条約』の終焉」が現実化しつつある中、2020年前後に発表された多様な軍備管理論をひもとくことで、「核の復権」と大国間競争の下で求められる軍備管理の焦点や、それらの議論における共通項の析出を試みた。

そこで、本章の結びにかえて、安全保障環境の変化に即した新たな軍備管理の在り方をフクロウ派の視座に立った「大国間競争下での合理的軍備管理措置」のアプローチとしてここに提案したい。まず、なぜフクロウ派なのかという点について述べたい。米露間の軍備管理条約が相次ぎ終焉の危機に瀕していることに鑑みれば、潜在的な将来の核軍拡競争と核拡散リスクの増大は、国際安全保障環境と核の国際秩序の両面から深く懸念されるところである。また、核の威嚇が横行し、核抑止への期待が高まる状況を踏まえれば、一方的な核軍備の削減であるとか、それに準じる措置を核兵器国に求めるのは現実性に欠くといわざるを得ない。このため、抑止力の維持・改善を通じて戦略的安定性を高める一方で、両極端を取らず、まずは喫緊の課題である意図せざる核戦争勃発のリスク低減を追求する、中道的なフクロウ派の思考に準えて議論するのが現時点で最善であると考える。

次に、従来の軍備管理と「大国間競争下での合理的軍備管理措置」との違いは、多様なステークホルダーとの継続的な協議を重視し、短期的には軍備管理条約のみに依拠せず、より実質的な危機回避のための合理性あるアプローチを追求する一方で、中長期的には公正さを旨として、検証可能な軍備管理合意の形成を視野に入れたところにあるといってよい。核兵器の文脈で、終焉の危機に瀕する冷戦期以来の軍備管理条約とは、概して2国間での戦略的安定を追求するものであったが、前述した複数の先行研究で、それらの一部が冷戦終結の前後に変質したことが明らかにされている。具体的には、米国が戦略的優位の固定を追求し、核不拡散を突出させ、通常戦力優位を背景に「核兵器のない世界」へのイニシアティブを打ち出したのに対して、ロシアは当初、核大国の地位を求めて追従したものの、徐々に米国のスタンスへの反発を強め、再び核戦力への依存度を高める中で米国の軍備管理政策から離反し、その関与を弱体化させる結果に結び付いたと解される。今日の米国から見たニア・ピアな2つの競争相手国の台頭は、こうして弱体化した軍備管理体制の下に生じることとなる。さらに、一部で論じられている米国としての核の優位性の追求はもとより、新START水準での現状維持も、あるいは一方的な核戦力の削減も、それぞれが無視し得ない重大な戦略的リスクを抱えることになりかねない。

このため、まずは意図せざる核戦争の防止を端緒に、戦略的安定の向上を追求し、軍備管理による安定を模索するのが至善の策だと考えざるを得ない。このとき、大国間競争下で優位性の帰結が不分明な状況で、核戦力に対する制限に踏み込むのには多くの困難が予想されることから、短期的には大きな成果を追求せず、中長期的な視野で中国や英仏などの核兵器国も関与できる、合理的な軍備管理合意の形成を模索する必要がある。余談ながら、これは2023年に開催されたG7サミット「核軍縮に関するG7首脳広島ビジョン」での「現実的で、実践的な、責任あるアプローチを通じて達成される、すべての者にとっての安全が損なわれない形での核兵器のない世界という究極の目標に向けた我々のコミットメント」[204]とも基本的に同じベクトルを指すアプローチだと考える。本章が提案する「大国間競争下での合理的軍備管理措置」とは、従来の2国間の核軍備管理条約の枠組みのみにとらわれることなく、「3大核大国」の構図の基に、戦略的安定性の強化に向けた重層的、段階的な複数の政策的措置を盛り込んでゆく、あくまでも柔軟な軍備管理の考え方を意味するものとしたい。

まず、短期的には意図せざる核戦争の回避策として、例えばホットラインの技術的更新の実施に始まり、宇宙・サイバー・電磁波の各ドメインでの攻撃や不測の事態に際して、核兵器システムが誤認や誤動作を引き起こすことがないよう、核兵器国や核保有国間での新たな取り決めを模索することが求められよう。また、首脳レベルからトラック2まで重層的に戦略対話を試みることで、主要国間での戦略的安定に対する共通認識の醸成に努めるとともに、将来の軍備管理合意の形成に向けたデータ交換や、相互主義の下での検証といった文化の浸透・内面化を促すことも追求に値しよう。もっとも、軍備管理はおろか、戦略対話にすら消極的な国々のコミットメントを求めるためには、

「軍備管理『条約』の終焉」と「核の復権」の下で、意図しない核戦争が勃発するリスクへの共通認識を広めることは欠かせない。この点で、前述の米国バイデン政権による、核兵器使用に人間の判断を介在させないAIを利用することへの規制の試みは、その帰趨はともかく模範的なアプローチだと評価できる。

それと同時に、国際核秩序を立て直し、特に核不拡散の国際規範を維持するためにも、核兵器国がNPT第6条の核軍縮誠実交渉義務に応えることは必要不可欠である。この点は従来の軍備管理課題と軌を一にするが、ロシアのウクライナ侵攻に前後して、意図せざる核戦争への懸念が高まり、また核兵器の人道的影響を背景に核兵器禁止条約（Treaty on the Prohibition of Nuclear Weapons: TPNW）が交渉・発効する時代にあって、核兵器国による誠実交渉の成果は、それが最も困難なタイミングであるのにもかかわらず、一層踏み込んだものを期待されてしまうであろうことは否定し難い。こうした中、最も政治的なハードルが低いと目されるのは5核兵器国の協議枠組みである「P5プロセス」の活性化と、それに伴う核ドクトリンや核戦力への透明性強化策の発表であろう。逆に「核の復権」という背景から、政治的な難度が高いと考えられるものとしては、米中によるCTBT批准やロシアの同条約批准撤回の見直し、5核兵器国による法的拘束力のあるNSAへの新たなコミットメント、あるいは核軍縮の不可逆性に対する共同宣言などではないだろうか。

一方、中・長期的には、公正さを旨とする検証可能な核軍備管理合意の成立に向けた交渉の再開が望まれる。また、「核兵器使用の唯一の目的」、あるいはNFU政策をいずれすべての核兵器国が採用できる環境条件の整備を念頭に、核兵器国間で核弾頭と戦略運搬手段に関する軍備管理の枠組みを協議してゆくことも不可欠だといえよう。このとき、当初は「核兵器使用の唯一の目的」やNFU政策に留保条件が付いたとしても、段階的にそれを解除してゆくアプローチも許容する緩やかさが求められようし、特定の国家間における相互主義的な合意形式からスタートすることも一案だと考える。最後に、長期的な課題として核兵器国間で警報即発射態勢の解除や、トライアドの見直しなどの「核兵器のない世界」に向けた核軍備の削減策に踏み込む必要があるが、これらはNSAやNFUの先にある、核兵器政策上のより困難な挑戦であって、その実現には国際安全保障環境の根本的な改善がそもそもの大前提となるであろうことはあらためて強調せねばならない。

もっとも、今日の安全保障環境の実情に照らせば、ここまで述べてきた重層的かつ段階的な「大国間競争下での合理的軍備管理措置」の取り組みですら、その先行きは楽観視できるものではない。しかしながら、政治的にも軍事的にも耐久性があり、戦略的安定に資するような軍備管理合意を構築するためには、真に追求する価値のある理念や目標が本来必要なのではないだろうか。そして、こうした理念や目標を踏まえ、ステークホルダーがそれぞれの国益に資するとの判断を下し、参加に踏み出せるようなある種の公正さを持った取り組みこそ、「核時代の新たな地平」で軍備管理に求められる本質なのではないかと考えるのである。

※本章は、執筆者による以下の既刊論文などを基に執筆された。
一政祐行「『冷戦2.0』と軍備管理」『安全保障戦略研究』第4巻第1号（2023年12月）1-20頁。
一政祐行「欧州安全保障と核抑止——高まるロシアの核の脅威と欧州の戦略的自律」中内政貴、田中慎吾編著『外交・安全保障政策から読む欧州統合』（大阪大学出版会、2023年）251-274頁。
一政祐行「『第2の核時代』論再考」『国際政治』第203号（2021年3月）17-32頁。
一政祐行「『競争時代のグローバル・ブリテン』報告書と核軍備管理・軍縮不拡散の展望」『NIDSコメンタリー』（2021年5月27日）1-8頁。
一政祐行「核弾頭の解体・廃棄と『有志国検証アプローチ』——核兵器禁止条約（TPNW）の検証制度整備に向けた一考察」『安全保障戦略研究』第1巻第2号（2020年10月）35-56頁。

1) Barry R. Posen, "Crisis Stability and Conventional Arms Control," *Daedalus* 120, no. 1 (Winter, 1991): 217.
2) Amy F. Woolf, "U.S. Nuclear Weapons Policy: Considering 'No First Use,'" CRS Report for Congress, Updated March 29, 2022, 1.
3) Committee on International Security and Arms Control National Academy of Science, *The Future of U.S. Nuclear Weapon Policy* (Washington, D.C.: National Academy Press, 1997), 33-57.
4) Independent Task Force Report, "U.S. Nuclear Weapons Policy," Council on Foreign Relations (April 2009). なお、最近の先行研究事例として以下を参照した。George Perkovich and Pranay Vaddi, "Proportionate Deterrence: A Model Nuclear Posture Review," Carnegie Endowment for International Peace (2021).
5) Woolf, "U.S. Nuclear Weapons Policy: Considering 'No First Use'."
6) Robert Scher, "U.S. Nuclear Weapons Policy and Programs: U.S. Nuclear Employment Strategy," U.S. Department of Defense website.
7) Pascal Boniface, "French Nuclear Weapons Policy after the Cold War," Atlantic Council (August 1998).
8) NPT/CONF.2020/CRP.1, August 22, 2022.
9) 武力不行使の原則には、同国連憲章第 51 条に基づく個別国家の武力行使にかかる例外としての自衛権の行使と、同国連憲章第 39 条および第 42 条の国連による集団措置にかかる例外があるとされる。浅田正彦「同時多発テロ事件と国際法――武力行使の法的評価を中心に」『国際安全保障』第 30 巻第 1-2 合併号（2002 年 9 月）69 頁。
10) "Negative Security Assurances," Reaching Critical Will website.
11) "Negative Security Assurances (NSAs)," NTI website (January 5, 2023).
12) "The Conference on Disarmament and Negative Security Assurances," United Nations Office for Disarmament Affairs, January 2018, 1.
13) 佐藤史郎「NPT の不平等性と核兵器禁止条約の論理――秩序／無秩序、平等／不平等」『平和研究』第 57 巻（2021 年 12 月）20 頁。
14) "The Conference on Disarmament and Negative Security Assurances."
15) 山田寿則「核兵器の威嚇・使用の合法性」日本軍縮学会編『軍縮辞典』（信山社、2015 年）115 頁。
16) "The Conference on Disarmament and Negative Security Assurances," United Nations Office for Disarmament Affairs website.
17) [U.S.] Department of Defense, "2022 Nuclear Posture Review Fact Sheet: U.S. Nuclear Deterrence Strategy and Policy," October 2022, 1. なお、2022 年版 NPR では、NPT への加盟と核不拡散義務を遵守しない「ほかのすべての国にとって、米国の核兵器が米国とその同盟国やパートナーに対して戦略的効果をもたらす攻撃を抑止する役割を果たす可能性がある偶発的事態は、依然、狭い範囲にとどまっている」

とも言及している。

18) "China's National Defense in the New Era," Xinhua Net, July 24, 2019.

19) Francesca Giovannini, "Negative Security Assurances after Russia's Invasion of Ukraine," *Arms Control Today* 52, no. 6 (July/August 2022): 6-11.

20) Paul Ingram, "Renewing Interest in Negative Security Assurances," BASIC Briefing Paper (June 2017), 2.

21) Ibid.

22) [U.S.] Department of State, "P3 Joint Statement on Security Assurances," August 4, 2022.

23) "Negative Security Assurances (NSAs)," NTI website, January 5, 2023.

24) Ankit Panda, "'No First Use' and Nuclear Weapons," Council on Foreign Relations (July 17, 2018).

25) 黒澤満「核の先制不使用を巡る諸問題」『軍縮・不拡散問題シリーズ』no. 1（1999年8月）4頁。

26) Steve Fetter and John Wolfsthal, "No First Use and Credible Deterrence," *Journal for Peace and Nuclear Disarmament* 1, no. 1 (2018): 102.

27) Michael S. Gerson, "No First Use Michael: The Next Step for U.S. Nuclear Policy," *International Security* 35, no. 2 (Fall 2010): 7-47.

28) Franklin C. Miller and Keith B. Payne, "The Dangers of No-First-Use," Bulletin of the Atomic Scientists website, August 22, 2016.

29) John R. Harvey, "Assessing the Risks of A Nuclear 'No First Use' Policy," War on the Rocks website, July 5, 2019.

30) Woolf, "U.S. Nuclear Weapons Policy: Considering 'No First Use,'" 2.

31) Panda, "'No First Use' and Nuclear Weapons."

32) Fetter and Wolfsthal, "No First Use and Credible Deterrence," 105-106.

33) NFUと「核兵器使用の唯一の目的」の相違については後述するが、2022年版NPRではこれらを一文の中で併記している。[U.S.] Department of Defense, "2022 National Defense Strategy of the United States of America," October 27, 2022.

34) Richard C. Bush and Jonathan D. Pollack, "Before Moving to 'No First Use,' Think about Northeast Asia," Brookings (July 20, 2016); Demetri Sevastopulo and Henry Foy, "Allies Lobby Biden to Prevent Shift to 'No First Use' of Nuclear Arms," *Financial Times*, October 30, 2021. 米国の同盟国はいずれもNFUに強く反対するとともに、「核兵器使用の唯一の目的」にも深い懸念を抱いている可能性があると指摘されてきた。

35) Ram Ganesh Kamatham, "Nuclear No-First Use: Revisiting Hawks, Doves and Owls," Wire website, February 1, 2019.

36) Panda, "'No First Use' and Nuclear Weapons."

37) Sverre Lodgaard, "Obstacles to No-First-Use," Pugwash Conferences on Science

and World Affairs, November 15-17, 2002.

38) NPT/CONF.2026/PC.I/CRP.3, August 10, 2023.

39) Hans Binnendijk and David Gompert, "Towards Nuclear Stewardship with China," Survival Online, February 16, 2023.

40) Tong Zhao, "It's Time to Talk about No First Use," Foreign Policy website, November 6, 2023.

41) "No-First-Use Policy Explained: What is a 'No-First-Use' Nuclear Policy?" Union of Concerned Scientists, May 7, 2020.

42) Ankit Panda and Vipin Narang, "Sole Purpose is not No First Use: Nuclear Weapons and Declaratory Policy," War on the Rocks website, February 22, 2021.

43) Nikolai Sokov, "No First Use, Sole Purpose and Arms Control," Vienna Center for Disarmament and Non-Proliferation, November 2021; Panda and Narang, "Sole Purpose is not No First Use: Nuclear Weapons and Declaratory Policy."

44) George Perkovich and Pranay Vaddi, "Toward a Just U.S. Nuclear Declaratory Policy," *Arms Control Today* 51, no. 2 (March 2021): 6-11.

45) Steven Pifer, "Nuclear Weapons: It's Time for Sole Purpose," *The National Interest,* September 15, 2020.

46) Paul Ingram, "Discussion Paper: Nuclear Doctrine," NTI website, January 2019.

47) Ibid.

48) Perkovich and Vaddi, "Proportionate Deterrence: A Model Nuclear Posture Review," Carnegie Endowment for International Peace, 2021, 13-16.

49) Mahesh Shankar and T.V. Paul, "Nuclear Doctrines and Stable Strategic Relationships: The Case of South Asia," *International Affairs* 92, no. 1 (2016): 2-3.

50) ブラッド・ロバーツ（平尾眞一、ロメイ小百合、佐野由梨訳、村野将監訳）『正しい核戦略とは何か——冷戦後アメリカの模索』（勁草書房、2023 年）5-6 頁。

51) 小川伸一「核の先制不使用に関する議論の経緯と課題」『立法と調査』第 309 号（2010 年 10 月）26 頁。なお、小川は先行不使用や先行使用ではなく、先制不使用と先制使用という用語で説明している。本書では用語統一の都合上、これらを便宜的に先行使用、先行不使用に置き換えて引用したことをお断りしておきたい。

52) Beyza Unal, Yasmin Afina, and Patricia Lewis, eds., "Perspectives on Nuclear Deterrence in the 21st Century," Chatham House Research Paper (April 20, 2020).

53) [U.S.] Office of the Secretary of Defense Nuclear and Missile Defense Policy, "The Importance of the Nuclear Triad," November 2020.

54) Panda and Narang, "Sole Purpose is not No First Use: Nuclear Weapons and Declaratory Policy."

55) Mitsuru Kurosawa, "Nuclear Posture Review: Trump and Three Previous Administrations," *Osaka University Law Review,* no. 66 (2019): 46-47.

56) [U.S.] Department of Defense, "Annual Report to the President and the Congress," February 1995, 10-11.
57) [U.S.] Department of Defense, "Annual Report to the President and the Congress," 2002, 83-84.
58) [U.S.] Department of Defense, "Nuclear Posture Review Report," April 2010, 45-47.
59) Ibid.
60) [U.S.] Department of Defense, "Nuclear Posture Review," February 2018, 20-21.
61) Ibid., 54-55.
62) [U.S.] Department of Defense, "2022 Nuclear Posture Review," October 2022, 1-3.
63) Ibid., 9.
64) Ibid.
65) Ibid.
66) [U.S.] Department of Defense, "2022 US Nuclear Posture Review Fact Sheet: U.S. Nuclear Deterrence Strategy and Policy," October 27, 2022.
67) 英国では、2016年前後のトライデントミサイルシステムの更新にあたって、不確かな将来へのヘッジを核兵器保有の論理に含めてきた経緯がある。[UK] Parliament Hansard, "UK's Nuclear Deterrent 613, debated on July 18, 2016," 2016.
68) [U.S.] Office of the Secretary of Defense, "Nuclear Posture Review 2018," February 2018, 24.
69) [UK] Parliament Hansard, "UK's Nuclear Deterrent."
70) Daryl G. Kimball, "Biden's Disappointing Nuclear Posture Review," *Arms Control Today* 52, no. 10, (December 2022): 3.
71) Keith B. Payne, ed., "Expert Commentary on the 2022 Nuclear Posture Review," *Occasional Paper* 3, no. 3 (March 2023): 135.
72) Matthew Kroenig, "Deterring Chinese Strategic Attack: Grappling with the Implications of China's Strategic Forces Buildup," Atlantic Council (November 2021), 17-20.
73) Edward Geist, "The U.S. Doesn't Need More Nuclear Weapons to Counter China's New Missile Silos," *Washington Post*, October 18, 2021.
74) Independent Task Force Report, "U.S. Nuclear Weapons Policy," 99.
75) Matthew Costlow, "Believe it or not: U.S. Nuclear Declaratory Policy and Calculated Ambiguity," War on the Rocks website, August 9, 2021.
76) Amy F. Woolf, "Russia's Nuclear Weapons: Doctrine, Forces, and Modernization," CRS Report for Congress, Updated April 21, 2022, 7-8.
77) Ibid.
78) "Foundations of State Policy of the Russian Federation in the Area of Nuclear

Deterrence (Informal translation by the CNA Russia Studies Program)," Center for Naval Analysis (June 2020).

79) Nikolai Sokov, "Russia Clarifies Its Nuclear Deterrence Policy," Arms Control Association website, June 3, 2020.

80) Bruno Tertrais, "Real and Imagined Challenges to Strategic Stability," The Hague Centre for Strategic Studies (February 2022), 1.

81) 小川「核の先制不使用に関する議論の経緯と課題」31 頁。

82) Dmitry Solovyov, "Russia Reserves Pre-Emptive Nuclear Strike Right," Reuters, October 14, 2009.

83) Kristin Ven Bruusgaard, "Myth 9: 'Russian Nuclear Strategy is Best Described as 'Escalate to De-Escalate'" Chatham House (June 2022).

84) Stockholm International Peace Research Institute, *SIPRI Yearbook 2022: Armaments, Disarmament and International Security* (London: Oxford University Press, 2022), 355.

85) Anya Loukianova Fink and Olga Oliker, "Russia's Nuclear Weapons in a Multipolar World: Guarantors of Sovereignty, Great Power Status & More," *Dædalus* 149, no. 2 (Spring 2020): 41.

86) 小泉悠「プーチン大統領が明らかにしたロシアの新型核兵器」国際情報ネットワーク分析 IINA ウェブサイト、2018 年 4 月 13 日。

87) [U.S.] Department of State, "Fact Sheet: Russia's Violation of the Intermediate-Range Nuclear Forces (INF) Treaty," December 4, 2018.

88) Ellen Mitchell, "Why Fears of a Russian 'False Flag' Attack are on the Rise," *Hill*, October 26, 2022.

89) Katia Glod and Oliver Meier, "Be Careful What you Wish for: Russia wants to Share Nuclear Weapons with Belarus," European Leadership Network (April 6, 2023).

90) Heather Williams, "Russia Suspends New START and Increases Nuclear Risks," Center for Strategic and International Studies (February 23, 2023).

91) Daryl Kimball, Tony Fleming, and Kathy Crandall Robinson, "Russia's Self-Destructive Move to De-Ratify the CTBT," Arms Control Association (October 17, 2023).

92) 一政祐行「核弾頭の解体・廃棄と『有志国検証アプローチ』――核兵器禁止条約(TPNW)の検証制度整備に向けた一考察」『安全保障戦略研究』第 1 巻第 2 号(2020 年 10 月)47-49 頁;Tom Plant, "The Disarmament Laboratory: Substance and Performance in UK Nuclear Disarmament Verification Research," FIIA Working Paper (October 2019), 5.

93) Tom Dodd and Mark Oakes, "The Strategic Defence Review White Paper," U.K. House of Commons Library (October 15, 1998), 32.

94) [UK] HM Government, "The Future of the United Kingdom's Nuclear Deterrent," December 2006, 7-8.
95) [UK] HM Government, "Securing Britain in an Age of Uncertainty: The Strategic Defence and Security Review," October 2010, 38-39.
96) [UK] HM Government, "Global Britain in A Competitive Age: The Integrated Review of Security, Defence, Development and Foreign Policy," March 2021, 76.
97) Ibid., 77.
98) [UK] HM Government, "Integrated Review Refresh 2023: Responding to a more contested and volatile world," March 2023.
99) [France] Ministere de la Defense, "French White Paper: Defence and National Security," July 2013, 20.
100) [France] Elysee, "Speech of the President of the Republic on the Defense and Deterrence Strategy," February 7, 2020.
101) [France] Secretariat General de la Defense et de la Securite Nationale, "National Strategic Review 2022," December 2022.
102) "France's Nuclear Inventory," Center for Arms Control and Non-Proliferation (March 2020).
103) Alastair Cameron and Jean-Pierre Maulny, "France's Nato Reintegration: Fresh Views with the Sarkozy Presidency?" Royal United Services Institute Occasional Paper (February 2009), 6.
104) 一政祐行「欧州安全保障と核抑止——高まるロシアの核の脅威と欧州の戦略的自律」中内政貴、田中慎吾編著『外交・安全保障政策から読む欧州統合』（大阪大学出版会、2023 年）262-267 頁。
105) "Fact Sheet: Nuclear Disarmament France," NTI website, January 12, 2023.
106) Sitara Noor, "Pakistan's Evolving Nuclear Doctrine," *Arms Control Today* 53, no. 8 (October 2023): 12-17
107) Sadia Tasleem, "Pakistan's Nuclear Use Doctrine," Carnegie Endowment for International Peace (June 30, 2016); Vipin Narang, *Nuclear Strategy in the Modern Era: Regional Powers and International Conflict* (Princeton: Princeton University Press, 2014), 19-20.
108) Sitara Noor, "Did Pakistan Just Overhaul Its Nuclear Doctrine?" Foreign Policy website, June 19, 2023.
109) Noor, "Pakistan's Evolving Nuclear Doctrine."
110) "Fact Sheet: Nuclear Disarmament Pakistan," NTI website, February 6, 2023.
111) Pan Zhenqiang, "China's No First Use of Nuclear Weapons," in *Chinese Nuclear Thinking*, ed. Li Bin and Tong Zhao (Washington, D.C.: Carnegie Endowment for International Peace, 2016), 51.
112) M. Taylor Fravel, *Active Defense: China's Military Strategy since 1949* (Princeton:

Princeton University Press, 2019), 236.
113) 一例として以下を参照。Ben Lowsen, “Is China Abandoning Its ‘No First Use’ Nuclear Policy?” Diplomat website, March 21, 2018.
114) [U.S.] Department of Defense, “Military and Security Developments Involving the People’s Republic of China 2023 Annual Report,” October 2023, 103-104.
115) “China’s National Defense in the New Era,” Xinhua Net, July 24, 2019.
116) 高橋杉雄「米国の対中政策」防衛研究所編『2018年版中国安全保障レポート——岐路に立つ米中関係』(防衛省防衛研究所、2018年) 36-37頁。
117) Liping Xia, “China’s Nuclear Doctrine: Debates and Evolution,” Carnegie Endowment for International Peace (June 30, 2016).
118) Shannon Bugos, “Pentagon Sees Faster Chinese Nuclear Expansion,” *Arms Control Today* 51, no. 10 (December 2021): 26-28.
119) Shannon Bugos and Julia Masterson, “New Chinese Missile Silo Fields Discovered,” *Arms Control Today* 51, no. 7 (September 2021), 24-25.
120) Matt Korda and Hans Kristensen, “A Closer Look at China’s Missile Silo Construction,” Federation of American Scientists (February 11, 2021).
121) Nicola Leveringhaus, “Chinese Nuclear Force Modernization and Doctrinal Change,” Briefings De L’IFRI (August 19, 2022), 1.
122) Michael E. O’Hanlon, Melanie W. Sisson, and Caitlin Talmadge, “Managing the Risks of US-China War: Implementing a Strategy of Integrated Deterrence,” Brookings Policy Brief (September 2022).
123) W.J. Hennigan and John Walcott, “The U.S. Expects China Will Quickly Double Its Nuclear Stockpile,” Time website, May 29, 2019.
124) Hans Binnendijk and David C. Gompert, “Towards Nuclear Stewardship with China,” Survival Online website, February 16, 2023.
125) Xia, “China’s Nuclear Doctrine: Debates and Evolution.”
126) George Perkovich, “What’s in it for China? A Beijing Insider’s Surprising Insight on Nuclear Arms Control,” Carnegie Endowment for International Peace (July 30, 2019).
127) Tong Zhao, “Opportunities for Nuclear Arms Control Engagement with China,” *Arms Control Today* 50, no. 1 (January/February 2020): 9-12.
128) “Fact Sheet: Nuclear Disarmament China,” NTI website, September 11, 2023.
129) 飯田将史「既存秩序の変革を目指す中国の戦略」飯田将史、新垣拓、長谷川雄之『中国安全保障レポート2024——中国、ロシア、米国が織りなす新たな戦略環境』(防衛研究所、2023年) 25頁。
130) Fiona S. Cunningham, “The Unknowns about China’s Nuclear Modernization Program,” *Arms Control Today* 53, no. 5 (June 2023): 6-14.
131) [India] Prime Minister’s Office, “Cabinet Committee on Security Reviews

Progress in Operationalizing India's Nuclear Doctrine," January 4, 2003.

132) Abigail Stowe-Thurston, "Added Ambiguity over India's No First Use Policy is Cause for Concern," Center for Arms Control and Non-proliferation (August 22, 2019).

133) Cristopher Clary and Vipin Narang, "India's Counterforce Temptations: Strategic Dilemmas, Doctrine, and Capabilities," *International Security* 43, no. 3 (Winter 2018): 7-8.

134) Ibid.

135) Angelo M. Codevilla, "The Flaws of Arms Control," Strategika website, August 25, 2015.

136) トーマス・シェリング（河野勝訳）『紛争の戦略——ゲーム理論のエッセンス』（勁草書房、2008 年）259 頁；Linton F. Brooks, "The End of Arms Control?" *Daedalus* 149, no. 2 (Spring 2020): 86.

137) ジョゼフ・ゴールドブラッド（浅田正彦訳）『軍縮条約ハンドブック』（日本評論社、1999 年）1-12 頁。

138) Thomas C. Schelling and Morton H. Halperin, *Strategy and Arms Control* (New York: Elsevier Science Ltd, 1985), 3.

139) Jeffrey A. Larsen, "An Introduction to Arms Control and Cooperative Security," in *Arms Control and Cooperative Security*, ed. Jeffrey A. Larsen and James J. Wirtz (Boulder: Lynne Rienner, 2009), 2.

140) 秋山信将「大国間関係の変容と軍備管理体制」『国際政治』第 203 号（2021 年 3 月）33-39 頁。

141) ドナルド・G・ブレナン「軍備管理の背景と目標」ドナルド・G・ブレナン（小谷秀二郎訳）『軍備管理・軍縮・安全保障』（鹿島研究所・日本国際問題研究所、1963 年）28-31 頁。

142) Frank P. Harvey, "The Future of Strategic Stability and Nuclear Deterrence," *International Journal* 58, no. 2 (Spring 2003): 321.

143) Tertrais, "Real and Imagined Challenges to Strategic Stability," 3.

144) Dimitri Trenin, "Strategic Stability in the Changing World," Carnegie Endowment for International Peace (2019), 1.

145) James M. Acton, "Reclaiming Strategic Stability," in *Strategic Stability: Contending Interpretations*, ed. Elbridge A. Colby and Michael S. Garson (Carlisle: Strategic Studies Institute and U.S. Army War College Press, 2013), 121-123.

146) C. Dale Walton and Colin S. Gray, "The Geopolitics of Strategic Stability: Looking beyond Cold Warriors and Nuclear Weapons," in Colby and Garson, *Strategic Stability*, 109-110.

147) 石川卓「変容する軍備管理・不拡散と『新世界秩序』」『国際安全保障』第 35 巻第 4 号（2008 年 3 月）7 頁。

148) 戸﨑洋史「米ロ軍備管理——単極構造下での変質と国際秩序」『国際安全保障』第

35 巻第 4 号（2008年 3月）19 頁。
149）石川「変容する軍備管理・不拡散と『新世界秩序』」8 頁。
150）戸﨑「米ロ軍備管理――単極構造下での変質と国際秩序」30 頁。
151）戸﨑洋史「オバマ政権の核軍縮・不拡散政策――ビジョンと成果のギャップ」『国際安全保障』第 41 巻第 3 号（2013 年 12 月）47 頁。
152）Steven Pifer, "10 Years after Obama's Nuclear-Free Vision, the US and Russia Head in the Opposite Direction," Brookings Commentary (April 4, 2019).
153）一政祐行「『冷戦 2.0 』と軍備管理」『安全保障戦略研究』第 4 巻第 1 号（2023 年 12 月）1-20 頁。
154）Pifer, "10 Years after Obama's Nuclear-Free Vision, the US and Russia Head in the Opposite Direction."
155）日本国際問題研究所編「戦略年次報告 2019――『INF 条約』後の核軍備管理・不拡散と日本」日本国際問題研究所（2019 年）39 頁。
156）Lauren Sukin, "When Nuclear Superiority Isn't Superior: Revisiting the Nuclear Balance of Power," Carnegie Endowment for International Peace (October 17, 2023).
157）Keith B. Payne et al., "Nuclear Force Adaptability for Deterrence and Assurance: A Prudent Alternative to Minimum Deterrence," National Institute for Public Policy (2014), xvi.
158）Hans Kristensen, Matt Korda, Eliana Johns, and Mackenzie Knight, "Strategic Posture Commission Report Calls for Broad Nuclear Buildup," Federation of American Scientists (December 10, 2023).
159）Lynn Rusten and Mark Melamed, "The Three-Competitor Future: U.S. Arms Control with Russia and China," *Arms Control Today* 53, no. 2 (March 2023): 7-8.
160）Ibid.
161）Jim Garamone, "General Says Deterring Two 'Near Peer' Competitors Is Complex," DOD News website, August 17, 2023.
162）Eric S. Edelman and Franklin C. Miller, "Statement before the United States Senate Committee on Armed Services: United States Nuclear Strategy and Policy," Senate Armed Service website, September 20, 2022; Rusten and Melamed, "The Three-Competitor Future: U.S. Arms Control with Russia and China."
163）"Unilateral U.S. Nuclear Pullback in 1991 Matched by Rapid Soviet Cuts," National Security Archive website, September 2016.
164）[U.S.] White House, "Remarks by President Obama at the Brandenburg Gate, Berlin, Germany," June 19, 2013.
165）George Perkovich, "An Optimist Admits That It Is Difficult to See a Path Forward," *Arms Control Today* 52, no. 3 (April 2022): 12-14.
166）Julian E. Barnes and David E. Sanger, "U.S. Will Try to Bring China into Arms

Control Talks," *New York Times*, June 2, 2023.

167) Graham T. Allison, Albert Carnesale, and Joseph S. Nye, Jr, "Hawks, Doves and Owls: A New Perspective on Avoiding Nuclear War," *International Affairs* 61, no. 4 (October 1985): 581.

168) 軍備管理の文脈でタカ派、ハト派、フクロウ派の相違を論じる先行研究に必ずしも定まった定義があるわけではないが、本章では以下を参照した。Graham Allison, Albert Carnesale, and Joseph S. Nye, "Analysis & Opinions: Of Hawks, Doves and Now, Owls," *New York Times*, July 31, 1985.

169) David A. Cooper, *Arms Control for the Third Nuclear Age: Between Disarmament and Armageddon* (Washington, D.C.: Georgetown University Press, 2021), 205-206.

170) Joseph S. Nye Jr., "Nuclear Ethics Revisited," *Ethics* & *International Affairs* 37, no. 1 (Spring 2023): 5-17.

171) Allison, Carnesale, and Nye, "Hawks, Doves and Owls: A New Perspective on Avoiding Nuclear War."

172) Nikolas K. Gvosdev, Jessica D. Blankshain, and David A. Cooper, *Decision-Making in American Foreign Policy: Translating Theory into Practice* (Cambridge: Cambridge University Press, 2019), 79; Daryl Kimball, "Fact Sheets & Briefs: Hotline Agreements," Arms Control Association website, May 2020; Suhasini Haidar, "Nuke hotline for India, Pakistan," CNN, June 20, 2004.

173) Kimball, "Fact Sheets & Briefs: Hotline Agreements."

174) 高橋杉雄、秋山信将「『核の復権』の現実」秋山信将、高橋杉雄編著『「核の忘却」の終わり』(勁草書房、2019 年) 5 頁。

175) Steven E. Miller, "Nuclear Hotlines: Origins, Evolution, Applications," Paper presented to the 75th Anniversary Nagasaki Nuclear-Pandemic Nexus Scenario Project, October 31-November 1, and Novermber 14-15, Nagasaki University website, 2020.

176) Rebecca K.C. Hersman, Heather Williams, and Suzanne Claeys, "Integrated Arms Control in an Era of Strategic Competition," Center for Strategic and International Studies (January 2022), 3.

177) Heather W. Williams and Nicholas Smith Adamopoulos, "Arms Control after Ukraine: Integrated Arms Control and Deterring Two Peer Competitors," Center for Strategic and International Studies (December 2022), 1.

178) Ibid., 1-2.

179) 統合抑止概念については以下を参照。[U.S.] Department of Defense, "2022 National Defense Strategy," October 2022, 8-11.

180) Brooks, "The End of Arms Control?," 90-92.

181) Alexander Graef Tim Thies, "Lessons from the Past: Arms Control in Uncooperative Times," Global Policy Brief (December 2022).

182) Kroenig, “Deterring Chinese Strategic Attack: Grappling with the Implications of China's Strategic Forces Buildup,” 20.
183) Keith B. Payne and Michaela Dodge, *Stable Deterrence and Arms Control in a New Era* (Fairfax: National Institute Press, 2021), ix-25.
184) John D. Maurer, “The Forgotten Side of Arms Control: Enhancing U.S. Competitive Advantage, Offsetting Enemy Strengths,” War on the Rocks website, June 27, 2018.
185) Timothy Crawford and Khang Vu, “Arms Control and Great-Power Politics,” War on the Rocks website, November 4, 2020.
186) Robert Powell, “Absolute and Relative Gain in International Relations Theory,” *American Political Science Review* 85, no. 4 (December 1991): 1303.
187) Michael Moodie and Jerry Zhang, “Bolstering Arms Control in a Contested Geopolitical Environment,” GGIN Policy Brief (October 2022), 3.
188) Ibid.
189) 「核兵器の軍備管理こそ急務の世界的課題である」European Leadership Network / Asia-Pacific Leadership Network ウェブサイト、2023 年 5 月。
190) Ibid.
191) Lotje Boswinkel and Paul van Hooft, “Not One Without the Other: Realigning Deterrence and Arms Control in a European Quest for Strategic Stability,” Hague Centre for Strategic Studies (December 2022).
192) Ibid.
193) 「2026 年 NPT 運用検討会議第 1 回準備委員会に向けた IGEP メッセージ」外務省ウェブサイト(2023 年 4 月 4-5 日)。
194) James A. Acton, Thomas D. MacDonald, and Pranay Vaddi, “Reimagining Nuclear Arms Control: A Comprehensive Approach,” Carnegie Endowment for International Peace (2021).
195) ウィリアム・ペリー、トムコリーナ(田井中雅人、吉田文彦訳)『核のボタン——新たな核開発競争とトルーマンからトランプまでの大統領権力』(朝日新聞出版、2020 年)272-285 頁。
196) Akshai Vikram, “The New Nuclear Arms Race: The Outlook for Avoiding Catastrophe,” Ploughshares Fund (August 2020).
197) George P. Shultz, William J. Perry, Henry A. Kissinger, and Sam Nunn, “Toward a Nuclear Free-World,” *Wall Street Journal*, January 15, 2008.
198) “Roadmap to Zero,” Global Zero.org website.
199) 一例として以下を参照。Peter Rudolf, “US Nuclear Deterrence Policy and Its Problems,” SWP Research Paper, no. 10 (2018).
200) 一例として以下を参照。Jeff Richardson, “Shifting from a Nuclear Triad to a Nuclear Dyad,” *Bulletin of the Atomic Scientists*, September/October 2009: 33-42.

201）一例として以下を参照。Tytti Erästö and Matt Korda, “Time to Factor Missile Defence into Nuclear Arms Control Talks,” SIRPI Commentary / Backgrounders (September 30, 2021).
202）ロバーツ『正しい核戦略とは何か』318-322頁。
203）「G7広島サミット（セッション9「平和で安定し、繁栄した世界に向けて」概要）」外務省ウェブサイト（2023年5月21日）。
204）「核軍縮に関するG7首脳広島ビジョン」外務省ウェブサイト（2023年5月19日）。

コーヒーブレイク

核共有政策

核共有政策（ニュークリア・シェアリング）とは、非核兵器国に核兵器国の核兵器を置き、運用方針について協議する制度を指す。北大西洋条約機構（North Atlantic Treaty Organization: NATO）の核計画グループ（Nuclear Planning Group: NPG）の下で準戦略核（※戦術核）の詳細を共有することを通じて、その発動がNATO加盟国と協議される、いわゆる「戦略協議」としての形態と、準戦略核を核兵器国がNATO加盟の非核兵器国と共有し、西ドイツ、ベルギー、イタリア、トルコ、オランダ、カナダ、ギリシャ、英国などのホスト国が、有事において自国の通常兵器・核兵器両用航空機（dual-capable aircraft: DCA）にこれら核兵器を搭載･運用する「戦力共有」の体制が採られてきた[1]。これらは冷戦期の米国や英国が行った自国領土外への核兵器の展開･運用とは異なり[2]、平時における管理は核兵器国が行うものの、有事にはホスト国と核兵器国との合意の下で、ホスト国のDCAに核兵器を搭載し核攻撃を行う点に特色がある。NATOの核共有政策では、1984年までにカナダ、2001年にギリシャ、2009年に英国でそれぞれ米国の準戦略核が撤去され、歴史的にも段階的にその規模を縮小してきた経緯がある[3]。

2000年代半ばにはこうした核共有政策見直しの機運が大きく高まり、ドイツ、ベルギー、オランダなどで準戦略核撤去の是非が議論された。しかし、このときはホスト国ではないNATO加盟国、特に東欧やバルト三国といったNATOの東方拡大エリアからの強い反発が生じた[4]。その後もドイツでは2020年のDCAトルネード戦闘機の更新のタイミングで再び準戦略核の撤去論争が起こり、この時は戦力共有の終わりと戦略協議の継続を区別した議論となった[5]。結果的にこの議論も沈静化したが、NATO加盟国で最も大きなDCA戦力を擁するドイツが脱落すれば、核の同盟としてのNATOの結束の弱体化を対外的に示すことになり、結果的にNATOは大きな損害を被るとの批判もなされた[6]。他方、ポーランドのように一貫して準戦略核のホストに関心を示す事例もある[7]。

政治的に紆余曲折あったNATOの核共有政策だが、その法的な位置付けをめぐってもさまざまな議論がある。核共有政策と核兵器不拡散条約（Nuclear

Non-Proliferation Treaty: NPT）上の核不拡散義務との関係性については、これまでにNPT運用検討会議の場でも批判があり[8]、違法性の有無に関して関係国は議論を尽くすべきとの指摘もある[9]。こうした一方で、NATO加盟国の研究機関からは1963年のNPT交渉時に、米国からいかなる条約も米ソ両国の合意が先決であり、特にNATOとワルシャワ条約機構が多角的核戦力（multilateral nuclear forces）もしくはその多国間協議手続き（multinational consultative procedure）を維持する権利を含む3つの条項からなる条約草案をソ連に打診していたなどとして、核共有政策は元来NPT違反ではないとみなす解釈もある[10]。

なお、2023年6月、ウクライナ戦争で欧州の安全保障が動揺するさなかに、ベラルーシに対するロシアの戦術核配備と、平時の管理は核兵器国であるロシアが実施するとの声明が発表された[11]。他方、2023年には米国から英国に対して重力落下爆弾B61-12を再び核共有する可能性があるとの見方も示されるなど[12]、欧州における核共有の構図をめぐる議論に、再び変化の兆しがある。（一政 祐行）

1) 梅本哲也『核兵器と国際政治——1945-1995』（日本国際問題研究所、1996年）68-69頁。
2) 核兵器国が自国の領域外に核兵器を展開した歴史的な裾野の広がりは、近年の研究でかつて大規模に行われてきたことが明らかにされつつある。具体的には米国が15カ国・地域、英国が3カ国、旧ソ連が10カ国＋αの国々に核兵器を展開してきたと指摘されている。Moritz Kütt, Pavel Podvig, and Zia Mian, “Bombs Away: Confronting the Deployment of Nuclear Weapons in Non-Nuclear Weapon Countries,” Bulletin of the Atomic Scientists website, July 28, 2023.
3) “Canada,” NTI website; Yvonni Efstathiou and Bill Kappis, “Weapons of Mass Debate - Greece: A Key Security Player for Both Europe and NATO,” Expressions by Montaigne (July 12, 2021); Kütt, Podvig, and Mian, “Bombs Away”; Robert S. Norris and Hans M. Kristensen, “US Tactical Nuclear Weapons in Europe, 2011,” *Bulletin of the Atomic Scientists* 67, no. 1 (2011): 64.
4) David S. Yost, “Assurance and US Extended Deterrence in NATO,” *International Affairs* 85, no. 4 (2009): 772-773.
5) Pia Fuhrhop, Ulrich Kühn, and Oliver Meier, “Creating an Opportunity to Withdraw U.S. Nuclear Weapons from Europe,” *Arms Control Today* 50, no. 8 (October 2020): 18-22.
6) Brad Roberts, “Germany and NATO’s Nuclear Deterrent,” BAKS Working Papers (July 2021), 2.
7) International Institute for Strategic Studies, “Poland’s Bid to Participate in NATO Nuclear Sharing,” *Strategic Comments* 29, no. 7 (September 2023).
8) 会川晴之『核の復権——核共有、核拡散、原発ルネサンス』（角川新書、2023年）48-51頁。
9) Otfried Nassauer, “Nuclear Sharing in NATO: Is It Legal?” Berlin Information-Center for Transatlantic Security (April 2001).
10) William Alberque, “The NPT and the Origins of NATO’s Nuclear Sharing Arrangements,” Etude de l’Ifri Proliferation Papers (February 2017), 27.
11) Lidia Kelly and Andrew Osborn, “Belarus Starts Taking Delivery of Russian Nuclear Weapons,” Reuters, June 14, 2023.
12) Shannon Bugos, “UK May Host U.S. Nuclear Weapons Again,” *Arms Control Today* 53, no. 8 (October 2023): 34.

コラム③

非核兵器国の核レバレッジとイラン

吉田 智聡

はじめに

第2章では、大西が核兵器による強要の有効性について議論した。さらなる検証の必要性が強調されているものの、この論考では要求内容が相手側の死活的利益を回避していることなどが核強要の成功の諸条件として提示された。同章で扱われた事例は核兵器保有国に限定されており、核兵器そのものの行使を背景とした強要が議論の対象となったといえる。しかし2003年に始まった北朝鮮核開発をめぐる6者会合など、国際政治においては非核兵器国の核兵器開発をめぐる交渉のダイナミクスも存在する。なお北朝鮮は2006年以降核実験を繰り返したうえで、2022年には核兵器の使用条件などを定めた法令を採択した[1]。一部の研究者からは、同国を事実上の核保有国とみなす是非も議論されるようになった[2]。

次の核兵器保有が懸念される拡散敷居国、すなわち非核兵器国でありながら核レバレッジを有する国として、イランの動向が注目を集めてきた[3]。特にイランはトランプ政権が「包括的共同作業計画（Joint Comprehensive Plan of Action: JCPOA）」から離脱して以降、ウラン濃縮や国際原子力機関（International Atomic Energy Agency: IAEA）の保障措置査察へのアクセス制限などを行っている。こうした動きは、バイデン政権下でJCPOAへの復帰をめぐる交渉が行われている中でも続いている。イラン側はウラン濃縮率を上昇させるなどの揺さぶりを見せる一方で、JCPOAの「再建に真剣な意志」を表明するなど、交渉継続の意志も示してきた。それではこのイランの硬軟織り交ぜた姿勢を、核不拡散の文脈ではどのように理解すれば良いのであろうか。本稿では非核兵器国の核レバレッジに着目し、イランの核をめぐる政策の解釈を試みる。

1. 非核兵器国の核レバレッジ

核レバレッジを用いた交渉は、核兵器国や核保有国に限定される手段ではない。ヴォルペは、1994年に当時非核兵器国であった北朝鮮が黒鉛炉開発を停止する見返りとして軽水炉の供給を受けることを約した合意を、非核兵器国の核レバレッジととらえている[4]。ヴォルペはこうした非核兵器国が核開発をレバレッジとすることを「核の潜在性（nuclear latency）」と呼び、その成功要件として実際の核開発能力と、相手国から政治的譲歩が得られた際に自国も核開発に関して譲歩する意図があると信用させることの重要性を指摘した。すなわち、非核兵器国が持つ核レバレッジは、要求に応じなければ核開発を進めるという決意と、要求に応じれば核開発の点で妥協する意思があることの両方が相手国に認識される、まさに「最適点（sweet spot）」を満たすことで成立するものだといえる。

非核兵器国でありながら核レバレッジを有する国々を理解するうえで、仮想的核戦力は有用な概念である。仮想的核戦力が指す内容は論者によって異なるが、一政は以下の3類型を示した[5]。すなわち①核開発技術を有しながらも開発を行わない決定をした国、②核兵器保有国において核兵器の即応性を除去する核軍備管理の一形態、③非核兵器国が自国を核武装が可能な国と位置付けることの3分類である。本稿では③の意味で仮想的核戦力を定義し、次節でイランが仮想的核戦力国に至った背景や政策動向を整理する。

2. イランの核開発疑惑

2023年6月時点で40発程度の核弾頭を保有すると目される北朝鮮は、核不拡散条約（Nuclear Non-Proliferation Treaty: NPT）違反の核拡散事例であって、国際社会からその非核化が長年要求されている。一方で、先行研究においては事実上の核保有国として位置付けられるケースもあり、この点で本稿が定義する仮想的核戦力国には該当しないものとしたい[6]。他方、非核兵器国の中で核保有に近づいている拡散懸念国としてイランの存在があり、米国のJCPOA撤退に前後して、イランの核開発の不透明性がより高まっている[7]。以下ではイランの核開発動向について時期ごとに整理し、その特徴を描出することを試みる。

(1) 秘匿期(1985〜2002年)

今日イラン・イスラーム共和国が核開発を志向するようになったのは、イラン・イラク戦争中の1985年頃であったとされる[8]。この戦争でイランはイラクによる化学兵器攻撃を受け、国際社会にそれを訴えるも、当時イラクを支援していた西側諸国やソ連から黙殺された[9]。これは、1979年のイラン革命およびその後の国内の権力闘争で成立したイスラーム主義政権は、ホメイニーの指導の下、対外政策として「東西不偏」を打ち出し、冷戦下の国際社会で孤立したためであった[10]。イラン・イラク戦争での苦境は、今日に至るまでのイランの国家安全保障観を形成したと指摘され[11]、またイランにとって中東における最大の敵国であるイスラエルは、核兵器の保有を否定も肯定もしない「曖昧政策」を取っているものの、事実上の核保有国とみなされている[12]。すなわちイランが核保有を志向する動機は、国際社会における孤立や、敵国イスラエルおよび米国の存在を含む中東地域の厳しい安全保障環境に基づいたものといえる[13]。こうした背景の下、イランはいわゆる「カーン・ネットワーク」からの機密提供や自主開発を通して核開発を秘密裡に進めた[14]。

(2) 核開発疑惑の露呈とJCPOAの成立(2002〜2018年)

イランは実に17年にわたり国際社会に隠れて核開発を続けたものの、2002年にその疑惑が明らかとなった。イランの反体制派「モジャーヘディーネ・ハルグ」が同国中部ナタンズや西部アラクに核施設が建設されていることを暴露し、IAEAがイランの秘密裡の核活動について明らかにしたためである。英独仏(EU3)は外交を通した解決を模索し、改革派のハータミー政権との交渉を実施した。その結果、2004年にはイランの濃縮活動停止を約した「パリ合意」が締結された[15]。

ところが2005年に保守強硬派のアフマディーネジャードに政権が交代すると、イランはウラン濃縮活動を再開させた。翌2006年1月に同国はナタンズにてウラン濃縮の研究開発を再開するために封印を撤去した。同年7月、国連安保理は同決議第1696号ですべてのウランの濃縮・再処理を停止するよう要求したが、イラン側は平和目的での原子力利用を主張し濃縮活動を継続したため、2007年にはより厳しい制裁措置を含む国連安保理決議第1747号が採択された[16]。この後も制裁が強化されたものの、アフマディーネジャード政権期のイランでは濃縮活動が継続・拡大された。2010年2月にイランは高濃縮ウランに分類される20%濃縮[17]を開始し、同年および2013年にアフマディーネジャードはイランが「核の国（Nuclear State）」であると宣言した[18]。他方で同氏は「イランは濃縮度80%のウラン濃縮能力を持つが、その必要がないため行わない」ことや、「イランは核能力を保有しているが、イスラエルを攻撃するためにそれを使うことはない」といった発言を繰り返してきた。すなわち、アフマディーネジャード政権期のイランは自国を仮想的核戦力国と位置付けていたといえる。

2013年8月に保守強硬派のアフマディーネジャードから、制裁解除と経済改革を掲げる保守穏健派のロウハーニーに政権が移ると、イランは核開発に関して国際社会との対話にかじを切った。同年11月にイランとIAEA、EU3に米中露を加えた「EU3+3」はイランの核開発問題の解決に向けた「共同作業計画」を発表した。共同作業計画の合意へ向けた交渉が進められ、2014年1月からイランは5%以上の濃縮を停止した。2015年7月にイランとEU3+3は外相級会合でJCPOAの最終合意に至った。イランは濃縮度を3.67%以下でとどめるなど核開発を大幅に制限することで核兵器保有までにかかる時間（ブレイクアウトタイム）を1年以上とる一方で、欧米諸国は対イラン経済制裁を解除することとなった。こうした姿勢からも明らかなように、ロウハーニーはアフマディーネジャードと異なり、自国の核開発能力を誇示するような姿勢や発言は控えていたとみられる。

(3) 米国のJCPOA離脱以降（2018年〜）

ここまでイランの政権交代を通してイランの核開発動向について述べてきたが、JCPOA成立後の同国の核開発に局面転換をもたらしたのは、米国であったと考えられる。2018年5月8日にトランプ政権がJCPOAからの離脱を発表し、対イラン制裁を再開したためである。同政権は、JCPOAではイランのミサイル開発や中東諸国における代理勢力を用いた地政学的競争を抑止できないことを問題視し、「最大限の圧力」をかけるべく対イラン政策を修正した。

イランは1年間にわたり、いわゆる「戦略的忍耐」の下でJCPOAを遵守した[19]。

しかし同国は米国がJCPOA離脱を表明してからちょうど1年にあたる2019年5月8日に合意内容履行の一部停止を表明し、以降合意に違反する行為を実施してきた。同年7月には濃縮度が3.67%を超え、翌2020年1月には無制限のウラン濃縮を行うことが発表された。2021年1月にバイデン政権が発足し、同年4月から核合意再建を目指す間接協議が行われたものの、同年8月に保守強硬派のライースィー政権が発足したため交渉は仕切り直しとなった。

JCPOAの形骸化に伴うイランの核開発推進により、IAEA報告書によるとイランは2023年8月時点で濃縮度60%のウランを121.6kg保有している[20]。また、イランのブレイクアウトタイムは数週間まで縮まったとみられる[21]。イラン側は「意図しない濃縮が起きた可能性がある」と説明し、IAEA側も「生産も蓄積もされていないことが確認された」という見解を示したものの、2023年1月には濃縮度83.7%の濃縮ウランが確認された[22]。さらに最高指導者ハーメネイーの外交顧問で元外務大臣ハッラーズィーは「イランには、核兵器を製造できる能力がある。ただし、そのような政策決定は行っていない」と述べた[23]。すなわち、イラン指導部の中にはアフマディーネジャード政権と同様に、自国の核開発能力を評価し、核武装が可能な状態であると主張する幹部もいるとみられる。

3. イランの核保有への制約

ここまでイランの核開発の背景や動向について見てきたが、核開発開始から40年近くが経過しつつも、同国は核保有には至っていない。その理由として、以下の3点が指摘されてきた。第1に、イランがインド、パキスタン、イスラエルなどと異なりNPT加盟国であり、NPTを遵守する姿勢を示してきたことが挙げられる[24]。17年ほど秘密裡の核開発が行われていた点など課題はあるものの、イランはIAEAの査察を受け入れ、報告書が公表されている。また核開発抑制要因であるNPTは、イランにとって同時に自身の主張の正当性を維持する重要なツールでもある。保守強硬派のアフマディーネジャード政権やライースィー政権でさえも、イランの核開発は平和利用目的であると主張し、核兵器を保有しない立場を示してきた。

第2に、米国およびイスラエルの先制攻撃の可能性が挙げられる。特にイスラエルは2012年にネタニヤフ首相がウラン濃縮率90%を「レッドライン」とみなす立場を示すなど、イランへの先制攻撃を示唆するような発言をしてきた[25]。2022年に当時のガンツ国防大臣も2、3年以内にイスラエル軍がイランの核施設を攻撃する可能性があると述べた[26]。実際に同国は1981年にイラクのオシラク原子炉、2007年にシリアのキバル原子炉を攻撃したとみられている。こうした大規模な攻撃とは別に、核開発の妨害を企図したイスラエルなどによるものとみられる暗殺やサボタージュは発生している。2020年および2021年にはナタンズの核施設で爆発が発生したほか、イランの核開発を率いていた核科学者ファフリーザーデが暗殺された。

第3に、ハーメネイーが2003年に核兵器の製造・保管・使用をハラーム（宗教的禁忌）とするファトワー（宗教的見解）を発出したとされ、かつイラン政府が自国の平和利用的側面を強調するためにこのファトワーについて度々言及してきたことである[27]。ハーメネイーは1989年から最高指導者の地位にあり、イランの政策決定において極めて重要な位置を占めている。イラン当局者の間でも核兵器保有を禁じるファトワーが恒久的に有効か否かをめぐる認識の相違があるものの、ハーメネイーの在任期間中に長年の主張を覆すことは難しいと考えられる[28]。

以上のような核兵器保有の制約がある中、歴代政権の一部において、イランは仮想的核戦力国であることに利益を見出し、核のレバレッジを行使してきたと考えられる。核兵器を保有しないことで先制攻撃を回避し既存の主張との整合性をとりつつも、核兵器保有が可能な状態にあると認知されることで、米国やイスラエルに対して政治的な（核の）レバレッジとして用いることができるためである。またこの状態において、イランは核開発推進やそれに関連した交渉をレバレッジとして用いようとしてきた。例えばイランはJCPOA再建の交渉に際して、2019年以来続くイラン革命防衛隊のテロ組織指定を解除するよう要求しているとされるが、これは本来JCPOAの合意内容には含まれないものである。さらにライースィー政権は欧州がJCPOAの義務を果たしていないと主張したうえで、対抗措置として自国がウラン濃縮を行っていると述べた[29]。他方で同政権はJCPOAの「再建に真剣な意志」を示しており、これは核開発の推進や抑制といった政治的なレバレッジを失わないために、交渉に応じる姿勢を示していると考えられる[30]。

核不拡散の文脈では、イランの政策は核兵器保有に至らずも潜在的に保有し得る状態を意味している。同国のように安全保障上の理由で核兵器保有を志向する要因が働きつつも、核兵器保有に強い制約が生じる場合、仮想的核戦力国という地位は最適解になり得る。実際に核兵器保有に至るかは、その国家がどの程度核兵器保有の必要性に迫られているかであるとか、指導部が保有に伴う政治的デメリットをどの程度許容できるかという個別の文脈によるところが大きいが、イランの核開発事例は、核兵器の保有にもその断念にも至らない、核拡散の間隙の存在を示唆している可能性があるとも考えられるのではないだろうか。

なおイランの核開発疑惑に関して、湾岸地域全体の核不拡散という地域安全保障の観点からも考える必要がある。2023年9月にサウジアラビア皇太子ムハンマド・ビン・サルマーンは、イランが核兵器を保有した場合に自国も同様に保有する立場を示している[31]。同年3月に国交正常化合意に至っていたにもかかわらず、こうした発言が出たことは、サウジアラビア側からのイランの核拡散への懸念の深さがうかがわれるものであった。仮にイランが核兵器保有に至ってしまった場合、いわゆる「核ドミノ」が起きてしまう可能性も否めず、前述のイスラエルの先制攻撃と併せて、急速に中東地域で核をめぐる問題が悪化するおそれもあろう。

おわりに

核レバレッジを用いる主体は、核保有国に限定されていない。それは核兵器を保有すると目されるようになる以前の北朝鮮や、今回扱ったイランのように、保有の前の段階である核開発においても、開発を進める国にある種の政治的な核のレバレッジが発生するためである。本稿では非核兵器国でありながら核武装が可能な国を仮想的核戦力国と整理したうえで、仮想的核戦力国が政治的な核のレバレッジとして核開発を用いる事例について、イランの核をめぐる政策から分析した。

イランはイラン・イラク戦争の国際的孤立を教訓として、1985年から核開発を進めてきたとみられる。保守強硬派のアフマディーネジャード政権が欧米諸国の制裁を受けながらもウラン濃縮を進めた結果、この時期のイラン政権では、自国を仮想的核戦力国とみなすに至ったと考えられる。続くロウハーニー政権はJCPOAによって核開発を抑制する見返りに、対イラン制裁の解除を実現した。しかしトランプ政権のJCPOA離脱に伴い、イランはウラン濃縮を再開した。保守強硬派のライースィー政権はウラン濃縮を継続し、濃縮度は60%や偶発的と結論付けられたものの83.7%というイランでは前例のないほど高いものとなっている。ライースィー政権はJCPOAの再建交渉にあたり革命防衛隊のテロ組織指定解除を求めるなど、核開発を政治的な（核の）レバレッジに用いている。国内外から核保有に対するさまざまな制約要因がある中、イランとしては比較的短期に核兵器を保有できる状態を保ちつつ、実際には保有に至らないことが「バランスのとれた」安全保障政策となっている可能性がある。

1) 「北朝鮮、核兵器使用条件で法令——金正恩氏『後戻りはない』」Reuters、2022年9月9日。
2) Jeffrey Lewis, "Opinion Guest Essay: It's Time to Accept That North Korea Has Nuclear Weapons," *New York Times*, October 13, 2022.
3) 核のレバレッジは視点によって意味合いが異なる点に注意が必要である。本稿では主にヴォルペの先行研究に依拠して、拡散懸念国による核のレバレッジの行使に焦点を当てた議論を行う。Tristan A. Volpe, "Atomic Leverage: Compellence with Nuclear Latency," *Security Studies* 26, no. 3 (2017): 517-544. 他方、核拡散に対するレバレッジとして、例えば以下のように米国による核不拡散のためのレバレッジの行使を論じる議論もある。Peter Tzeng, "Nuclear Leverage," *The Nonproliferation Review* 20, no. 3 (2013): 473.
4) Volpe, "Atomic Leverage."
5) 一政祐行「仮想的核戦力概念と『核兵器のない世界』」『防衛研究所紀要』第14巻第1号(2011年12月)23-38頁。
6) 長崎大学核兵器廃絶研究センター「核弾頭総数の推移(国別)(2013年〜2023年)」長崎大学核兵器廃絶研究センターウェブサイト、2023年6月5日。
7) イランは自国の核開発が平和的目的に基づくものであり、核兵器開発の意図はないという立場を堅持してきた。
8) 北野充『核拡散防止の比較政治——核保有に至った国、断念した国』(ミネルヴァ書房、2016年)243頁。
9) なお、イランも後に化学兵器を用いてイラク軍を攻撃した。
10) 1979年の在イラン米国大使館人質事件も対米関係の悪化を招いた。
11) Gawdat Bahgat and Anoushiravan Ehteshami, *Defending Iran: From Revolutionary Guards to Ballistic Missiles* (Cambridge: Cambridge University Press, 2021), 23.
12) イスラエルは核兵器保有について否定も肯定もしない姿勢を取っており、これは「曖昧政策」と呼ばれる。
13) Alireza Nader, *Iran after the Bomb: How Would a Nuclear-Armed Tehran Behave*, RAND Corporation (2013); "What Happens If Iran Gets 'the Bomb,'" Arms Control Association website, n.d.
14) Molly MacCalman, "A.Q. Khan Nuclear Smuggling Network," *Journal of Strategic Security* 9, no. 1 (2016): 106; Sina Azodi, "What Does the History Tell Us about Iran's Nuclear Intentions?," Center for Strategic and International Studies (February 2021).
15) International Atomic Energy Agency (IAEA), "Communication Dated 26 November 2004 Received from the Permanent Representatives of France, Germany, the Islamic Republic of Iran and the United Kingdom Concerning the Agreement Signed in

Paris on 15 November 2004," November 26, 2004.

16) United Nations Security Council, "Resolution 1747 (2007)," March 24, 2007.

17) 濃縮度が20%まで高まると、兵器級の濃縮度90%の濃縮ウラン製造に要する時間が大幅に短くなる。

18) "Ahmadinejad Declares Iran a Nuclear State on Anniversary of Islamic Revolution," Center for Arms Control and Non-Proliferation website, February 12, 2010; "Nijād: Īrān Aṣbaḥat Dawla Nawawīya wa Lan Yastaṭīʿ Aḥad An Yaslub-hā Taqnīyat-hā al-Salmīya," *al-Quds al-ʿArabī*, April 9, 2013.

19) 坂梨祥「決め手を欠くトランプ政権の対イラン政策——『最大限の圧力』の限界」『平和政策研究所』2020年7月31日。

20) IAEA, "Verification and Monitoring in the Islamic Republic of Iran in Light of United Nations Security Council Resolution 2231 (2015)," September 4, 2023.

21) "White House Says Iran Is 'a Few Weeks or Less' from Bomb Breakout," *Times of Israel*, April 27, 2022.

22) 「イラン高濃縮ウラン IAEA"生産も蓄積もない"各国評価が焦点」NHK、2023年3月7日。

23) "Kamāl Kharrāzī li al-Jazīra: Lays Sirr An Laday-nā al-Qudrāt al-Fannīya li Ṣināʿa Qunbula Nawawīya Lākin Lā Qirār Laday-nā bi Dhālik," *al-Jazīra*, July 17, 2022.

24) Permanent Mission of the Islamic Republic of Iran to the United Nations Office and Other International Organizations in Geneva, "Statement by Iran's Deputy Permanent Representative on Nuclear Weapon Free Zone - 31 January 2023," February 1, 2023.

25) "Binyamin Netanyahu Draws 'Red Line' on Iran Nuclear Bomb Chart at UN," *Guardian*, September 27, 2012.

26) "Gantz Tells Graduating Pilots They Could Be Flying to Attack Iran in 2-3 years," *Times of Israel*, December 28, 2022.

27) "Hal Bātat Īrān Dawla Nawawīya bi Ḥukm al-Amr al-Wāqiʿ?," *TRT ʿArabī*, August 4, 2022.

28) Michael Eisenstadt and Mehdi Khalaji, "Iran's Flexible Fatwa: How 'Expediency' Shapes Nuclear Decisionmaking," Washington Institute for Near East Policy (February 2021) .

29) "Raʾīsī: Rafʿ Nisba Takhṣīb al-Yūrānīyūm Jāʾ Radd ʿalā al-Ūrūbīyīn," *al-Sharq*, September 25, 2023.

30) 「イラン外相『核合意、再建に真剣な意志』——都内で会見」『日本経済新聞』2023年8月7日。

31) "Walī al-ʿAhd al-Suʿūdī: Sa Naḥṣul ʿalā Silāḥ Nawawī idhā Ḥaṣalat Īrān ʿalay-h,"

Sky News ʻArabīya, September 21, 2023.

終　章

「第二の核時代」の将来に向けて

USSワイオミングによるトライデントII D5LEミサイル（弾頭未搭載）の発射（©U.S. Navy／ZUMA Press Wire Service／ZUMAPRESS.com／共同通信イメージズ）

本書は「核時代の新たな地平」をテーマに、さまざまな切り口から研究を行ったが、すべての執筆者が「第二の核時代」の将来に向けて、それぞれ若干の考察を示すことができたと考える。終章として本書を締めくくるにあたり、各章やコラムで検討した成果を以下のようにまとめたい。

まず、今日の文脈で相互脆弱性に基づく戦略的安定がもたらし得る負の影響について、その作用メカニズムを含む形で理論的なモデルを提示したことが挙げられる。今日の核保有国間対立においては、相互脆弱性の達成が、通常戦力で劣位の現状打破国による、エスカレーション・ラダーの低いレベルでの現状変更行動の余地を拡大させることが予想される。それを利用する形で、劣位の現状打破国が実際に現状変更行動を激化させるとき、当事国間では、核使用リスクの増大につながる限定的軍事力行使オプションの模索や、より直接的に戦略的安定を危うくするような施策が促され得る。他方で、これら一連のプロセスの起点となる、通常戦力で劣位の現状打破国による現状変更行動の激化は、必ずしも不可避ではない。特に現状維持側が同じくラダーの低いレベルで現状打破国側にコストを賦課できるならば、抑制されることもあり得る。こうした栗田の主張は、あくまでも演繹的に導出された仮説であり、実証研究によるフォローアップが必要であるが、実証されれば、政策的にも大きな意義を持つものと考えられる。とりわけ今日、核兵器を保有する現状打破国による現状変更行動が強く懸念される中で、そうしたリスクをいかに管理できるかに関する理論的な処方箋を示すことには、大きな意義があろう。同時に第1章は、戦略的安定や安定－不安定のパラドックスなど、「第一の核時代」に確立された核抑止論の理論的なテーゼが今日の文脈で持つ含意について、さらなる精査が不可欠であることを示すものでもある。

それでは核抑止の理論にまつわる近年の展開はどうかと言えば、核抑止学派と核優勢学派との言説対抗をコラムで論じた本山は、両者が大きく異なる世界観に基づいて構築された理論であることを示した。核優勢学派は、従来の損害限定学派の世界観を引き継ぎつつも、核抑止論と共通の理論的言語でその論理を展開したという点で注目に値する。そして、いずれの学派も米国の核戦略をより望ましいものとするべく、2022年版「核態勢見直し（Nuclear Posture Review: NPR)」においても言説上の「綱引き」を行ったとの分析結果が示された。あくまでも学術的な視点に立った分析ではあるものの、米国の核戦略も、ともすれば両学派の折衷的な側面があり得るとの見方は示唆に富む。核革命を否定する核優勢論の言説が、今後米国以外の核兵器国や核保有国にも浸透した場合、「第一の核時代」におけるMADに依拠した戦略的安定の議論も、変化にさらされる可能性は否めないのではないか。幸いにも「第一の核時代」以来、核の不使用の歴史が維持されてきたが、この先の「核時代」も同様であるかどうかは、実はこの一点にかかっているのかもしれず、注視してゆく必要があろう。

次に、核強要は一定条件を満たせば奏功する可能性があるものの、そうした条件を満たすのは容易ではないことが判明した。大西は核強要に関する先行研究を概観し、核威嚇の信憑性の確保がマッドマン・セオリーや瀬戸際戦略のメカニズムで考えられていること、核強要の有効性については実証上の問題もあって先行研究でも見解が分かれることを紹介した。そのうえで、核保有国間における意図的な核強要の成功事例としてキューバ危機と中ソ国境紛争、失敗事例としてベルリン危機、2017〜2018年の朝鮮半島危機、ウクライナ戦争を取り上げて分析した結果として、大西は核強要を成功させるためには、多数の条件を揃えることが必要になる可能性を指摘した。このように、事例研究として「第一の核時代」から「第二の核時代」を横断的に分析した結果として、2つの成功例がいずれも冷戦期の事例であることから、これまでのところ核強要は「第二の核時代」よりも、むしろ「第一の核時代」においてより有効に機能したと考えることもできるのではないか。もっとも、歴史的にも核強要の成功事例自体が限られる都合上、その有効性を断定的に述べるのは難しいため、ウクライナ戦争の帰趨も含めて、これからもさらなる事例分析が必要だといえよう。

核威嚇の信憑性に密接に関係するものとして、コラムで前田が考察した評判は、過去の言動の積み重ねによってコミットメントの信頼性が左右されるという直感的な発想も、実は理論面で極めて複雑な様相を呈することを示している。評判の存する主体（国家か個人か）、持続期間や経時的な減衰の態様、そして評判の主題（決意なのか能力なのか）といった論点には、いまだに学術的な帰結も明らかではない。しかし、核の威嚇が横行し、「核の復権」がさまざまな地域で実感されるようになる中、「核時代」の新たな展開に伴い、抑止論に一層精緻な分析枠組みが求められるであろうことは言をまたない。事実、冷戦後にその理論的意義を疑問視されていた評判研究が近年、再び盛んになりつつあるとの前田の指摘からも、すでにこうした兆候を見てとることができると考えられる。前述した核強要と同様に、評判をめぐる理論研究にも新たな学術上の研究成果がもたらされることに期待したい。

宇宙・サイバー・電磁波などの新領域と核兵器システムに関する研究においては、有江は領域横断型の戦いや新興技術が核兵器国の核指揮統制通信（nuclear command, control, and communications: NC3）に不安定性をもたらすリスクがあるとして警鐘を鳴らした。そのうえで、有江は核兵器の抑止の安定性を高めるためには、許容される活動に対する認識の共有、比例性を欠いた報復可能性の維持、特定の領域での抑止においては別領域での非核アセットを使用するメリット、そしてNC3への脅威に対しては持続的監視やレジリエンスの強化が必要だとし、これらを念頭にあらためて軍備管理の重要性を説いている。具体的な措置としては宇宙空間（軌道上）での行動規範アプローチに基づく規制、サイバー空間でのNC3に対する攻撃の禁止、電磁波領域では指向性エネルギー兵器によるNC3攻撃への規制、さらに先制攻撃の誘因を高めるような認知領域での攻撃や、NC3システムへの人工知能（artificial intelligence: AI）の導入・利用への規制を提唱する。これらはいずれも「第一の核時代」における核軍備管理のロジックとは異なり、対象を兵器として特定することが難しく、また可視性の低いものも多い中、あくまでも行動に焦点を当てることで、戦略的安定性の向上を狙うアプローチであり、まさに「第二の核時代」の今日において浮上してきた新たな視座だと言ってよい。

これに続く核兵器政策と軍備管理の研究で、一政はロシアのウクライナ侵攻を境に懸念が高まった消極的安全保証（negative security assurance: NSA）と、核弾頭数の増強で注目が集まる中国が採用する先行不使用（no first use: NFU）を検討した。また、主要国の核ドクトリンの動向から、いずれの国も核兵器近代化を進める一方で、①軍備管理の強化と現状維持を追求する米英仏、②積極的な核軍拡競争を望むとは思われないが、意に沿わない軍備管理条約からは撤退も辞さないロシア、③米露軍備管理交渉とは距離を置き、新たな核の国際秩序での立ち位置を模索する中国、④冷戦期の核抑止論とは異なる論理をとる印パという構図を指摘した。さらに、ポスト冷戦期の米露の軍備管理合意に対する行動と、安全保障環境の変容、大国間競争の帰趨の不分明さや核優勢の追求などから、今日の「軍備管理『条約』の終焉」が生じたと整理する。そして、近年の軍備管理論を踏まえ、短期的にはホットラインの技術的更新、戦略的安定への共通認識の醸成、核不拡散規範の維持などに取り組む必要がある一方で、中長期的には検証可能な軍備管理条約や、特定国間でのNFU合意などを追求することで、意図せざる核戦争の回避を追求する「大国間競争下での合理的軍備管理措置」の考え方を提案した。

「核の復権」の状況下で、ますます注目される核拡散問題だが、吉田が論じた核拡散上の敷居国による核レバレッジは多くの示唆をもたらす概念である。イランを事例研究に取り上げた吉田は、同国の核兵器開発に外的・内的規制要因が存在するのにもかかわらず、仮想的核戦力国としての認識が一部で後押しし、外交上の圧力として核レバレッジによって関係国への影響力行使が行われた可能性を論じた。こうした核レバレッジだが、場合によっては今後もその形を変えつつ、核拡散のリスクとともに存在し続ける可能性があり、注視が必要だといえよう。

以上を踏まえて、あらためて本書の序章で述べられた、「今後『核時代』は具体的にどのような政治的・軍事的変化を遂げ、いかなる国際安全保障環境を生むか」という問いに対する答えを考えたい。この問いをめぐっては、本書を通じてさまざまな側面から論じられたとおり、「核の復権」の下で今後さらに核の水平・垂直拡散が進む可能性があり、抑止の計算も一層複雑化する中、核をめぐる国際秩序の動揺が懸念される。そして、戦略的安定に資するはずの軍備管理条約も終焉の危機に瀕する状況下で、「3大核大国」の構図の下に大国間競争の管理が課題になる見通しが高まっていると考えられよう。

次に「核抑止や戦略的安定、核の威嚇に基づく強要、宇宙、サイバー、電磁波空間に拡大するドメインと核兵器システム、そして軍備管理はどう変化し、あるいは変化しないと考えられるか」という問いだが、核抑止においては、MADが戦略レベル以下の安定にもたらす影響の下限をめぐり、競合が生起する可能性を含めて、今日的な核抑止概念の精査が求められている。このことを踏まえるならば、言説のうえでは「第二の核時代」のさなかにあって、核抑止の理論面で変化の兆しが生じていると見てよい。また、ウクライナ戦争のように帰趨が定まらない事例を注視する必要があるものの、核強要は「第二の核時代」に入ってからいまだ成功例がなく、さらに基本的な強要の成立要件を充足させることも容易ではないため、これまでのところ、概念上の大きな変化は見られないと結論付けることができよう。

可視化が難しい新たなドメインでの非核攻撃手段の台頭は、それらを導入する当事国に優位性をもたらし得る一方で、他国からすればNC3を不安定化させる脅威となりかねない。このため、行動に焦点を当てた規範的な軍備管理アプローチの必要性が高まるとの見方からすれば、当該分野は「第二の核時代」の今日において、まさに大きな変化にさらされているといえよう。最後に軍備管理だが、主要国で核兵器の近代化が進み、核優勢の議論が高まる一方で、ポスト冷戦期以降のさまざまな要因から「軍備管理『条約』の終焉」が生じ、大国間競争の帰趨も定まらない状況下では、米露以外にも参加国を拡大するような検証可能な軍備管理条約の締結は、あくまでも中長期的目標とせざるを得ないと考えられる。すなわち、軍備管理も「第二の核時代」の今日において重大な転換点に差し掛かっていることになる。

さらに、本書の端々で「核時代の新たな地平」において、いかに戦略的安定を維持すべきか、そして、この戦略的安定とは今日いかなるものとしてとらえるべきなのか、複数の視点から問い直された。序章で挙げた「核の復権」と高まる核抑止への期待と懸念、「3大核大国」、核の拡散と近代化、軍備管理といった論点においても、それぞれ戦略的安定の維持と向上、戦略的安定に対する悪影響への懸念、戦略的安定の向上に資するはずの機能の棄損など、議論の行き先で必ずと言ってよいほど戦略的安定への含意が焦点となったことは注目に値しよう。この戦略的安定に関しては、各章で数多くの先行研究をひもとき、個別の文脈から考察を加えてきた。これらの議論を総括するならば、1つには戦略的安定の概念をより広くとらえて、軍事侵略の誘因がなく、安全保障環境における予測可能性が高く、国家間の競争が外交を通じて管理され、合意されたメカニズムの下で信頼醸成や紛争予防が機能するといったように、あえて核兵器の文脈だけに限定しないアプローチがある。他方、もう1つの考え方として、核保有国間での軍事衝突や核攻撃の応酬が行われないこと、さらにはMADを含めて、国家間における核対立の構造が安定化されることといったような、核兵器による抑止の安定化に戦略的安定の焦点を絞るアプローチもある。

それでは今日の「核時代」の構図において、どういった戦略的安定が求められるのかといえば、一般的には間口を広くとった戦略的安定を追求することに、より多くの妥当性を見いだせる場合が多いのではないだろうか。核兵器を保有する国々の対立の構図が複雑化し、核軍備の近代化競争が起こる状況にあっては、誤解や誤認、事故によって紛争が意図せざるエスカレーションへと至らぬよう、より包括的に競争を管理する方向へと差し向かうことが先決だと考える。無論、これは特定の2国間や3国間で、核兵器による抑止の安定性を求める動きが生じる可能性を否定するものではない。すべての核兵器国と核保有国が個別に戦略的安定を求めるのは当然であり、その点において、例えばMADが依然有効な場合もあれば、そうではないケースもあり得るとみるべきであろう。

他方、戦略的安定に対する受け止めは、大国間はもとより、核兵器国や核保有国でさまざまであると言わざるを得ない。さらに核兵器禁止条約（Treaty on the Prohibition of Nuclear Weapons: TPNW）が交渉され、発効する時代にあって、多くの非核兵器国にとっていかなる戦略的安定が望まれているのか、という論点も見落としてはならないポイントであろう。そのため、対話を通じて今日の「核時代」にいかなる戦略的安定を追求すべきか、共通認識の醸成を図ることが今後の課題になると考えられる。このとき、まずは米国と同盟国、パートナー国の間で戦略的安定に対する理解を深め、抑止力を維持・改善するとともに、意図しないエスカレーションを回避する新たなメカニズムの構築を検討することが重要となるのではないだろうか。

広島と長崎への原爆投下から間もなく80年となる中、幸いにも核兵器は一度も使用されずに今日に至っている。こうした背景に核の使用を禁忌とする、ある種の間主観的な理解が国際社会に存在するとの見方もある[1]。しかし、大国間競争が激しさを増し、「核兵器の長い影」が再び顕在化し始める「核の復権」の下に、新たなドメインや先端技術が核兵器による抑止の安定性を脅かす可能性は高まり、また、「第一の核時代」に主流であったMADに依拠する戦略的安定も、今や必ずしもすべての核保有国に当てはまる盤石な理論的根拠を持つとは言い切れない状況にある。さらに、核の威嚇や核強要が横行する中、本書としては抑止力を維持・改善しつつ、意図せざる核戦争勃発を防止するための合理的な軍備管理の手段を講じることが先決だとする、研究上の1つの結論を得たと考える。

本書が焦点を当てた核兵器を取り巻くさまざまな論点には、いずれも冷戦期以来の膨大な知的蓄積があり、核時代の新たな地平を読み解かんとする試みも、これらから学ぶところが極めて大きかった。そして、核兵器にまつわる数多くの先行研究とその裾野の広がりに比べれば、本書がまとめた成果も、まだまだ研究の端緒についたばかりのものだと言わざるを得ない。「核時代」をめぐる研究という点でも、残された理論的・政策的課題は枚挙にいとまがない。執筆者一同の今後のさらなる研究上の発展を期しつつ、ここで筆を置くこととしたい。

一政 祐行

1) Nina Tannenwald, "Stigmatizing the Bomb: Origins of the Nuclear Taboo," *International Security* 29, no. 4 (Spring 2005): 5-49.

索 引

事 項

◆サ行

◆タ行

◆ナ行

◆ハ行

◆マ行

◆ヤ行

◆ラ行

◆ワ行

人　名

◆タ行

◆ナ行

◆ハ行

◆マ行

◆ラ行

編著者・執筆者紹介

（肩書は刊行時点）

［編著者］

一政 祐行（いちまさ・すけゆき）……………………………［序章、第4章、コーヒーブレイク、終章］

防衛研究所政策研究部サイバー安全保障研究室長

専門分野：軍備管理・軍縮・不拡散、安全保障論

国際基督教大学教養学部卒業、大阪大学大学院国際公共政策研究科博士前期・後期課程修了。博士号取得（国際公共政策、2007年）。在ウィーン国際機関日本政府代表部専門調査員、日本国際問題研究所軍縮・不拡散促進センター研究員などを経て2010年に防衛研究所入所。平和・安全保障研究所安全保障奨学・研究プログラム14期フェロー、ケンブリッジ大学政治・国際関係学部客員研究員などを歴任。

〈主要業績〉

『検証可能な朝鮮半島非核化は実現できるか』（信山社、2020年、単著）；『核実験禁止の研究――核実験の戦略的含意と国際規範』（信山社、2018年。2019年度国際安全保障学会・第31回最優秀出版奨励賞〔佐伯喜一賞〕受賞、単著）；ジョセフ・M・シラキューサ（一政祐行訳）『外交史入門』（創元社、2023年）。学術論文として、「『冷戦2.0』と軍備管理」『安全保障戦略研究』第4巻第1号（2023年12月）；「『第2の核時代』論再考」『国際政治』第203号（2021年3月）など。

［執筆者］

栗田 真広（くりた・まさひろ）…………………………………………………………［第1章］

防衛研究所政策シミュレーション室 主任研究官

専門分野：核抑止、南アジアの安全保障

一橋大学社会学部卒業、同大学院法学研究科法学・国際関係専攻修士課程・博士課程修了。博士号取得（法学、2017年）。国立国会図書館調査及び立法考査局外交防衛課調査員を経て2015年に防衛研究所入所。

〈主要業績〉

「大国間競争下の南アジア――米中競争時代の到来と『対テロ戦争』の残滓」増田雅之編著『大国間競争の新常態』（インターブックス、2023年）；『核のリスクと地域紛争――インド・パキスタン紛争の危機と安定』（勁草書房、2018年、単著）。学術論文として、“China’s Kashmir Policy since the Mid-2010s: Ramifications of CPEC and India’s Kashmir Reorganization,” *Asian Security* 18, no. 1 (2022); “How Far Away from Noninterference? A Case Study of China's Development Initiative in Pakistan," *Journal of Contemporary China* 31, no. 134 (2022) など。

本山 功（もとやま・いさお）……………………………………………［コラム（第1章）］
防衛研究所政策研究部防衛政策研究室 研究員
専門分野：数理政治学、危機交渉（抑止・強要）
早稲田大学政治経済学部卒業、早稲田大学大学院政治学研究科修士課程修了。東京海上ディーアール研究員を経て2023年に防衛研究所入所。

大西 健（おおにし・けん）……………………………………………………………［第2章］
防衛研究所政策研究部グローバル安全保障研究室 主任研究官
専門分野：強要・強制外交、平和作戦
立命館大学国際関係学部卒業、京都大学公共政策教育部専門職学位課程修了、リーズ大学政治・国際関係研究科博士課程修了。博士号取得（政治・国際関係、2021年）。2010年に防衛研究所入所。

〈主要業績〉
「既成事実化への対応策としての強要・強制外交――実績と失敗の原因」『安全保障戦略研究』第3巻第1号（2023年2月）；「平和作戦における軍事力行使――国連中央アフリカ多面的統合安定化ミッション（MINUSCA）」『安全保障戦略研究』第1巻第1号（2020年8月）；「平和作戦における強要――国連コンゴ民主共和国ミッション（MONUC）」『防衛研究所紀要』第22巻第1号（2019年11月）など。

前田 祐司（まえだ・ゆうじ）……………………………………………［コラム（第2章）］
防衛研究所政策研究部防衛政策研究室 研究員
専門分野：国際政治理論、アジア太平洋地域の安全保障
慶應義塾大学法学部政治学科卒業、ロンドン・スクール・オブ・エコノミクス国際関係論修士課程修了。バージニア大学政治学部博士候補。2017年、防衛研究所入所。

〈主要業績〉
「大戦略の漂流――冷戦後アメリカの大戦略と対中政策」佐橋亮、鈴木一人編『バイデンのアメリカ――その世界観と外交』（東京大学出版会、2022年）；「地政学の再考――地政学と米国の台湾防衛コミットメント」『安全保障戦略研究』第1巻第2号（2020年10月）；アントゥリオ・エチェヴァリア（前田祐司訳）『軍事戦略入門』（創元社、2019年）など。

有江 浩一（ありえ・こういち）……………………………………………………………………［第3章］

防衛研究所理論研究部政治・法制研究室 所員（2等陸佐）

専門分野：核戦略・核抑止論

防衛大学校国際関係論卒業、同総合安全保障研究科国際安全保障コース修了。拓殖大学大学院国際協力学研究科博士後期課程修了。博士号取得（安全保障、2011年）。統合幕僚会議事務局、陸上自衛隊幹部学校（現：教育訓練研究本部）戦略教官、第1次イラク復興業務支援隊バスラ連絡幹部、防衛大学校防衛学教育学群准教授などを経て2014年に現職。

〈主要業績〉

「極超音速兵器をめぐる米中露の取り組み――核抑止・核軍備管理への含意」『安全保障戦略研究』第3巻第2号（2023年3月）；「アメリカの核指揮統制通信能力の近代化」『安全保障戦略研究』第2巻第2号（2022年3月）；"Complex Deterrence Theory and the Post-Cold War Security Environment," *NIDS Journal of Defense and Security*, no. 17 (December 2016) など。

吉田 智聡（よしだ・ともあき）……………………………………………………………［コラム（第4章）］

防衛研究所理論研究部社会・経済研究室 研究員

専門分野：中東地域研究（湾岸諸国およびイエメンの安全保障）、現代イエメン政治

大阪大学外国語学部外国語学科アラビア語専攻卒業、京都大学大学院アジア・アフリカ地域研究研究科博士課程（5年一貫制）退学、修士（地域研究）。株式会社大和総研研究員を経て2021年に防衛研究所入所。

〈主要業績〉

「イエメン・フーシー派の海上戦力とその発展――国家性の追求手段としての海上戦力」『海幹校戦略研究』第13巻第1号（2023年6月）；「12月2日革命の失敗とイエメン国民抵抗軍の伸張――柔靭な生存戦略下での西海岸地域支配」『中東研究』第548号（2023年9月）；「カタル危機と湾岸地域における安全保障構造の変容――同盟の再編による戦略的状況の複雑化」『アラブ・イスラム研究』第18号（2020年）など。

核時代の新たな地平

2024年4月30日　初版第1刷発行

編著者　　一政祐行
発行者　　松元洋一
発行所　　株式会社インターブックス
〒102-0073　東京都千代田区九段北1-5-10
TEL：03-5212-4652
FAX：03-5212-4655
https://www.interbooks.co.jp
books@interbooks.co.jp
印刷・製本　中央精版印刷株式会社

落丁本・乱丁本はお取替えいたします。
定価はカバーに表示してあります。

ISBN978-4-924914-89-6

インターブックスの書籍

大国間競争の新常態（日本語版・英語版）

増田雅之 編著
新垣拓、山添博史、庄司智孝、佐竹知彦、栗田真広、田中亮佑、他 著

2022年、防衛省防衛研究所において実施された共同研究の成果をまとめた一冊。先鋭化する米中戦争、侵略するロシア、流動化する世界秩序——大国間競争は世界を「分断」に導くのか。岐路に立つ世界の今を、安全保障研究のフロントランナーがあぶり出す。日本語版は電子書籍も販売中。

ウクライナ戦争の衝撃

増田雅之 編著
新垣 拓、山添博史、佐竹知彦、庄司智孝 著

2022年2月24日、ロシアはウクライナに軍事侵攻した。世界は驚愕、不安、悲憤を抱えながら「ウクライナ戦争の衝撃」を如何に受け止めたのか。米国、中国、豪州、ASEAN諸国の外交と安全保障、ロシアによる「侵略」の論理に迫り、日本の針路を問う。日本を取り巻く戦略環境の現状とその行く先を防衛省防衛研究所の俊英5人の眼で迫る。

日本とウクライナ 二国間関係120年の歩み

ヴィオレッタ・ウドヴィク 著

在日ウクライナ大使館の元書記官であった著者が、日ウ両国間120年の歴史を考察し記録した一冊。外交の最前線で両国の交流に努めた経験を元に、政治、経済、安全保障、文化など幅広い分野における関係について詳述。2022年日・ウクライナ外交関係樹立30周年記念出版。